ゲーリーシステムの研究

―大正期日本教育への導入と帰結―

出 井 善 次

目次

序　章　問題の所在と課題・・・・・・・・・・・・・・・・・・・・・・・・・・・・・・・・・・・・・・・11

　第一節　ゲーリーシステム研究・・・・・・・・・・・・・・・・・・・・・・・・・・・・・・・12

　　第一項　戦前の研究

　　　1、阿部重孝（東京大学）の研究

　　　2、塚本清（奈良女子大学）の研究

　　第二項　戦後の研究

　　　1、笠原克博（九州大学）の研究

　　　2、杉峰英憲（奈良女子大学）の研究

　　　3、松村将（京都女子大学）の研究

　　　4、宮本健市郎（東京大学・関西学院大学）の研究

　　　5、中谷彪（大阪教育大学）の研究

　　　6、和田恵美子（東京大学）の研究

　　　7、佐藤隆之（早稲田大学）の研究

　　第三項　研究の集大成

　　　1、三上敦史（北海道大学）の研究

　　　2、小路行彦（釧路公立大学）の研究

　　　3、橋本美保（東京学芸大学）の研究

　第二節　課題の限定と方法・・・・・・・・・・・・・・・・・・・・・・・・・・・・・・・・・30

　【注釈】

第一章　ゲーリーシステム創案の歴史・・・・・・・・・・・・・・・・・・・・・・・・・・38

　第一節　ゲーリー市の建設・・・・・・・・・・・・・・・・・・・・・・・・・・・・・・・・・38

　　第一項　ゲーリー市の歴史と地誌

　　第二項　「ゲーリー市」命名の歴史

　　第三項　「ゲーリー公立学校制度」の紹介

　第二節　U・Sスチール会社の進出と街づくり・・・・・・・・・・・・・・・41

　　第一項　アメリカ鉄鋼業立地の変遷

　　第二項　ゲーリー市人口の推移と構成

　　第三項　ゲーリー市の職工数

　　第四項　都市づくりと財政の実状

　第三節　ウィリアム・ワートによるゲーリーシステム創案と実施・・・・・・・・47

　　第一項　ワートの経歴
　　第二項　ワートの教育姿勢
　　第三項　ゲーリー市への招聘と「キルト式の学校」
　　第四項　ブラフトンからゲーリー市へ
　　第五項　師ジョン・デューイ教育の実現
　　第六項　ゲーリースクールの実状
　【注釈】
第二章　ゲーリーシステム受容の歴史······························73
　第一節　新聞報道によるゲーリーシステム紹介·····················73
　　第一項　二重授業
　　第二項　教育費の膨張
　　第三項　職業的訓練
　　第四項　教育の社会化
　　第五項　「我積弊の打破」
　第二節　秋保安治・実業教育に向けたゲーリーシステム導入·············84
　　第一項　文部省の視察報告
　　第二項　渡米決意と日本教育
　　第三項　報告書の発行
　　第四項　報告内容
　　第五項　構成と内容
　　第六項　教育と職業との関連
　　第七項　職工養成
　第三節　山内佐太郎・教育の実益主義に向けたゲーリーシステム導入·····88
　　第一項　渡米と研究動機
　　第二項　帰国報告
　　第三項　米国教育とゲーリーシステム
　　第四項　構成と内容
　　第五項　エマーソンスクールの実態報告
　第四節　乗杉嘉寿・教育の社会化に向けたゲーリーシステム導入·········93
　　第一項　文部省督学官としての調査
　　第二項　日本教育の幼稚性
　　第三項　日本の初等中等教育

　　第四項　社会教育と社会改造

　第五節　田中廣吉・デューイ思想の展開に向けたゲーリーシステム導入・・・96

　　第一項　構成と内容

　　第二項　野上教授の視察結果と講演

　　第三項　デューイ教育思想

　　第四項　ゲーリーシステム研究文献

　　第五項　研究姿勢批判

　　第六項　田中のゲーリーシステム論

　第六節　田制佐重・ゲーリーシステム論の編集・・・・・・・・・・・・・・・・・・・・・・・・102

　　第一項　ゲーリーシステム研究の位置づけ

　　第二項　研究動機とゲーリー学校

　　第三項　ゲーリーシステムの適用

　　第四項　デューイ教育思想の普及

【注釈】

第三章　米国教育視察と来日講演・・・・・・・・・・・・・・・・・・・・・・・・・・・・・・・・・・・111

　第一節　実業家ゲーリー来日講演と実業界等の動向・・・・・・・・・・・・・・・・・・・111

　　第一項　ゲーリー晩餐会出席者

　　第二項　ゲーリー講演要約

　　第三項　渋沢栄一によるゲーリーシステム紹介

　　第四項　「ゲーリー公立学校」の実態

　　第五項　アメリカ視学官の意見

　　第六項　団琢磨のアメリカ視察

　　第七項　ロックフェラーによるゲーリー学校『調査報告』

　第二節　全国小学校長団視察の歴史的意義・・・・・・・・・・・・・・・・・・・・・・・・・・120

　　第一項　渡米小学校長派遣者名と所属及び報告内容

　　第二項　『報告書』の作成と普及

　　第三項　佐々木吉三郎の教育実践

　　第四項　「東京市教育会」への派遣要請

　第三節　「東京市教育会」視察の歴史的意義・・・・・・・・・・・・・・・・・・・・・・・・124

　　第一項　「東京市教育会」の派遣

　　第二項　エマーソン校の視察

　　第三項　フレーベル校の視察

　第四節　デューイ来日講演とゲーリーシステム導入推奨・・・・・・・・・・・・・・・・・127
　　第一項　東京講演
　　第二項　京都講演
　　第三項　大阪講演
　　第四項　神戸講演
　【注釈】
第四章　教育の総合化に向けた私立・淺野綜合中学校・・・・・・・・・・・・・・・・・・・・139
　第一節　水崎基一によるゲーリーシステム導入・・・・・・・・・・・・・・・・・・・・・139
　　第一項　ゲーリーシステム研究の動機
　　第二項　帰国後の水崎の動向
　　第三項　東京工業倶楽部講演会
　　第四項　コンプリヘンシブスクール研究
　　第五項　綜合中学の「提唱」と「実現」
　第二節　綜合中学校設立の提言と地理歴史的背景・・・・・・・・・・・・・・・・・・・154
　　第一項　浅野總一郎氏に「呈するの書」
　　第二項　地理歴史的環境
　第三節　淺野綜合中学校創立・・・・・・・・・・・・・・・・・・・・・・・・・・・・・・・159
　　第一項　施設と教員・生徒
　　第二項　入学生徒の特質
　第四節　学校教育の展開・・・・・・・・・・・・・・・・・・・・・・・・・・・・・・・・180
　　第一項　教育課程の特質
　　第二項　夏休み校舎利用の「夏期講習」
　　第三項　作業「工場実習」の実施
　　第四項　講堂の利用
　　第五項　学校教練の導入
　第五節　卒業生の進路・・・・・・・・・・・・・・・・・・・・・・・・・・・・・・・・・212
　　第一項　「第1回・第2回」卒業生進路先
　　第二項　職業別進路先
　　第三項　校長が語る17年間
　　第四項　実業組担当教員が語るゲーリーシステム
　第六節　淺野綜合中学校の紹介と評価・・・・・・・・・・・・・・・・・・・・・・・・221
　　第一項　村田勤（明治中学校前教頭）が語る淺野綜合中学校と私立学校の実状

　　第二項　創立後5年の淺野綜合中学校

　　第三項　淺野綜合中学校整備計画（昭和13年4月18日）

　【注釈】

第五章　生徒急増対策と産業構造変化に向けたゲーリーシステム導入‥‥‥247

　第一節　東京府立第四中学校の事例‥‥‥‥‥‥‥‥‥‥‥‥‥‥‥‥‥247

　　第一項　東京府下中学校数・生徒数・入学者の推移

　　第二項　第一高等学校及び各種実業専門学校の入学試験状況

　　第三項　府立第四中学校の入試状況

　　第四項　文部省と東京府の対応

　　第五項　府立第四中学校のゲーリシステム導入

　　第六項　ゲーリーシステム導入の賛否

　　第七項　「中学入学難」に関する諸意見

　第二節　大阪府立職工学校の事例‥‥‥‥‥‥‥‥‥‥‥‥‥‥‥‥‥‥294

　　第一項　大阪府立職工学校と住友私立職工養成所

　　第二項　大阪市立工業学校

　　第三項　臨時教育会議の「実業学校」に関する審議

　　第四項　大阪府下工業調査と職工教育

　　第五項　「職工学校」設立とゲーリーシステム導入

　　第六項　「職工学校」教育の特徴

　　第七項　大阪府立職工学校の「校憲」

　　第八項　大阪府立職工学校の入学者と卒業生

　　第九項　西野田職工学校のゲーリーシステムの歴史的評価

　【注釈】

第六章　本書の要約とゲーリーシステムの帰結‥‥‥‥‥‥‥‥‥‥‥‥326

あとがき‥‥‥‥‥‥‥‥‥‥‥‥‥‥‥‥‥‥‥‥‥‥‥‥‥‥‥‥‥‥337

主要参考文献等一覧‥‥‥‥‥‥‥‥‥‥‥‥‥‥‥‥‥‥‥‥‥‥‥‥342

著者略歴

表　一　覧

序　章
・表Ｊの1　ゲーリースクールの教科別授業時間配当表（Work・Study・Play Program）

第一章
・表一の1　ゲーリースクールの経営状況（正規学校）
・表一の2　フレーベル校・エマーソン校・ジェファーソン校3校の年間授業時間数
・表一の3　教室利用の事例；エマーソン校第四学年プログラム
・表一の4　ハイスクール教科別週授業時間数

第二章
・表二の1　ゲーリー学校の二重授業形態・新施設の特色
・表二の2　眞田幸憲紹介の「ゲーリ式時間割表」
・表二の3　Ｊ・Ｆ・ボビットの「校時表（Daily　Program）Ⅱ」
・表二の4　ゲーリーシステムの日本への導入過程
・表二の5　大正期ゲーリーシステム導入文献比較表

第三章
・表三の1　アメリカ諸都市におけるゲーリーシステム実施状況及視学官の意見

第四章
・表四の1　大正初期横浜市内各小学校在籍児童数・学級数の推移
・表四の2　大正初期神奈川県下在学・不就学児童数
・表四の3　淺野綜合中学校施設状況（昭和13年現在）
・表四の4　大正末期淺野綜合中学校教職員構成
・表四の5　昭和初期淺野綜合中学校教職員構成
・表四の6　昭和初期神奈川県立横浜第三中学校教職員一覧
・表四の7　昭和初期神奈川県立川崎高等女学校教職員一覧
・表四の8　淺野綜合中学校第1回卒業生（大正14年3月卒）居住地
・表四の9　昭和初期淺野綜合中学校卒業生調査（昭和4年〜7年）
・表四の10　昭和4年度淺野綜合中学校入学試験状況
・表四の11　昭和5年度淺野綜合中学校入学試験状況
・表四の12　昭和初期淺野綜合中学校生徒退学・転学等調査

・表四の13　昭和初期神奈川県立横浜第三中学校教育状況
・表四の14　昭和４年度淺野綜合中学校入学試験出身小学校一覧
・表四の15　昭和初期淺野綜合中学校教育課程表
・表四の16　昭和初期淺野綜合中学校「実業組」教育課程・教科別週授業時間表
・表四の17　昭和初期淺野綜合中学校夏期講習実施状況
・表四の18　昭和初期淺野綜合中学校「１日授業時間割表」
・表四の19　大正末期・昭和初期淺野綜合中学校「講堂」利用状況
・表四の20　昭和５年度淺野綜合中学校「創立第１０周年記念」近縣中等学校弁論大会
・表四の21　昭和初期「学校教練」年間実施状況（昭和４年１月〜１２月）
・表四の22　昭和４年度淺野綜合中学校教練査閲受閲実施要項
・表四の23　中学校「学校教練」実施課目別程度表
・表四の24　昭和初期配属将校数推移
・表四の25　昭和初期配属将校数階級別推移
・表四の26　淺野綜合中学校第１回卒業生（大正１４年３月卒）進路先
・表四の27　淺野綜合中学校第２回卒業生（大正１５年３月卒）進路先
・表四の28　昭和初期淺野綜合中学校「進学先等」一覧（創立以降１０年間合計）
・表四の29　淺野綜合中学校職業別進路先調査（創立以降１７年間合計）
・表四の30　昭和初期淺野綜合中学校「実業組」（１クラス）就職状況（昭和７年〜１１年）
・表四の31　淺野綜合中学校「実業組」就職先（昭和１１年３月卒）
・表四の32　昭和１２年度淺野綜合中学校「収入決算」及び「支出予算」状況
・表四の33　新聞報道によるゲーリーシステム導入掲載状況（夜間中学・二部授業問題）

第五章
・表五の１　明治末期東京市における児童就学率推移
・表五の２　大正期東京府下中学校の入学者等調査
・表五の３　東京府下中学校数・生徒数等推移
・表五の４　第一高等学校入学試験状況（明治末期〜大正期）
・表五の５　大正５年度各種実業専門学校入学試験状況
・表五の６　大正期東京府立第四中学校入学試験状況
・表五の７　東京府下中学校全国高等学校入学者数（大正８年度）

・表五の8　　大正期東京府立第四中学校生徒数・学級数・卒業生数推移
・表五の9　　昭和初期東京府立第四中学校教育課程表
・表五の10　　大正初期大阪府下工業調査（大正3年8月現在）
・表五の11　　大正中期大阪市職工教育程度調査
・表五の12　　大正中期大阪市職工人数調査
・表五の13　　大正中期東京府職工教育程度調査
・表五の14　　長時間実習校の実態
・表五の15　　大阪府立西野田職工学校入学者推移
・表五の16　　西野田職工学校卒業生就職先推移
・表五の17　　大正期と昭和期西野田職工学校生徒の家庭職業状況比較

序　章　問題の所在と課題

　本書の課題は、２０世紀初頭アメリカ教育で展開されたゲーリーシステムがどのような歴史を経て日本に導入されたかを検討することによって、このシステムが日本教育に与えた影響を明らかにするものである。

　そもそもこのゲーリーシステムとは、どのようなシステムなのか、今日、教育学者松本賢治による、平凡社『世界大百科事典』（１９６５年）でその内容を知ることが出来る。概要を５点にまとめて紹介する。

１、創案の歴史

　「ゲーリー・プランGary　planともいい、都市人口、したがって就学児童の急激な増加に対処するため、学校の全施設をほとんど１００％に近いまで有効に利用することをねらって計画された学校経営方法。２０世紀初期のアメリカ新教育運動が生んだ著名なプランの一つである。ゲーリーはインディアナ州のミシガン湖畔の一寒村であったが、工業都市として急激に人口が増えたために、市の教育長ワートWilliam　Albert　Wirt（1874〜1938）の指導の下に、１９０８年、はじめてこのプランを９公立学校に実施し、当時同じ悩みをもつ多くの学校関係者の注目を浴びた」

２、授業内容の特質

　「このプランによれば、低学年（２年まで）は固定教室をもつが、３年以上の全学級は学年ごとに、Ａ、Ｂの２群platoonに分けられ、Ａ群が普通教室で普通科の授業をうけるとき、Ｂ群は特別教室、講堂、体育館、プールなどで特別科の授業をうけ、Ａ、Ｂ両群は午前午後に各１回、授業を交替する。このようにして、学校のあらゆる施設設備は、開校時中、必ずどの学級かによって利用されるしくみである。このプランにしたがうと、普通科（国語、算数、歴史など）と、特別科（職業的作業、体操、遊戯など）とは、同等の授業時間をもつが、他の学校とくらべると１日の授業時間が多い（４２０分）ため、普通科を減らすことなく、特別科を著しく重視す

ることとなる」

３、ジョン・デューイの影響

　「これは、Ｊ・デューイの影響下に、作業や遊戯の教育的価値、ならびに子どもの自発性、興味、個性などを重視する教育観に立っているからである。とくに、産業と教育の関連を重視して職業的作業を多くとり入れたこと、共かせぎの多い家庭事情を考慮して親が安心して仕事に従事出来るよう、夕刻まで（土曜日も開校）授業したことなど、その着眼にみるべきものがある」

４、問題点の指摘

　「教育内容が複雑多岐にわたり、教育経験に乏しい職業人に多くの作業を担当させ、教科担任制も適正を欠くなどの欠点があり、その結果、訓練上の不統一をきたし、子どもの自己活動に過大な信頼をおくことになった、ともいわれている」

５、歴史的評価

　「このプランは海外にまで紹介され、影響を与えたが、しかし結局は教育史上の一実験としての意義以上にでるものではなかった。ただこのプランに刺戟され、之を改良し、または基礎として、多くのプランが生まれ、新教育運動の先駆をなした点は、充分に認められよう」

　以上のようにこのゲーリーシステムという教育方法を理解したうえで、次にゲーリーシステムに関する先行研究を整理して、今日私たちが研究する課題がどこにあるのか、その課題の所在を明らかにしていくこととする。

第一節　ゲーリーシステム研究

第一項　戦前の研究
１、阿部重孝（東京大学）の研究

　１９２０年代から３０年にかけて、これまで受容されてきたゲーリーシステムに関して論究した阿部重孝の研究がある（注①）。阿部自身も渡

米して研究成果を雑誌『帝国教育』に論文「ゲーリー・スクール」を発
表した《１９２１（大正１０）年》。そこで論究した阿部のゲーリーシス
テム論を述べると、

　「ゲーリー式がその精巧なる設備を利用する上に於て、経済的であること
　は真理である。併し乍ら、茲にいふ経済的といふことには更に説明を要す
　る。単に経済といふ見地からするならば、各教室を同一の学級が終日占有
　してゐる在来の学校以上に経済的のものはない。併し乍ら、学課課程が拡
　充されて理科や工作室の作業やその他の活動が加はる様になると、在来の
　型の学校組織ではよく之に順応することが出来ない。たゞゲーリー式の学
　校組織のみが、是等の特別教室やその他の設備を最も無駄を少くして利用
　することが出来るといふのである」

と、ゲーリー式の学校組織は経済的であるということであるが、そのあと、

　「之は全く教育的考察の結果生れて来たものであつて、決して経済とか便
　宜とかいふ考へから生れたものではない。何故なれば、ゲーリーには児童
　が多過ぎて学校がそれを収容するに苦むといふ様な問題は、嘗て起つたこ
　とがない。又ゲーリー市では教育費を節約しやうと企てたこともない。茲
　にいふ二重組織は、色々の設備を最も有効に使用せんとする一つの試みに
　過ぎない」

と、ゲーリー式の学校組織が経済的であるとか便宜的であるとか以上に、
本来、教育的考察の結果であることを強調した。すなわち阿部は、従来
の日本でのゲーリーシステム研究が、「学校組織」を考えると「経済的・
便宜的」であったと指摘されていたが、より「教育的」考察をしてゲー
リーシステム全体を明らかにすることを求め、「統計的事実を付加へる」
実証分析が重要であることを強調した。阿部自身も、ゲーリーシステム
を採用した学校の時間割、学科課程、各教科目の配当時間数、教員俸給、
児童数の推移、教育費等々を実際に調査して、具体的にその実態を明ら
かにしている。

　この論文で阿部は「教育の実際」（実証研究）について考察する必要性

を説き、ゲーリーシステムを研究してきた日本における従来の文献紹介等の研究姿勢に問題を投じたのである。

２、塚本清（奈良女子大学）の研究

塚本清はゲーリープランの「最近事情」と題して、１９２８（昭和３）年にゲーリースクールのひとつ「エマーソン校」を調査してその結果を報告した（注②）。その訪問先はゲーリーシステムを創案したウィリアム・ワートが「督学官」として事務室を構えているゲーリースクールであった。その視察した様子を次のように塚本は述べている。

シカゴ滞在中に、「学校に行けば、斯うも聞かう、あ丶いふところも見

[表Ｊの１]　ゲーリースクールの教科別授業時間配当表（Work・Study・Play Program）

	教科目	時間	一学年	二学年	三学年	四学年	五学年	六学年	七学年	八学年
普通教科	英語 数学 社会的学科	毎日合計180分	普通教科を学級主任が単独で教授する。（級任教授）"3R,s" Undepartmentalized Teaching			普通科目（読、書、算、地、歴等）を分科担任が教授する。（科任教授）"3R,s" Departmentalized Teaching				
昼　食		60分	昼食時間（学科に用いる７時間と合せて１日の在校時間８時間；午前８時１５分―午後４時１５分）							
特別教科	美術手技自然研究	60分	図画、手工、自然研究、衛生等を10週間交替で指導する。			作業場―実験室―製作室の作業。（漸次拡張。１０週間交替）絵画、理科初歩、製図実業初歩、実習、音楽、合唱、楽隊、バイオリン、管弦楽、機械学、建築術、動物飼育、鍛冶、製型、木工、印刷、図書室、教会学校、裁縫、割烹等。				
	体育	120分	２時間を分割しないで教授する。この内から１週１回図書館、１週１回音楽。両親の要求により教会学校や音楽の私教授をうけに行くことをもゆるす。			１週間に６０分授業３回を体育。３０分授業２回を音楽、同３０分授業２回は表情運動。				
	講堂	60分	３０分は音楽教師指導して音楽、合唱、音曲鑑賞、校歌市民歌等の合唱、音楽記憶競争。３０分は学芸及ドラマ等の発表、活動写真、生徒自治会、時事問題、衛生講話、名士のの講演等。							

（注）１．塚本清「ゲーリー・プランの最近事情―そのエマーソン校視察記（一）―」（奈良女子大学『学習研究』第７５号　１９２８年７月）１１８頁より作成。

て来ようと、腹案を練り、主要な質問事項は不たしかな英語ではあるが、カードに書いておいたやうな次第であつた。丁度それは九月十五日の水曜日、お茶の水の渋谷氏、渋谷の今関氏、鳥取高農の今俣氏、それにわたくしを加へ同勢四人」《注②　塚本論文「視察記（一）」１１４頁》が、約２５哩（大阪・京都間の距離）離れたゲーリー市を訪問したという。そして、その教育実践を調査して塚本自身が報告したのである。

　塚本は、「時間配当表」を報告した。その一部であるが実際に授業がどのように行われていたかを知ることができる（［表Ｊの１］参照）。

　この表が示すように、ゲーリー校では普通科目と特別科目とに分かれて、低学年においては学級担当者（級任教授）がその科目を授業し、中級・上級学年になるとその各教科における専門の担当者（科任教授）による授業等々を、１９２８（昭和３）年の時期ではあるが、日本に紹介したのである。

　この渡米「視察記」と実証分析によるゲーリーシステム研究は今後の研究方法に大きく示唆を与えたことはいうまでもない。

第二項　戦後の研究
１、笠原克博（九州大学）の研究
　１９７０年代以降、日本教育史研究においてゲーリーシステムに関する再研究の動きが見られた。主な研究を挙げれば、１９７０年に発表された笠原克博（九州大学）の「教育収容拡大」に視点を置いた研究を指摘することができる（注③　論文一）。

　まず、笠原は、渡辺龍聖（小樽高等商業学校長）の「講演記録」を引用しながら、日本に紹介されたゲーリーシステムが「世間ではゲーリーシスティムと云ふものは二部教授を特色として居る点から名高いやうに解して居る人もあるやうですが、是は大問題（原文は「大間違ひ」―出井注）である」（同論文２頁）ことを指摘し、「二部には分つけれども、特色がそこに在る訳ではない。特色は矢張り学校の社会化、生活化と云

ふ点に在る」（同頁）との見解をもつに至った。したがって、日本のゲーリーシステム研究の「大間違ひ」が紹介されたというものの、日本への紹介におけるその解釈をすべて否定したわけではない。特色は二部教授とかにあるのではなく、あくまで「学校の社会化、生活化」に力点を置いたゲーリーシステムの紹介であったことを強調したことである。

　この渡辺「講演記録」は、大正１０年夏に実施された「文部省主催夏期講習会」（於東京商科大学）の「米国に於ける教育の現状と実業補習義務教育」講演の一部である（文部省実業学務局編纂『実業補習教育講演集』大正１１年による）。

　このように間違って紹介されたゲーリーシステムを指摘したあと、このシステムが「我が国の大正期、特に実業教育振興過程において積極的な評価をうけて紹介された理由を考えなければならない」（同論文２頁）として、笠原は実業教育に結びついたゲーリーシステム論を展開したのであった。

　笠原の研究は、１９世紀末から２０世紀前半に展開した進歩主義教育の動機と「工業化、都市化の急激にして巨大な流れに出てくる諸問題」が「教育の課題を集約した形」で示されると指摘していることに特徴を持っている。まさしく、ゲーリーシステムが求める教育の一つである「実業教育」に注目した論文であると言っても過言ではない。

　最後に笠原は、ゲーリーシステムの本質を考察するためには、創案者であるワートの問題意識に立返ることを求め、このシステムは全ての生徒に座席を確保する二部制度の導入である、最重要視したのはコスト増加を避けて「教育内容の拡大」に努める普通教科に特別活動を加える教育方法であったと同論文で述べている。大正期における実業教育に向けた教育の拡大を目指す「学校の社会化」を指摘したのが笠原論文であると評される。

２、杉峰英憲（奈良女子大学）の研究

　笠原のあと、１０年後の１９８０年に杉峰英憲が「社会改革」から見

たゲーリーシステム論を展開した（注④）。杉峰は、ワートの「片腕でも
あった」アリス・バロウズの研究成果を題材にして、ゲーリースクール
の理論と実践を論究した結果、バロウズ女史が研究の課題としていたの
が「如何にして都市社会を改革するか」であったと指摘したことが特徴
的である（注④　論文８３頁）。その論文を次に検討する。

　　「ワートは都市化社会から逃避することによって、逆に、固定された産業
　　社会の枠組みの中で、如何にしてアメリカ社会に貢献し、個性を実現して
　　いける人間を育成するかという課題を担っていた。バロウズは、都市社会
　　を体験する中で、如何にして都市社会を改革するかという課題に迫られて
　　いたのである。彼女は、ワートの枠組みを超えた、更に根本的な社会改革
　　へと結びつく公教育改革構想をもっていたのである。それは、彼女が、自
　　ら行なった都市における社会矛盾の調査に基づく自己の経験から発した改
　　革への力であった。ワートには、そうした都市のメカニズムに関する主体
　　的な切実な経験が欠如していたのであった」（同論文８３頁）

と、杉峰は、ワートとバロウズにおける教育を社会化することへの方法
の違いを指摘して、ワートが提起した課題が家庭や地域社会に基盤をお
く「学校」の存在が社会改革に向かうところにあったと指摘したのであ
る（同論文８２頁）。ゲーリーシステムが「社会改革」をもつとの見解を
示した杉峰の研究である。

　最後に、「信条の異なったワートとバロウズが実践に於いて強力に結合
し協同して学校改革に取り組むことができた」（同論文８４頁）と、ゲー
リーシステムの創案者と実践者との２人が学校改革に取り組んだ方法（結
合と協同）に杉峰は歴史的評価を与えている。

３、松村将（京都女子大学）の研究

　１９８１年には松村将が研究課題を「プラツーン学校」まで拡大たゲー
リー・プランを日本に紹介している（注⑤　松村論文）。この論文で松
村は「ゲーリー・プランはもともと豊かな教育実践による一つの学校改
革をめざすものであり、それを物的側面で可能にするために効率的な学

校経営方式が編み出されたとして、あくまでも前者が目的であり、後者はそれを保障していくための条件・手段であったはず」（同論文１８頁）と、すなわちゲーリープランの目的である「学校改革」と手段である「学校経営」とを区別しているゲーリーシステムを示したのである。

　しかし、プラトゥーン・プランは、「条件・手段たるべき効率的学校経営の側面のみを先行させてしまった」（同頁）と、都市的そして効率的な学校経営に重点化したプラトゥーン・プランの問題点を松村は論じた。そして、松村は、「もはやワートがゲーリー市において目標としたものは、そこにはほとんど見い出しえないと言わざるをえない」（同頁）と、ゲーリー市でのゲーリープランの行き詰まりを分析し、ニューヨーク市でもゲーリープランが衰退してしまった実状を指摘したのである。

　最後に、デューイやカウンツ以外の教育学者がこのプランに関心を持たなかったことが「このような片寄りを助長した原因の一つになっている」（同頁）と、教育学者の注目が離れて行った現実を指摘して、そのことから効率的な学校経営（手段）に走ったプラトゥーン・プランが、ゲーリーシステムがもつ学校改革（目的）を希薄化した状態のまま展開してしまったという問題点を指摘したのである。

　このように松村の研究はゲーリーシステムを研究する目的と手段とを区別して論じ、より目的を重要視した研究と指摘したところにある。

４、宮本健市郎（東京大学・関西学院大学）の研究

　宮本健市郎がゲーリーシステム研究に関して、１９８３年にコミュニティー論を展開した（注⑥　論文一）。

　この論文で宮本は「ゲーリースクールは、伝統的な学校教育の方法—暗誦中心、固定された机、子どもの経験とかけ離れた教育内容—を根底から覆し、学校が社会改革の手段たりうる」と、このシステムを評価した後、「現代のわれわれは、ゲーリースクールが失敗であったとして、単に否定してしまってはならない。ゲーリースクールが新しく開いた学校教育の可能性と、それが直面した困難とを、もう一度考えなおしてみる

ことが必要である」と、ゲーリースクールは失敗したものの否定することではなく、さらなる研究の「再考」を主張したのである（同論文２８４頁）。そして、その後の研究で宮本は、地域社会における学校としてエマーソン校、フレーベル校、ジェファソン校の３校を分析して、ゲーリースクールの特徴をまとめている（同２７７頁〜２８３頁）。

　その特徴を述べると、宮本は、第一は教育改革が都市改革の一部として行なわれ、第二は学校教育がすべて行政的立場から進められ、第三はカリキュラムが多様化し過ぎて整理されていなかったことの３点にまとめることで、「ゲーリースクールの成果は少なかった」（同２８４頁）と歴史的な評価を下したのである。

　次に、プラトゥーン学校の普及に大いに寄与した教育者として、当時アメリカ内務省教育局で学校建築を専門的に担当していたアリス・バロウズ女史の業績に宮本も又、杉峰と同様、注目して、バロウズが着目した「子ども中心の学校建築」はどうあるべきか、という学校建築のあり方へと宮本の研究が展開していった（注⑥　論文二）。

　この論文で「ゲーリー・プランは称賛された一方で、教室不足への対応にすぎず、却って子どもの自主性を奪うものであったとする批判は少なくない」（同論文１５８頁）と、ゲーリープランは校舎数を揃える建築プランであることは賞賛されるが、子どもの内実性に踏み込んだ学校建築ではなかったと宮本は指摘した。その結果、「一九二〇年代になるとゲーリー・プランに対する教育者の関心は急速に衰退」（同頁）して「ゲーリー学校」が「プラトゥーン学校」（経済性・効率性を重視した学校経営を目指す学校）へ移行した歴史的な要因を宮本は実証したのである。

　宮本の研究はその後発展して、２０１２年にはバロウズ女史が問題とした学校建築のあり方をこれまでの研究以上に論じるようになっていった（注⑥　論文三）。この論文で宮本は、１９１０年代半ばのニューヨーク市では「増え続ける児童数を収容できるだけの校舎、教室、机などがない」（同論文９３頁）現状をどうしたら解決できるか、この問題解決に

当時の市長がゲーリープランを導入することによって解決できると主張したことを宮本は明らかにした。

　実はこの改革計画はニューヨークに１９１４年１０月から１ヶ月に１週間ほど勤務していたワートが計画したものであり、バロウズ自身、ゲーリープランを１９１５年初めに約６週間ニューヨークに滞在して「新しい民主主義社会では、たんなる知識を重視するのではなく、知性と技術のどちらももった、頭と手を同時に働かせることが必要である」（同９４頁）と、バロウズが新聞「ニューヨーク・トリビューン」に掲載した内容を宮本は指摘した。結局、ゲーリープランとは「『働き・学び・遊ぶプラン』（work-study-play　plan)」を子どもに保障することが主たる目的としたプランであったと宮本は指摘したのである。

　しかし、ニューヨーク市では、１９１７年１１月市長選挙でゲーリープランを推進する市長が落選した結果、市ではこのプランの導入を挫折せざるをえなかった。そのため、バロウズは、翌年から各都市の学校でゲーリープランという名称を使わずに「プラトゥーン学校」の名称を使用して普及活動を展開したのである。

　「プラツーン・プラン」とはゲーリー・プランの教育方法のうち、
　⑴　「施設面」で多くの施設・設備をもつこと
　⑵　「効率面」で効率的に使用する学校運営の方法であること
の２点を取り出して、施設の効率性を重視して多くの生徒を収容することに利用されていたと、宮本は研究史的に位置づけたのである（同９５頁「注釈」）。

　その後、宮本の研究は「運動場」のあり方へと展開していく（注⑥論文四）。この論文で２０１４年に「遊び場」運動論を展開して、ワートが進めたゲーリーシステムのなかでこれまで積極的に論じられてこなかった「遊戯（遊び）」に焦点を当てた分析をして、この「遊び」がもたらす教育的意義を認める「遊び環境」（時間と場所）を与えることが進歩主義教育運動であって、このことがゲーリーシステムの目指すところであ

ったと宮本は指摘したのである。

　すなわち、ゲーリープランでは「働き・学び・遊ぶ学校」として３つの
教育理念が全て学校で実現できるよう「教育課程」を構成して、「学校
は、講堂、体育館、プール、手工室、図書館、幼稚園などの多くの特別
教室や設備を備えていただけでなく、校舎の周囲には広い運動場や学校
園や動物を飼育するための設備などを確保」（同論文１７８頁）し、かつ
ゲーリーシステムによる教育では「子どもだけでなく、地域の大人も学
校の諸設備を利用できる・・・社会センターとしての機能をもっていた」
（同論文１７９頁）と、宮本はゲーリースクールの「遊び」的性格を高
く評価したのである。

５、中谷彪（大阪教育大学）の研究

　１９８５年４月に中谷彪は、シカゴ大学教育行政学教授であったボビ
ットが科学的管理法と効率性を重視した学校経営の展開を紹介している
（注⑦　論文）。この中谷論文は主としてボビットによる科学的管理法と
アメリカ教育行政学との関係を述べたものである。

　ボビットがシカゴ大学の講師時代に執筆したという第一ボビット論文
「教育における浪費の排除」（１９１２年）と第二ボビット論文「都市の
学校システムの諸問題に適用される経営学の一般的諸原則」（１９１３
年）との両論文で、中谷はゲーリー市という「社会環境」がゲーリーシ
ステムを導入する基盤であったとの見解を示した。すなわち、Ｕ・Ｓス
チール会社等の大企業が進出して大都市に成長したゲーリー市が、急速
な人口増加と財源不足に苦しむなかで学校経費がもたらす課題を第一ボ
ビット論文でボビットが論じていることを中谷は強調したのである（注
⑦　論文１８頁）。

　次に、第一ボビット論文を中谷はどのように学校経費の課題を考察し
たのであろうか、検討することとする。

　まず、学校経費増加の解決策として、第一の道として「質素な建物を
建て、運動場、校庭、実験室、作業室及び集会所を省き、安価な教師を

雇い、クラス規模をふやし、一学年を八ヵ月に短縮するか、又は一日の学習時間を半分にすることによって、同じ建物に子どもたちを二交替で収容する」教育方法があることを指摘した。次に<u>第二の道</u>として「あらゆる現代的要求を備えた完全に現代的な学校施設をつくり、それを最近発展してきた科学的管理法の諸原理に従って運営し、学校施設と最小規模の教授スタッフとから最大のサービスを得る」教育方法があることを指摘することによって、この２つの方法のうちどちらを選択するかを中谷は論じたのである。

　このようにボビット説は、〈<u>財源不足を前提とした第一の道</u>〉と、〈<u>科学的管理法を備えた第二の道</u>〉との２つの道で、学校経費増加を解決することであると述べたあと、財源不足に悩んでいるゲーリー市以外の大部分の都市が「第一の道」を選らび、ゲーリー市は「第二の道」を選んだことをボビットが指摘したことを中谷は明らかにした。ゲーリー市がこの「第二の道」を選んだのは果して何故かといえば、ゲーリー市は製鉄会社の科学的管理法を熟知した技師や教育長及び企業経営者たちによってつくられた新しい市であったこと、「教育技師」（educational　engineer）が現われて科学的管理法を学校運営に導入することが可能かどうかを示そうとしたという、ボビットの分析を中谷は紹介したのである。

　では、ボビットがいう学校経営の「科学的管理法」とはどのような方法であるか、中谷は<u>第一ボビット論文</u>を分析することによって、次の４点をゲーリーシステムにおける浪費の排除方法として挙げている。

⑴　第一点はいつも全ての施設を使用すること。

⑵　第二点は各々が最高の仕事率を維持することにより労働者の数を最小限に減らすこと。

⑶　第三点は浪費を排除すること。

⑷　第四点は原料を最もよく適用される生産物に仕上げること。

の４点である。これら４点を兼ね備えたゲーリーシステムによる教育方法こそが「科学的管理」であると、中谷は強調したのである。

　このように中谷は、科学的管理法についてのボビットの研究を詳細に考察した結果、ボビット理論に対して、１９１３年当時「公然と反対する者はいなかった」とし、「彼の教育理論はこの大きな流れに乗って、学校を企業組織形態と同一視する教育長たちによって受け入れられ、浸透していった」（注⑦　論文３１頁）と科学的管理法を高く評価した。つまり、教育におけるゲーリーシステムは企業組織の科学的管理と結びついたシステムであったと中谷は歴史的な評価を下したのである。

６、和田恵美子（東京大学）の研究

　和田のゲーリーシステム研究を考察する（注⑧）。

　和田は、共に学び合う共同性をもつゲーリーシステムの「カリキュラム論」を展開した。すなわち、ゲーリースクールを実践するときの「協同の組織化」に視点を置き、２０世紀初頭における「学校と工場」間で形成された共同体意識を論じたのである。この共同体意識は、ジョン・デューイが『明日の学校』で主唱した「学校はその規律において小規模な共同体であり、民主主義的な共同体である」という「共同学習論」に依拠した論であった（注⑧　論文１３９頁）。

　和田は、共同体の意識が形成される方法と規律を分析して、現代社会における「学校と社会」との間において、協同と規律の形態が成立していくヴァリエーションをゲーリーシステムという教育方法で検証したのである。

７、佐藤隆之（早稲田大学）の研究

　佐藤は、２０１３年にニューヨーク市で講堂が実際に活用されているゲーリーシステムを紹介している（注⑨　論文一）。都市化が進むアメリカでは都市部で新しい校舎が次々に建てられ、これに続いて、講堂・集会場・集会室も設けられて学年を超えて生徒達が一同に会することが出来るようになった。まさしくこの「学年を超えて大勢の児童生徒が集まる講堂において、教科を単位として教室で行われる教授（class［room］instruction）や学習（class［room］work）をそのまま適用することは

23

難しかった」（同論文１４１頁）が、講堂、図書館、体育館などは「何らかの目的に特化し」（同１４２頁）て作られたと規定することによって、「講堂」論をさらに進めて講堂の「機能論」まで展開したのである。

　引き続き佐藤は、ゲーリーシステムが目指す特化した「講堂活用教育」を次の４点に分類し、学習活動としての講堂がどのように機能するかという「機能論」を論じたのである（注⑨　論文二６３〜６５頁）。

⑴　講堂は、精神的な機能から「教会」として。

　　つまり、移民の増加や都市化などにより急増していた多様な就学者を、宗教の力も借りて、学校の一員、さらには、ニューヨーク市民、アメリカ国民へと形成する機能が存在すること。

⑵　講堂は、レクリエーション的な機能から「劇場」として。

　　つまり、フォークダンスや劇の発表が行われ、教師が劇について話したり、児童が劇を発表したり、記念日の祝典が行われたり、オペラを聴いたりする機能が存在すること。

⑶　講堂は、解釈的な機能からコミュニティとして。

　　つまり、ニューヨーク市衛生局と連携して医師や看護婦の講演や、警察や消防署との連携や、近隣のオペラを聴いたりすることで、いわゆる、地域の機関や施設と連携して講堂を活用して、講堂を『萌芽的コミュニティ』として機能させていること。

⑷　講堂は、教授的な機能からミュージアムとして。

　　すなわち、地理や理科そして時事などで、写真やスライド、映画などの展示・上映に講堂が活用されて機能していること。

　この４点を述べた後、「講堂という当時にあって新奇で特異な空間を活用して、アメリカ進歩主義教育の理念を、社会性や市民性の育成、教えと学びの改善、その両者を視野に入れたコミュニティと結びついた学校の実現」（同論文二６８頁）のために「講堂」は機能していると、佐藤はゲーリーシステムを論じたのである。

　以上考察してきた戦後の研究は、アメリカで展開されていたゲーリーシステムが抱える「各々の課題」を中心に各研究者たちがその教育方法等を論じているところにその特質がある。

　笠原は、日本教育史における大正期実業教育へ教育が拡大していく「学校の社会化」にゲーリーシステム論を展開し、杉峰は創案者ウィリアム・ワートとバロウズの研究業績から学校改革に結びつくゲーリーシステム論を展開し、松村は効率的な学校経営を重視するプラトゥーン案を問題化してゲーリーシステム論を研究した。宮本は、伝統的な学校教育の批判から展開し、新しい学校教育に向けて研究の再考を求め、学校建築のあり方に論究した。なかでも、ゲーリーシステムが『働き・学び・遊ぶプラン』（work-study-play　plan）であることを強調し、ゲーリーシステムが「遊び」の教育的意義を認める進歩主義的な教育運動であったことを評価した。中谷は、ボビットの科学的管理法と効率性を重視した学校経営論を展開し、ゲーリーシステムを企業組織との相互関係の研究を開始した。和田は、ジョン・デューイの「共同学習論」をゲーリーシステムに検証する研究を展開した。佐藤は、学習活動としての講堂「機能論」をゲーリーシステムという教育方法で論じたのである。

　各研究者たちがゲーリーシステムを多様な側面から研究した成果を否定するものではないが、ゲーリーシステムに内在する「教育目的」、特に創案者ウィリアム・ワートとジョン・デューイの教育思想との結びつき等々を構造的に分析することや、産業社会・資本主義社会での歴史的な位置づけの考察がやや少なく、ゲーリーシステムによる経済的・効率的な学校経営や「教育方法」が重視されたことが戦後の研究と考える。

　したがって、ゲーリーシステムが大正期に日本教育に与えた歴史的意義を理解するためには、１９１０年代から文部行政官や教育研究者、教育現場の校長等々がアメリカに渡り、ゲーリーシステムの実態を調査して報告書にまとめた積極的な活動を題材として、その導入目的と方法に

視点を置いた実証的分析（戦前の先行研究で阿部が指摘し、塚本が取り組んだ研究方法等々）を通して、ゲーリーシステムの全体像を考察・検証することが必要であると考える。

　次項では、近年の研究動向を３視点に照準をあて、ゲーリーシステムに関する先行研究を集大成している業績を考察する。

第三項　研究の集大成
１、三上敦史（北海道大学）の研究

　近年、ゲーリーシステムに関しての総体的な研究成果が刊行されている。第１の成果は入学難緩和策として、教育行政における夜間中学を分析した、２００５年の三上敦史の研究である（注⑩）。

　その著書、『近代日本の夜間中学』（２００５年）で、ゲーリーシステムを導入した学校（特に東京府立第四中学校）の二部教授と夜間中学との関係を三上は「教育時論」（第１３０４号・１９２１年７月）から引用して、まず「最近入学難緩和の目的よりして已むなく奨励したるゲーリー・システム（校舎の利用に限る）採用」（三上同著１２０頁）であったことを指摘した。つまり、日本でゲーリーシステムを導入した目的が入学難を緩和することであって、ゲーリーシステムという教育方法の校舎利用に限定した限りでの導入であったことを明らかにした。

　しかし、このシステムが全国的に普及しなかった経緯を三上は次のように論述している。長文になるが引用する（同１２１頁）。

　「ゲーリー・システム導入以降、東京府および府立四中の夜間中学設置認可を求める動きは、全く報道されなくなる。正規の学歴・資格を付与する公立夜間中学校が誕生するか否かという重大事がにわかにニュース性を失うとは考えにくいから、おそらく中学校令施行規則改正による定員増を一定の成果として、東京府および府立四中は文部省への働きかけをとりやめたか、少なくとも中断したのだろう。これは褒められた話ではない。うがった見方をすれば、入学難緩和のための夜間中学なら設置したいが勤労青

少年のための夜間中学なら設置したくないというのが底意だった、あるいは定員増を求めるための戦術として夜間授業を広言したなどとも受け取れるからである。いずれにせよ、これ以降、東京府が夜間中学設置に乗り出そうとする動きは完全に途絶えてしまう。ゲーリー・システム自体も、全国的にはほとんど広がらなかった」

すなわち、東京府立第四中学校の夜間中学設置認可を求める動きが、「中学校令施行規則改正による定員増を一定の成果」として得られたことを理由として、「文部省への働きかけをとりやめたか、少なくとも中断した」との結論を出して、ゲーリー・システム導入は途絶したとの見解に至った。つまり「夜間中学設置要求」と「ゲーリー・システム導入」との対策が「結果として定員増に結びついた」ことから「ゲーリー・システム自体も、全国的にはほとんど広がらなかった」と、ゲーリーシステム導入が帰結に至ったと、三上は指摘している。

三上著『近代日本の夜間中学』は、日本の夜間中学の歴史と現状について研究成果を集大成したと位置づけられる大著である。三上は「第二章　夜間中学の拡大」で東京府による中学校夜間教授に関して、ゲーリーシステムがどのような歴史的過程を経て日本教育界に導入されて、その帰結を迎えたかの示唆を与えている。

２、小路行彦（釧路公立大学）の研究

第2の成果は、「技手」に視点を設定して大正期の教育改革を「実業学校の中学校化」という課題に絞って考察した、２０１４年に刊行された小路行彦の研究である（注⑪）。小路は著書『技手の時代』で、日本近代史において工業技術者を養成する歴史を大正時代における教育機関である工業学校の成立と関連させて分析している。

小路は、アメリカの「綜合中学」を水崎基一（同志社大学）がゲーリーシステムとして日本の中等教育に導入した私立「淺野綜合中学」を紹介している（水崎の教育思想と「淺野綜合中学」の設立に関しては後述第三章及び第四章で考察する）。

　さらに「アメリカの『総合中学』よりも徹底した実業教育の思想をもつ」（小路同著１５０頁）と小路が評価する、佐野利器（東京帝国大学）の徹底した「中等教育改革案」を次のように紹介している。要約すると次の３点となる。

⑴　学校の主体を小学、中学、大学の三級とすること。

⑵　中学はすべてことごとく専門教育機関とし、一つの専門または職業に対し須要なる教育を施し、これに従事しうる実力を養成することを目的とすること。

⑶　中学校のはじめの二年または三年においては、普通学を充分に教授し、後の一年または二年において主として専門学を授けること。

　この３点は「教育制度刷新案」として、『建築雑誌』（第４２巻　第５１０号）に佐野が発表したことを指摘し、「中学校」を前半で普通学を、後半で専門学を教授する「専門機関」と性格づける佐野の教育思想をもとにしたゲーリーシステム論をさらに小路が徹底したのである。

　小路は、同書の中で佐野の提言を「苟も世に生を受くるもの皆各々其の道に依て働かねばならぬ、働きつゝ学び、働くことも学ぶことも終生止まないといふことが、真に世に処するの道であり又教育の理想でもなければならぬと考へられる」（『技手の時代』１５１頁）と、働くことと学ぶことを教育の理想とすることを紹介し、「日本伝来の実業教育の思想が、近代国家の形成が一段落し、問題と課題が顕在化したところで顧みられたということではないか」（同頁）と、日本近代における日本の実業教育思想が回顧されていることを指摘した。

　そして、「大正期の工業教育は、アメリカの影響が強まった時代である。（省略）普通教育の中に実業教育を入れることは、増加する中等教育希望者への対応という現実的な側面を有していたし、手工などの技術教育を通じて頭・心・身を一体的に発達させるという教育思想のも合致したものであった」（同１５６頁）と、大正期における「普通教育」に「実業教育」を導入するゲーリーシステムを小路は論述している。

　この「頭・心・身」を一体的に発達させる教育思想をもつと主張する小路のゲーリーシステム論には，日本教育に導入されようとしたコンプリヘンシブ（総合中等教育）研究への端緒が含まれていると、指摘しておきたい。

3、橋本美保（東京学芸大学）の研究

　第3の成果は、欧米新教育の情報を得ることによってそれを「受容」する方法を2018年1月にまとめた橋本美保等の研究である（注⑫）。その成果である『大正新教育の受容史』（2018年）は大正新教育の研究方法に一石を投じた編著書であると考える。

　まず従来の研究では「教育実践の生動的実質に迫ることは出来ない」とし、「当時ヨーロッパやアメリカで新たに生みだされた新教育思想がどのように日本に『教育情報』として入り込み、実践現場に影響を与えていったのか」という、「『受容史』の方法を探りたい」（同編著書「まえがき」ⅱ）と橋本は新たな研究方法を提起した（下線筆者）。

　欧米新教育を第一部で6章に分けて紹介し、その中で「第2章ゲーリー・プラン情報の普及」の項でゲーリーシステム受容の歴史を採り上げている。その際、「教育情報」を獲得する手段として「雑誌記事」から合計59項目を選んで「雑誌記事一覧」にまとめた（同書48頁）。1913（大正2）年から1934（昭和9）年に掲載された教育研究者、学校現場での実践改革者、教育行政関係者等々の記事を検討し、その中で「教育関係ではない人物」と指摘された植物学者三宅驥一（東京帝国大学）が執筆していることに注目して、「ゲーリー・プラン情報の普及の特徴である」（同書52頁）と語り、このシステム情報普及の拡がりを強調したのである。

　なお、三宅は、日本にゲーリーシステムを導入するよう水崎基一（同志社大学）に奨めた人物であり、その後、この推奨を受けた水崎は渡米してその視察結果を教育理念として、私立「淺野綜合中学校」を設立したことは、後述第四章で考察する。

　これらの「記事」を考察した橋本は、ゲーリープランを「児童・生徒数の増加に対応するためのプラン」と位置づけて、三宅驥一が「ゲーリーシステム」（『教育時論』１１７４号　１９１７年）で論述した「当時の日本で高まっていた中等・高等教育の機会拡大の要求に対応するために、ゲーリー・プランを採り入れることで学校を新設しなくとも多くの生徒を収容できる」との三宅の見解を引用して（同書５２頁）、日本教育へのゲーリーシステム「受容」を性格付けている。

　なお、情報量の多さに注目して、ゲーリープランは１９１６（大正５）年から１９２９（昭和４）年まで「絶えず発表され続けている」と指摘した橋本は、「一九一三年の記事から、二〇年間にわたって日本の教育界がゲーリー・プランに注目していた」（同書５０頁）歴史であったとゲーリーシステムの受容史をまとめている。

　このように近年におけるゲーリーシステム研究は、夜間中学との関係で生徒収容に一定の成果をもたらしたとの三上の研究、さらに学校教育と産業界との関係を論究して大正期の「普通教育」に「実業教育」を導入したとの小路のゲーリーシステム論、そして、ゲーリーシステムに関する情報量の多さに視点をおいた「受容」の歴史を論述した橋本等のゲーリーシステムに関する研究成果が公刊されている。

　以上のように、ゲーリーシステムに関する先行研究を整理し、さらに次節で課題を限定し、次章からこのシステムの本質と導入の歴史や個別事例校等を分析し、日本に導入したことが如何なる教育改革であったかを検討することとする。

第二節　課題の限定と方法

　今、何故ゲーリーシステムを研究するのか、どこに意義があるのか、等々の問題意識をもちながら先行研究を検討してきたが、ここで今後の研究に向けて課題を限定することとする。まず第１点は、研究姿勢に関

する見解である。本書の課題を、２０世紀初頭にアメリカ教育で展開された ゲーリーシステムの歴史と日本教育への導入を明らかにすることと設定した。そこで、先行研究を整理して問題点を絞ることによって次のように課題を限定することにした。

　辞書的な解釈でもゲーリーシステムとは教育内容が複雑多岐にわたっていることが指摘されている。また、いくつかの欠点の所在も指摘されている。さらに海外にまで紹介されてその国の教育に影響を与えたが、教育史上の一実験としての意義以上にでるものではなかったと規定された見解が出されている。したがって、ゲーリーシステムを改良して多様なプランを生み出すことによって、新教育運動の先駆をなしたとの歴史的な評価が与えられてきたというのが一般的な見解である。

　では日本でのゲーリーシステム受容においては如何なる課題を呈していたのであろうか、という問題がここで提起される。いわゆる受容方法である。この視点に依拠した先行研究では、ゲーリー式の学校組織が経済的であったとか便宜的であったとかという解釈で受容され、本来、ゲーリーシステムを性格づける教育的考察が過小に評価されていたことはぬぐい去ることができなかったと考えられている。したがって今後の研究で、ゲーリーシステム全体を明らかにすることを課題とするためには、今まで以上に統計的事実を基礎とした日本教育の実証分析に重きをおく研究が求められることは明らかである。

　戦後の研究では、ゲーリーシステムが抱える多様な内容をもつ「各々の課題」を中心に教育方法等のあり方に関する歴史が論じられてきた。

　大正期実業教育への教育拡大としての「学校の社会化」論、学校改革論、効率的な学校経営論、そして学校教育の伝統的な側面を批判しての学校建築のあり方等々が論究されてきた。さらに科学的管理法と効率性を重視した学校経営論、ジョン・デューイの教育思想・「共同学習論」、学習活動としての講堂「機能論」等々と、幅広いゲーリーシステム研究が展開されてきた。

　これらの研究のベースとなったのが多様な要素をもつゲーリーシステムの何処に視点をもつかという研究方法であった。その成果を否定するものではないが、ゲーリーシステムに内在する「教育目的」に視点をおく研究、特に創案者ウィリアム・ワートとジョン・デューイの教育思想との結びつき等々を構造的に分析することや、産業社会・資本主義社会での歴史的な位置づけへのさらなる論究が求められると考えた。ゲーリーシステムによる経済的・効率的な学校経営が強調された「教育方法」が重視された先行研究であったと考えることが出来よう。

　しかし、ゲーリーシステムとは、暗誦中心の伝統的な学校教育方法をとり固定された机を前にしての授業形式、子どもの経験とかけ離れた授業展開等々を根底から覆して、社会改革の手段としての教育方法という性格を持っていたのである。したがって、短絡的にゲーリースクールは失敗であったと単に否定してしまうことではなく、学校教育の可能性等々をもう一度考えなおしてみることが必要であるとの見解も先行研究の中には提示されていた。この見解は今後の研究に大きな示唆を与え、ゲーリーシステムとは『働き・学び・遊ぶプラン』（work-study-play　plan）であるという、進歩主義的な教育運動であったとの評価が与えられたのである。「教育方法」（手段）以上に「教育目的」（本質）を強調した見解が指摘されたのである。

　知識を重視した教育ではなく、知性と技術のどちらも備えて頭と手を同時に働かせる教育を子どもに保障することがゲーリーシステムであったとの見解に集約されてきたということである。ではその課題に向かっての研究方法をどのように組み立てるかが次の課題となる。

　ここで、第２点として研究方法を述べることとする。

　まず、ゲーリーシステムの創案の歴史を確認して、この教育方法を実施したゲーリー市が導入しなければならなかった背景を考察する。次に、日本への導入が単なる紹介・翻訳という方法ではなく、積極的に欧米諸国に渡ってその実態を掌握して、日本に導入して教育を改革しようとし

た歴史を大正期に限定して考察することとする。その中で、先行研究で論議されて来なかった、研究者以外にも、実業家ゲーリーの来日講演、渋沢栄一や団琢磨によるゲーリーシステムへの関わり、アメリカ実業界ロックフェラーによる『調査報告』内容やアメリカ視学官の意見等々の検証作業を試みることとする。その過程で、ゲーリーシステムがどのように掌握されていたかを検討する。さらに、日本において、全国小学校長団や東京市教育会等々、教育現場からの視察内容を捉えてゲーリーシステムの歴史的意義を考察することとする。最後に、創案者ワートが師と仰ぐジョン・デューイが来日して各都市でどのような講演をして何を語っていたかを考察する。

　第３点は、先行研究では積極的論議されて来なかった、ゲーリーシステムを導入した学校の具体的な検証・実態分析を試みることとする。文部省は１９２１（大正１０）年４月から既設校へゲーリーシステムを導入することを内訓として通達した。日本教育への政府としての意思表示であった。本書では、既設校への導入、新設校の設立、公立と私立、学校種の違い等々を念頭において、「導入」事例校として、①私立淺野綜合中学校（のち私立淺野学園）の実証分析、②東京府立第四中学校（のち東京都立戸山高校）でのゲーリー式による導入形式、③大阪府立大阪職工学校（のち大阪府立西野田職工学校）でのゲーリー式教授形態等に限定して、その具体例を考察することとする。

　第４点は史資料による限定である。まず、『学校誌（史）』であるが東京府立第四中学校の場合、記載に若干の歴史的事実との違いも発見されているが、すべてを検証することが出来なかったので、主として事例校の概略を理解する参考資料に留め、具体的には当時の学校長によるゲーリーシステムの新聞への公表記録を分析することとした。次に事例校に残存してある史資料であるが、淺野綜合中学校では関東大震災によって一次資料が焼失されたが、教職員が保存していた史資料が古書店で発見されて、その後学校図書館に購入された経緯から、実証分析が実現でき

たことをここに記しておく。学校史資料（古文書）との出会いの感激と
解読の責任を感じて、充分に参考させて頂いた。

　こういう蒐集の他、当時発刊されていた新聞に掲載された史資料をも
利用することとした。その内容は、情報としての新聞記事としてもさる
ことながら、教育研究者たちが論壇的な性格をもって自説を発表した研
究内容も数多くあることから収集に努めることとした。インターネット
での神戸大学経済経営研究所「新聞記事文庫」を初め、各新聞社、大学
図書館、資料館、公文書館等々に所蔵されている史資料の目録を作成す
ることから出発して、積極的に解読することとした。これらに加えて、
大阪職工学校にして関しては、これまで工業教育の実証分析として広く
研究されてきているので、豊富に蓄積された統計資料等々を参考にする
こととした。

　第5点は時代の限定である。近代史においてなぜ大正期を研究対象と
したかである。それは、明治期末期から抱えている教育問題の解決方法
と第一次世界大戦後の日本教育のあるべき姿を求めた教育方法等の課題
が凝縮されて現出されていたからである。当時、文部大臣の諮問機関で
はなくて内閣直属という「臨時教育会議」が設置されて、第一次大戦で
のアメリカ戦勝要因の一つとして学校教育における技術教育が果たした
効果が大きかったとの論議がなされていたことも大きい。

　すなわち、ここでゲーリーシステムを性格づける「作業」・実業教育の
あり方を考察することの研究史的位置づけをしなければならないと考え
た。特に答申内容に関する審議過程で各委員たちがどのようにゲーリー
システムという教育方法を認識していたのかを考察する必要性をもった
のである。もう一つ、国民の体育に関する意識と国民の労働に対する思
想から、ゲーリーシステムの重要な要素を占めている「運動」（体操・体
育）に関する見解に焦点を当てた考察の必要性をもったことである。

　第6点として、日本教育史にゲーリーシステムがどのように位置づけ
られるのか、その論議を実際に導入した府立中学校長と導入しなかった

府立中学校長との導入是非論、もうひとつは、『時事新報』等での導入論議特集を分析して、地方長官、大学教授、文部省等々が当時直面していた中学入学難を解決するためにゲーリーシステムをどのように取り組むべきかの緒論を考察することとする。そして戦時期に向かう日本教育のあり方にゲーリーシステムがどう関わりをもとうとしていたか、その課題を提起することとする。

　以上のように研究課題を限定してその方法を述べてきたが、最後に残された課題を述べることとする。すなわち、大正期における日本教育が従来の画一主義、詰め込み主義教育方法から脱却して、生徒の総合的な人格の陶冶に向けてゲーリーシステムを導入しようとしたという歴史的意義を指摘しながらも、その後、この教育方法は戦時教育に包摂されて帰結を迎えてしまって、従来の日本教育を凌駕して継続的にかつ広範囲に展開することはなかったことは歴史的事実である。しかし、ゲーリーシステムが第二次世界大戦後の教育改革にどのように関連づけられて歴史的過程をたどったか、その実証と理論とが教育史研究に今後求められると、課題を指摘して本書を終えたいと考えている。

【注釈】

注①　阿部重孝『学校教育論』（教育研究会　１９３０年１１月２５日）所収「第二編　学校組織の現代化　第一章ゲーリー・スクール」。ただし、この論文は９年前の１９２１年１０月１０日に「ゲーリー・スクール」として雑誌『帝国教育』に発表したものである。１９８３年に学校制度史とくに中等教育研究の集大成として『阿部重孝著作集』全８巻（日本図書センター）が刊行され、今日、多くの研究者たちに日本教育史の研究方法の示唆を与えている。

注②　塚本清「ゲーリー・プランの最近事情―そのエマーソン校視察記（一）―」（奈良女子大学『学習研究』第７５号　１９２８年７月）。塚本は、翌８月に『学習研究』で「視察記（二）」を報告している。

注③　笠原のゲーリーシステムに関する研究論文3点を次に挙げる。

　　　・論文一、笠原克博「The　Gary　Plan（Ⅰ）（Ⅱ）—教育内容の拡大
　　　　　　　についての問題—」（九州大学『産業労働研究所報』第50
　　　　　　　号・第51号　1970年）。

　　　・論文二、同「ゲーリー・プランの革新性—W・A・ワルトの見地—」
　　　　　　　（『日本デューイ学会紀要』第26号　1985年）。

　　　・論文三、鯵坂二夫編著『教育方法学の位相と展開』所収の笠原論文
　　　　　　　「第四章　ゲーリー・プランの革新性—ワルト像の修正に対
　　　　　　　して—」（福村書店　1987年）。

注④　杉峰英憲「社会改革としての公立学校改革構想—ゲーリー・スクールの
　　　理論と実践をめぐって—」（奈良女子大学文学部『研究年報』第24号
　　　1980年）。

注⑤　松村将「ゲーリー・プランに関する一考察」（京都女子大学教育学会『女
　　　子大学芸』第21号　1981年）。なお、ゲーリー案とプラツーン案
　　　との相違点に関しては、島為男が米国デツロイト教育局編・譯著『米国
　　　の新学校　プラツゥーン・プラン学校』（モナス　1924年）で詳細
　　　に分析している。

注⑥　・論文一、宮本健市郎「アメリカ進歩主義教育運動におけるコミュニテ
　　　　　　　ィと学校—1910年代のゲーリースクールの研究—」（『東
　　　　　　　京大学教育学部紀要』第23巻　1983年）。

　　　・論文二、同「アメリカ進歩主義教育運動における学校建築の機能転換
　　　　　　　—子ども中心の教育空間の試み（一）—」（関西学院大学『教
　　　　　　　育学論究』創刊号　2009年）。

　　　・論文三、同「アリス・バロウズの学校建築思想：子どもの経験の豊富
　　　　　　　化：子ども中心の教育空間の試み（二）」（同大学『教育学論
　　　　　　　究』第4号　2012年）。

　　　・論文四、同「アメリカにおける遊び場運動の起源と展開—アメリカ遊
　　　　　　　び場協会の成立と変質—」（同大学『教育学論究』第6号

　　　　　２０１４年）。

注⑦　中谷彪「アメリカ教育行政学研究序説（第Ⅸ報）　「科学的管理法」と
　　　Ｊ・Ｆ・ボビットの教育行政学―」（『大阪教育大学紀要』第Ⅳ部門第３
　　　４巻第１号　１９８５年）。

注⑧　和田恵美子「協同が生み出した規律―二〇世紀初頭のアメリカにおける
　　　学校と社会―」（日本デューイ学会機関誌『日本デューイ学会紀要』第
　　　４０号　１９９９年）。

注⑨　•論文一、佐藤隆之「二〇世紀初頭のアメリカ進歩主義教育運動におけ
　　　　　る講堂の出現と活用―集会活動に基づくカリキュラム改革
　　　　　―」（早稲田大学教育・総合科学学術院『学術研究―人文科
　　　　　学・社会科学編―』第６１号　２０１３年）。

　　　•論文二、同「アメリカ進歩主義教育における講堂の活用の目的と実際
　　　　　――九一〇年代ニューヨーク市の学校改革を中心として―」
　　　　　（『早稲田大学大学院教育学研究科紀要』第２４号　２０１
　　　　　４年）。

注⑩　三上敦史著『近代日本の夜間中学』（北海道大学図書刊行会　２００５
　　　年）。

注⑪　小路行彦著『技手の時代』（日本評論社　２０１４年）。

注⑫　橋本美保編著『大正新教育の受容史』（東信堂　２０１８年）。

第一章　ゲーリーシステム創案の歴史

　本章の課題は、ゲーリーシステムの内実を理解することである。

　その方法として、ゲーリーシステムが展開したアメリカのゲーリー市建設の歴史とその過程で発生した問題を検討する。次にゲーリー市に進出したU・Sスチール会社の動向を検討し、ゲーリーシステムという学校教育組織を導入しなければならなかった歴史的背景を考察する。最後に、ゲーリーシステムの創案者であるウィリアム・ワートの教育思想を考察するとともに、このシステムが実施されたゲーリー校の実状を紹介する。

第一節　ゲーリー市の建設

　第一節の課題は、ゲーリーシステムを学校教育に導入したゲーリー市を概観することである。

第一項　ゲーリー市の歴史と地誌

　戦前、１９３２（昭和７）年に教育学者入澤宗寿は『入澤　教育辞典』を公刊して次のようにゲーリー市について説明している（注①）。

　　「ゲーリー市は一八九八年製鋼会社の設立と共に興つた都会で、その人口の急激な増加は学校の新設を必要とした。然るに教育費はその額極めて少く、普通の方法では到底激増した児童の教育を行ふことが出来ず、遂に必要が名案を生んで所謂ゲーリー・システムを案出するに至つた」

と、２０世紀初頭まで未開発の地に、米国鋼鐵会社（U・Sスチール会社）が進出して開発されたところにゲーリー市が建設されてもたらされた急激な人口増加が、学校数の増加を求めたが、少ない教育費では激増する児童数に対応した教育が出来なかったことを述べている。

　１９１３（大正２）年にゲーリー市を訪れた吉田熊次（東京帝国大学）

も、ゲーリー校を視察したことを次のように示している（注②）。

　「私は一昨年《大正二年》十一月六日にシカゴ市を発して、ゲリ・に行つてこの学校を観た。シカゴから二十六哩、午前九時に出立して四十三分を費やした。ミシガンの傍にある」

第二項　「ゲーリー市」命名の歴史

　この街は１９０５年頃には未だ「ゲーリー」という名称はなく、米国鋼鐵会社（Ｕ・Ｓスチール会社）がゲーリー氏の功労を記念する目的で「ゲーリー市」と命名したと、会社『年次報告』（１９０５年）で発表している（注③）。

１、判事ゲーリー

　次に示す、『中外商業新報』（１９２９《昭和４》年１０月１０日付）の「素人から鉄鋼王」という報道から、実業家、そして判事としてのゲーリーがこの地に進出した経緯を検討することとする。

　「スチールのゲーリーか、ゲーリーのスチールかとまでいはれたゲーリーは、元来鉄鋼畑の人ではなかつた。この点はカーネーギーやそれから前スチール会社長シュワブ氏、現同社長ファレル諸氏が鋼鐵事業の専門家であるのと趣を異にし、『判事ゲーリー』の通称に示す如く、シカゴ法曹界の人物であつた」

と、シカゴ法曹界の判事ゲーリーとして日本に紹介されたのである。

２、ゲーリー市の命名

　「新工場をミシガン湖の南岸なるインヂアナ州レーキ郡カリュメット村に建設することに決定し、之に適応する広大なる敷地を購入せり。（省略）のちにスチール会社がゲーリーの功労を記念するため『ゲーリー市』と命名した」

と、シカゴ法曹界ゲーリー氏の功労を記念する目的で、ゲーリー市が誕生したことを同新聞は掲載している。次の項では、このゲーリー市がどのような歴史を経て建設されたかを考察する。

第三項 「ゲーリー公立学校制度」の紹介

　１９１９（大正８）年に、「教育調査会」（文部省設置）が翻訳した『ゲーリー公立学校制度』も、この地に米国鋼鐵会社関係の人々が入植した実状を次のように詳細に紹介している（注④）。

１、「不毛の地」に都市建設

　「ミシガン湖の南端、インディアナ海岸に近接する地は、絶えず砂丘が出来たり無くなったりする不毛の地で短小なる柏木の小林が点在し、恰もシベリア草原の如く荒涼たる観を呈し、全く使用の道のない土地であった」
と、不毛の地に都市建設が開始されたことを示している。

２、米国鋼鐵会社・スチール会社の進出

　「米国鋼鐵会社で巨萬の資本と機関工と建築家、労働者の一隊を引連れて来た。此等の人々は神の如き偉大なる事業を遂行した。彼等は河身の変更、二百哩鉄道の敷設、築港、数百エーカーの砂原に肥沃の土壌を覆つて森林を伐採した。彼等は十五哩乃至二十哩のセメントの人道、鋪石街道を造り、最新式の下水道の敷設、電燈、瓦斯の設備、巨億弗の家屋の建築、此の町と清冽なる湖水との間に十哩四方に渡りて鋼鐵事業の熔鐵爐、鋳冶、骸炭の窯、修復所等を設けた。鋼鐵の町なるゲーリー市は近代の奇蹟となつて、此の工場の進捗を見んものとて付近数百哩から見物人が群り集まつた」
と、実にシベリア草原にも似た不毛の地に、Ｕ・Ｓスチール会社が交通関係者や建築者さらには労働者たちを連れて入植して、河川を変更し鉄道を敷設し、森林を開発し道路を造り、下水道・瓦斯のインフラ整備にとりかかり、住民のために家屋を建築、そして工場と関連する施設を建設する等の「偉大なる事業」を実施した。その結果、ゲーリー市は「近代の奇蹟」と評判となりアメリカ各地から多数の見物人が訪問するように発展したと、「教育調査会」は報告している（同書３頁〜４頁）。

３、公立学校制度の必要性

　引き続いて、Ｕ・Ｓスチール会社自身が人々を教化することが出来ないとの理由から「公立学校制度」を導入する必要性があったと、次のよ

うに説明している。

　「諸君が鋼鐵場たる市の人口に思ひ至らば更に一層驚くべき事がある。ゲーリー二萬五千の人口は少なくとも二十八箇国の人民から成り立つて居る。守銭奴のマジャル人、ロシア人、クラート人、レット人、其の外二十四種以上の各国から渡米せる彼等大部分は、斯様な自由な公立学校があらうとは夢にも思はなかつたのである。鋼鐵会社は少数の熟練な職工と役員とを連れて来た。労働者の大部分は安価の賃金で傭ふ為めに会社では移住民労働者を必要とした。鋼鐵会社では驚くべき市を建設した。鐵と鋼鐵と化学との工業上の問題は巧に處理されて成功したが、労働者は丁寧に取扱かつたけれども、労働者及び一般人民を教化する事は鋼鐵会社には出来なかつた。そこで人民の文明の進歩をはかる為めに、偉人を管理者とせる公立学校の制度を必要とした」

と、移住民労働者及び一般人民を教化することを目的で学校教育が開始されたことを「教育調査会」は明らかにしたのである（同書５頁）。

第二節　Ｕ・Ｓスチール会社の進出と街づくり

　本節では、ゲーリー市に学校組織がどのような歴史的過程を経て導入されたかを考察する。

第一項　アメリカ鉄鋼業立地の変遷
１、製鐵業の立地変遷

　前掲『中外商業新報』に、アメリカ鉄鋼業に関する立地の歴史的な変遷が次のように紹介されている（注⑤）。

　「一九世紀末、当時アメリカの製鐵業はアパラチア山系南部と北部両端地において産出される鉄鉱石、石炭、石油の埋蔵量を背景として、その主要都市ピッツバーグを中心に製鐵業が発展して、その中心会社がカーネギー社であった。元々、西部や中部では農場あるいは鉄道の需要に応じる程度の製鉄業が立地していただけであった。しかし、スペリオル湖南で鉄鉱石

の多大なる埋蔵量が発見されてその安価な原料が提供されたことは、地下資源の開発、ミシガン湖等の水運、さらには製品販路としての鉄道利用などを考えた場合、シカゴ周辺に鉄鋼業が発達する条件が提供されたのである。東部のカーネギー社とともに西部のゲーリー氏（弁護士でもある）が顧問を務めるイリノイ地方の多くの製鐵会社が注目されたのは当然の結果である」

と。すなわち、１９世紀末、アメリカ製鐵業は主要都市ピッツバーグを中心にカーネギー社が発展していたが、スペリオル湖南で鉄鉱石が発見されると、安価で多大な量が提供された結果、シカゴ周辺に鉄鋼業が発達し、エルバート・Ｈ・ゲーリーが顧問弁護士を務める西部のイリノイ地方に立地する多くの製鐵会社が注目されるようになったのである。

２、ゲーリー市の都市計画

　本書「序章」で述べた「宮本論文一」にも、次のようにゲーリー市の都市計画の実状が紹介されている（２７６頁）。

　　「町はミシガン湖畔にＵ・Ｓ・スチール工場、その南がノースサイド、さらにその南がサウスサイドとして、画然と区切られた。ノースサイドは、シカゴから出張してきた会社役員、地方官吏、熟練労働者のための高級住宅街であった。一方、サウスサイドは非熟練労働者が住みつき、収入の少ない労働者のスラム街であった。こうしてゲーリーは、まとまりのない無秩序な町になっていた」

と、ミシガン湖畔「南岸」は三大地域に区画整理された都市の実状を示している。「湖畔」にはＵ・Ｓスチール工場地域、その「南側」で北方に位置する（ノースサイド）の会社側に接して高級住宅地域、その南方の離れたところ（サウスサイド）に非熟練労働者が住む地域（労働者スラム街）を配置したという（注⑥）。この区割りを宮本は、ゲーリー市は「無秩序な町」として都市作りが進められたと、指摘したのである。

第二項　ゲーリー市人口の推移と構成

　本項では、ゲーリー市の人口推移と構成を検討し、その歴史意義を考察する。

1、人口推移

　ゲーリー市への人口の推移を見ると、１９０６年におよそ数百人のゲーリー住民から市の建設が開始された。その後、４年後の１９１０年には１万７千人、更に１０年後の１９２０年には５万５千人へと大変急激な人口増加をもたらしたことを示している。およそ<u>１５年間で５万人以上の人口を抱える規模の都市に成長した</u>のである。年間平均３千７百人を超える人口の増加をもたらした都市に成長したことを宮本は、「前掲コミュニケーション論文」で述べている。

2、人口構成

　次に、その人口構成がかかえる課題を考えることとする。ゲーリー市は次のような人口構成である《１９１０年統計》（注⑦）。

　　☆資料

①	オーストリア・ハンガリア人	４５％
②	ロシア人	１２％
③	ドイツ人	１１％
④	イギリス人	９％
⑤	イタリア人	７％
⑥	スカンヂナヴィア人	３％
⑦	ギリシア人	２％
⑧	カナダ人	２％
⑨	その他	９％

　この資料から明らかなように、ヨーロッパ人のなかでも、アングロ・サクソン系（イギリス人）が９％と少なく、オーストリア・ハンガリー人４５％、ロシア人１２％、イタリア人７％と東ヨーロッパや南ヨーロ

ッパからの移住者が圧倒的に多く（全人口の約６４％）、この人種構成を前提としてゲーリー市は建設されていったのである。

３、移住者のの居住地域

　ゲーリー市内の工場配置を見聞した田制佐重は、１９２２（大正１１）年にその移住者を「賃銀の廉い、そして無学の無産階級」と称して次のように実状を述べている（注⑧）。

　　「鋼鐵工場や、付属の諸工場はミシガン湖に沿ふて密集し、其處に人為的
　　なる港が出来て居るのである。非常に多数居る外国移民は、主として欧羅
　　巴の東南諸国より来た労働者で、大概賃銀の廉い、そして無学の無産階級
　　のものであるが彼等はゲーリ市の南側地方の雑閙せる区域に住まつて居る。
　　鋼鐵工場は小さな川に依つて市街と区劃されて居るが、この川は工場を大
　　砦と見立てれば、まさに壕とでもいふべきものであらう」（下線筆者）

と、移民労働者は主として東、南ヨーロッパからの「無学の無産階級」で占められ、市街地と工場とは「壕」とも思える小川で隔てられ、その壕の向こうには大きい「砦」とも見える工場が立ち並んでいたと、その光景を述べている。

　宮本は、外国系移民の割合が１９１０年には７０％（約１万２千人）、１０年後の１９２０年にも６０％（約３万３千人）を占めていたと、ゲーリー市域の実状を重ねて述べている（注⑨）。

　以上のように、ゲーリー市は１９０６年に数百人の住民から鉄鋼業の町に発展するが、外国系移民の割合が１９１０年には７０％（約１万２千人）を占める勢いで発展していったのである。

第三項　ゲーリー市の職工数

　この項では、具体的に「無学の無産階級」の外国系移民労働者がどのような企業に勤務していたか、その実状を検討することとする。使用した資料は水崎基一が同志社教授を退職したあと、１９１８（大正７）年５月から約半年間、渡米してゲーリーシステムの実態を調査し、翌１９

１９年に講演した記録である。U・Sスチール会社の労働者（職工）数
１万２千人、その他関連産業の実状を知る貴重な資料てある（注⑩）。次
に、ゲーリー市の工場・職工数について資料を紹介する。

　☆資料
　　一、U・Sスチール（製鐵所）　　　　１２，０００人（５１.０％）
　　二、米国鉄板工場　　　　　　　　　　５，５００人（２３.４％）
　　三、アメリカ・ブリッジ会社（鉄橋製造）１，９００人（　８.１％）
　　四、鉄道工場　　　　　　　　　　　　１，６００人（　６.８％）
　　五、セメント工場　　　　　　　　　　１，２００人（　５.１％）
　　六、ゲーリ・スクリュー・ボルト会社（螺旋・鋲製造）
　　　　　　　　　　　　　　　　　　　　　１５０人（　０.６％）
　　七、自動貨車製造会社（自動車貨車製造）　１００人（　０.４％）
　　八、ユニオン・アイアン・プレート会社（鉄板製造）
　　　　　　　　　　　　　　　　　　　　　４００人（　１.７％）
　　九、その他　　　　　　　　　　　　　　６８０人（　２.９％）
　　　　　　　　　　　　　　　　　　２３，５３０人（１００.０％）

　この数値から、１９１８年ごろと推察されるが、ゲーリー市のU・S
スチール会社を含めた関連会社に勤務する職工数（いわゆる労働者）２
万３，５３０人中、U・Sスチール会社に雇用された職工数１万２，０００人は全体の５１.０％を占め、つまり約半数がU・Sスチール会社勤務
となっている実状が明らかである。それ以外に、鉄板、鉄橋、鉄道、セ
メント、螺旋・鋲、自動車貨車等々の関連企業への工場労働者で占めら
れている。いかにU・Sスチール会社の割合が高いかが明らかであろう。
すべての労働者・職工たちがゲーリー市在住とは限らないが相当数の工
場労働者を抱えた工業都市であったことが想定される。このような「無
学の無産階級」で占められていた「無秩序な町」と称されたゲーリー市
が具体的にはどのように都市作りに進んでいったかを次項で考察しよう。

第四項　都市づくりと財政の実状

　この項では、学校教育を取巻く社会的経済的環境を考察する。

　ゲーリー市は貧弱な市財政を前提として学校建築を目指した。その理由は課税対象たちが財産を持たない外国移民・「無産」労働者であり、さらに課税額が少額と見積りされたU・Sスチール会社を想定しなければならなかったからである。ましてや課税基準額が２年前基準に遡るという悪条件に裏付けされたゲーリー市の苦しい財政事情であったことを田制は次のように指摘している（注⑪）。

1、財政難の実状

　「ゲーリ市に公立学校を設立するといふことは、一種特別なる一困難事であつた。それは、此の急激に発展する新設の都市のこととて、年々教授及び維持費を要するところに掲て、加へて一日も早く学校を建設するの必要があつたが、然し、市の財政は當時頗る貧弱であつたからである」

と、田制は公立学校を設立することがゲーリー市では「特別なる一困難事」であったと述べ、その具体的な理由が財政における収入の少なさであったことを次の３点にまとめて説明している。

　⑴　来住したばかりの外国移民が、市民の大部分を占めいて居ったので、彼等には固より課税すべき財産が一つもなかったこと。

　⑵　鋼鐵会社はといへば、これは此の市の一番貴重なる財源ではあるが、普通の習慣としてその税金指定が少額に見積られて居ったこと。

　⑶　インディアナ州の法律では、毎年の学校の経費は約２年以前に指定されたる税金の額に拠るべきことを規定して居ったこと。

と述べた後、したがって、こういうゲーリー市の特別事情に整合した学校教育が求められたと、田制は指摘したのである。

2、ゲーリースクールの課題

　ゲーリー市の困窮した財政の実状を宮本も田制と同じく、次のように指摘している（注⑫）。

　「ゲーリースクールの課題は、この無秩序で貧しい町を、能率的に住みよ

い『コミュニティ』にすることであった。町の指導者にとってアングロ・サクソン的価値観を知らない移民は，不道徳な民衆としか映らなかった。ゲーリーに秩序を築くためには、彼らをアメリカナイズして、善良な市民へと育てることが必要であった」

と。結局、ゲーリー市の無秩序で不道徳な住民問題等を解決するためには、どういう学校教育を実施しなければならないか、その策を検討する課題が浮上してきたのである。

３、ゲーリー市の学校教育方針

　宮本と同様に、田制もゲーリー市は米国各都市と同じく「総ての人・子ども」を対象として「種々なる必要に応じる」学校教育が求められたと次のように指摘した（注⑬）。

「今日、ゲーリ市は、（省略）米国都市としては、別に一方に偏したる都市ではなく、社会的階級や、人種や、職業や、興味等の点に於て可成り調和的に分布されて居る都市である。換言すればゲーリ市は元来、種々雑多なる業務の活動する尋常普通の独立的都市である。而して、此處の学校は、複雑なる現代的都市生活の種々なる必要に応ずるに為めに設立されたものである」

と。つまり、ゲーリーシステム導入の基礎となった背景が、この人種、職業、興味等に応じた多種多様な教育を考えなければならなかったことであったのである。まさしくこの「複雑なる現代的都市生活」に応じた学校教育であったということができよう。換言すれば、宮本や田制が指摘したように移民の街特有の税収の少なさに悩まされたなかで、アメリカナイズされた市民、すなわち国民を育成する学校教育を求める方針であったのである。

第三節　ウィリアム・ワートによるゲーリーシステム創案と実施

　この節では、ゲーリー市特有の町に適応した学校教育がどのようにして誕生したかを、その教育組織の実態と導入過程を検証したあと、ゲー

リーシステムの教育的意義について考察することとする。

第一項　ワートの経歴

　ワートの教育思想を考察する前にこのシステムの創案者であるワート
の経歴を確認することとする（注⑭）。

　☆ワートの経歴（傍線筆者）

- ・１８７４年１月２１日　　　インディアナ州マークル生まれ。
- ・１８９５〜９７年　　　　　インディアナ州レドキー視学（学校教育長）。
- ・１８９７〜９９年　　　　　インディアナ州グリーンカッスル中学校の
　　　　　　　　　　　　　　　数学教師。
- ・１８９８年　　　　　　　　同州デポー大学卒業後、同大学研究科を経
　　　　　　　　　　　　　　　てシカゴ大学デューイ教授のもとイギリス・
　　　　　　　　　　　　　　　フランス・ドイツ・ベルギー各国の教育方
　　　　　　　　　　　　　　　法を研究。
- ・１８９９年より　　　　　　インディアナ州ブラフトン市（インディア
　　　　　　　　　　　　　　　ナポリス西北、ワートの郷里に近い市）の
　　　　　　　　　　　　　　　視学として、翌１９００年より８年間、ゲ
　　　　　　　　　　　　　　　ーリーシステム案を実施。
- ・１９０８年　　　　　　　　ゲーリー市長の懇請により、ゲーリー市の
　　　　　　　　　　　　　　　視学に就任。
- ・１９１４年より　　　　　　ニューヨーク市「学校組織改造」の顧問。
　　　　　　　　　　　　　　　・毎月一週間勤務
　　　　　　　　　　　　　　　・俸給ゲーリー市、６千ドル（年間）
　　　　　　　　　　　　　　　・ニューヨーク市　１万ドル（年間）
- ・１９１６年　　　　　　　　デポー大学より哲学博士の学位。

　特にワートの教育思想の形成の画期となったのが１８９８年からシカ
ゴ大学でジョン・デューイ教授の指導を受けたこと、もうひとつがゲー
リー市に招聘される前にすでにこのシステムを自分の故郷に隣接するブ

ラフトン市で7年間にわたって実験してきたことである。シカゴ大学での「教育思想学習」（理論）とブラフトンでの「教育実践」（経験）との統一されたゲーリーシステムを実施したことを踏まえて、ワートはゲーリー市へ招聘されたことを強調しておかなければならない。

第二項　ワートの教育姿勢

　ゲーリーシステムという教育方法を実践することに関して、ワートはランドルフ・エス・ボールン著『ゲーリ学校』の「冒頭諸論」で自分の教育姿勢を論述していた。それを翻訳したのが田制佐重である（注⑮）。長文になるがゲーリー市学校教育長に就任する前のワートの教育姿勢を理解するために「冒頭諸論」から重要視される箇所を抜粋する。

1、ワートの教育姿勢

　「過去十五年の間、余は『作業兼学習兼運動の学校』に対する学校組織の筋書をば大約五十種ばかり編制して見た。而して、斯かる学校組織の筋書に於ける各種の要素は之を色々の工合に結合統一することを得るやうになつて居る。余は或る式の若しくは或る型の学校組織の筋書をば、総べての児童の為めの一般的なる理想的学校を造る上の固定的乃至画一的のものとして仕組まうとしたことはない。反対に、余は非常に種々雑多なる型の学校を造ることの出来るやうな或る学校組織の式を編制し、そして総べての都市も、亦一都市のすべての区域に於ける総べての児童も、各々其の欲する種類の学校を得ることの出来るやうに努めたのである。余は千九百年インディアナ州ブラフトン市に於て初めて作業兼学習兼運動の学校を設立してより此の方、僅かに二個条の確定せる原則を持つて居るに過ぎない。

　　第一には、総べての児童は正しき事情の下に、終日作業と、学習と、運動とに忙がしくあらせるやうにすべきものである。第二には、如何なる都市でも、此の作業兼学習兼運動の適当なる学校組織を経営して行く為めには、（省略）市のあらゆる公共機関をば正当に学校と連絡協働せしめ、而して、学校がそれらあらゆる市の公共機関の連絡調和の中心として働らき、

斯くして、あらゆる公共機関が互に補足し合ひ且つ又終日学校のあらゆる
設備を絶えず一般の使用に委することに依つて、所謂無駄を避けるやうに
しさへすれば、立派に此の種の学校を経営することが出来るのである」

と。この論からワートの教育姿勢を要約すると、決つして一つの形式、一つの型に「固定的乃至画一的なもの」として仕組むものではない学校組織を編制し、１９００年にインディアナ州ブラフトン市で初めて「作業兼学習兼運動の学校」を設立したということが明らかとなった。そして、ブラフトン市での学校設立にあたり、次の２つの原則をワートは作ったのである。

　　第１は、総べての児童を終日、作業と学習と運動の教育をすること《第
　　　　一の原則》。
　　第２は、市のあらゆる公共機関を学校と協働させ、学校をその中心と
　　　　して機能させて公共機関が互に補足し合い、終日、学校の設
　　　　備を一般市民が使用することによって無駄を避けるべく学校
　　　　を経営すること《第二の原則》。

の２点である。ワートの教育思想には、作業と学習と運動の三位一体説が学校組織の基礎となっていることはあきらかである。そして、この結合統一した学校組織をブラフトンで全児童を対象に、学校が中心となって公共機関と調和して無駄を避けた学校経営を実践したのである。まさしく、ワートの三位一体説こそがデューイが『学校と社会』の中で展開した『為すことによって学ぶ』という作業と学習との協働による教育と同じ教育思想の実践であったのである。

第三項　ゲーリー市への招聘と「キルト式の学校」

１、ワートの招聘

　ゲーリー市にワートを「学校教育長」として招聘する際、ゲーリー市側では市長直々、あらかじめブラフトン市の教育実状を視察して「氏の教育原理を大仕掛けに実施する明白なる目的」をもってワートを招いた

と次のように田制は紹介している（注⑯）。

> 「ワート氏は此の八年間ブラフトンに於て長き試験を経たる後、其の教育
> 思想乃至学校組織方を円熟せしめて、ゲーリ市に来たのである。初め、ゲ
> ーリ市が新設された当時、非常に進歩的な市長及び教育課の人々はブラフ
> トン市を訪ふて、ワート氏の教育原理が如何に実地に応用されて居るかを
> 観察し、そして氏の教育原理を大仕掛に実施されたしとの明白なる目的を
> 以て、ワート氏をゲーリー市に招聘した」

と、ワートを招聘するゲーリー市側の熱意ある姿勢を知ることが出来る。

2、「キルト式の学校」

　吉田熊次も１９１３（大正２）年に、ワートの教育実践が「キルト式
の学校」（注⑰）として「一九〇七年までブリフトンにゐて学校教育上の
意見を出してゐた」と、その実績を評価し、「キルト式の学校」と命名さ
れた歴史を次のように説明している。

> 「このシステムは地名によつてゲーリーシステムといはれてゐるが、考案者
> キリアム・エ・キルトの名によつて『キルト式の学校』とも呼ばれてゐる。
> この人について詳しいことは分からないが、一九〇七年までブリフトンに
> ゐて学校教育上の意見を出してゐたことは明らかである。然るに一九〇八
> 年に氏はゲリーから初回の年報を出してゐるから、その年にゲリーに移つ
> たものと思はれる」

と、すでに１９１３（大正２）年に、『キルト式の学校』としてゲーリー
システムの情報が日本に伝えられていたのである。

第四項　ブラフトンからゲーリー市へ

1、埼玉県に紹介されたゲーリー式教育制度

　１９１９（大正８）年に埼玉県内の教育機関にゲーリー式教育制度が
次のように紹介された（注⑱）。

> 「ゲーリー式教育制度を察した人はウィリアム、ワートで、氏は此土地に
> 来る以前随分革命的な事をやつた人であるが、然し或度迄は常に従来の学

　務局と関係して居た。豫て氏は束縛を受けずに自己の所信を試めし得る土
　地で教育を行つて見たかつた。而して、ゲーリーは氏が求めて居た丁度良
　い活動の舞台を提供したのである」

と。すなわち、ワート自身がゲーリー市でどのように位置づけられたか
については、ブラフトンでの教育実践が「革命的な事」であったことか
ら、この教育改革を束縛されることなく導入したかった「活動の舞台」
をワート自身も求めていて、その場所がゲーリー市であったという趣旨
で招かれたということである。

　ゲリーシステムが紹介された埼玉県内務部「第二章報告」という資料
は、ビクトリアル・リヴュー所載「ゲーリーに於ける小学校問題の解決」
を「教育調査会」（文部省）が「遊戯を基礎とする学校」として紹介した
一部である。

2、ワートによる「遊戯」

　教育内容に関しては、第1点が教育に「遊戯」なる実践、即ち「遊び」
の概念をもって運動場での「遊戯」を導入したこと（Play）であった。
ここで遊戯の定義を「人が自己に興味ある事を為す事」と定めて、仕事
そのものを実際的な「日常生活」と関連させることであると次のように
紹介している。

　「ワート氏の教育法は、既に述べた如く、仕事を遊戯化するに在る、実に
　遊戯は氏の教育方針の基礎である。此意を正確に了解するには、先づ以て
　遊戯の定義を明かにして置かねばならぬ。一般世上では、総ての活動を、
　其の有用の程度及び方面に従つて遊戯と仕事とを区別する。然るにワート
　氏は遊戯に定義を下して、『人が自己に興味ある事を為す事』とした。故に
　仕事を面白く為れば、仕事を遊戯化することになる。氏は又、仕事を面白
　く為る法は、其仕事を実際的にし、痛切に日常生活と関連せしむることで
　あるに気付いた」

と。すなわち、児童は一生懸命に全精神を集中して遊ぶ。野球をしたり、
走り回ったり、飛び上る児童もいる。多様な運動をする。このように

運動場における生徒・児童の「運動」をワートが学校教育に導入したことである。これまで学校教育に取り入れることがなかった「遊戯」（運動）を導入する教育方法としてのゲーリーシステムであったことである。言い換えればこの方法は、興味を抱かせる教育の実践を強調し、その「興味」を仕事に結びつけて教育を実践することを意味する。ワートがいかに教育における「遊戯」（運動）に注目していたことがわかる。

３、ワートによる「探究心」

　教育内容の第２点が「何故」という疑問を持たせる教育を実践することによって「学習」（「探求」）を強調したことである（Study）（注⑲）。何故という疑問こそが子どもの学びたいという本能であり、深い探求心をもって学習を展開することであるとワートは次のように主張した。

　　「仕事を遊戯化するに当つて、氏は『何故に？』といふ児童の反問に表れた探究心を、従来嘗て例なき程度に利用して居る。固より児童の本能其物が教育的で、其最も大なる欲望は学ばんとすることである。故に絶えず『なぜ？』といふ反問を連発するのである。ワート氏は、此探究心を槓杆とし、あらゆる疑問に対し実際的な具体的な答弁を與へることを其枕木とし、以て児童に智識の世界を動かさしむる、極めて単簡な方法を取つたのであつた」

と、学習することが児童の本能であるという思想から出発した「学習」概念をゲーリーシステムという教育方法の中に見たのである。

４、ワートによる「作業」（労働）

　第３点が学校教育への「作業」（労働）の導入である（Work）（注⑳）。ワートは生徒が全生活を打ち込んで働く学校をつくりたいと次のように述べている言葉を引用している。

　　「『吾々は総ての生徒が、一日のうちには何時か、其全生活を打込んで働く時のあるやうな学校を、作り出さんと力めて居るのである』」

と。ここにゲーリーシステムの第３の柱である学校内での「作業」を主張し、この作業（労働）が実践されるには、施設・設備の完全運用が求

められるとワートは唱えている（注㉑）。そのために、学校内での施設・設備の稼働率を限りなく１００％に近く運用する学校経営を求めたのである。そのワートが指摘した「作業」（労働）論を次に述べる。

　「恐らく読者諸子は、ワート督学官の此の新計画は、学術的處辨法に所謂『忽緒に附す勿れ』てふ主義を学校に廣く適用した迄であることに気付かれまい。此言葉は不可解に聞こえるかも知れぬが、平たく言へば、或る設備を其の能力一ぱいに働かせよといふ意味である」

と、十分な経費をかけられないゲーリー学校の現状を直視したワートは、実に印象的な言葉『忽緒に附す勿れ』を残して、目の前にある学校施設の機能すべてを効率的に使用して、学校経営に無駄を省くことを主張したのである。

　以上の検討から、ワートが主張したゲーリーシステム教育の内容を要約すると、第１点が教育に「遊戯」なる実践、即ち「遊び」の概念をもって運動場での「遊戯」（運動）を導入したことである（Play）。すなわち、遊戯の定義を「人が自己に興味ある事を為す事」と定めて、仕事そのものを実際的な「日常生活」と関連させることである。第２点が「何故」という疑問を持たせる教育で、「学習」（「探求」）を強調したことである（Study）。すなわち、何故という疑問こそが子どもの学びたいという本能であり、深い探求心をもって学習を展開することに結びつくとワートは主張しているのである。第３点が学校教育への「作業」（労働）の導入である（Work）。すなわち、ワートは生徒が全生活を打ち込んで働く学校をつくりたいと述べていることである。

　この三位一体の実践こそがゲーリーシステムの本質であることを認識して、ワートは理論を実践に結びつけたのである。また、この教育方法が日本には、１９１３（大正２）年に紹介され、６年後の１９１９（大正８）年に埼玉県が文部省資料の一部として県内教育機関に配布していたことが明らかとなったのである。

第五項　師ジョン・デューイ教育の実現

１、シカゴ大学附属小学校の開設

　ワートによる「作業」と「学習」と「運動」を三位一体と考えた教育実践は、師ジョン・デューイとの関係から生まれたものである。１８９８年から、ワートはシカゴ大学でデューイ教授のもとで教育方法学を学んだ。シカゴ大学附属小学校を開設して２年後のことである（注㉒）。

　デューイ著・宮原誠一訳『学校と社会』（岩波文庫　１９５７年）から、デューイスクール・実験室学校の開設状況を検証する。

　「大学に物理学や生物学の実験室があるように、人間の精神の発達について研究するわれわれの学部にもそのための実験室があってよいはずだと若い学部長は主張し、生きた人間の社会生活を実験材料とする実験室—そういう実験室となるべき一つの学校を設けることを提案する。一年半の準備ののちに、一八九六年一月に、その実験室学校（Laboratory　School）が開設された。個人の家を借りて、生徒は十六人、教師は二人であった。こうしてシカゴ大学付属小学校が始まった。（省略）一八九八年の秋に学校は二つの作業室と二つの実験室、かなりひろい台所と食堂をもつ校舎にうつり、生徒は八十二人となる。（省略）一九〇三年までつづき、のちに『デューイ・スクール』の名でよばれている」（同書１９７頁〜１９８頁）

と、宮原は翻訳している。約７年間の「デューイ・スクール」の教育実験の状況である。

　同じく、市村尚久も１９９８年に『学校と社会・子どもとカリキュラム』（講談社学術文庫）で翻訳している。この中で「附章　大学付属小学校の三年間」には、デューイが実験した教育の推移が詳細に述べられている。デューイは「わたしたちは、五七番街の小さな民家を借り受け、学校にし、十五名の子どもを生徒にし出発した」と、宮原が訳した「生徒数十六名」とは異なる人数ではあるが、ここに児童・生徒の社会生活の実態を材料とする教育の実践的研究が開始されたのである。

　次に、デューイが主張している学校教育の基本を考察することとする。

２、胎芽的な社会

　約７年間の「デューイ・スクール」の教育実験記録をまとめた『学校
と社会』の中で、学校の存在理由をデューイは生活と結びついたところ
に視点をおき、「学校は小型の社会、胎芽的な社会となる」と学校教育を
整理して次のように主張した（同書３１頁）。

　　「学校はいまや、たんに将来いとなまれるべき或る種の生活にたいして抽
　　象的な、迂遠な関係をもつ学科を学ぶ場所であるのではなしに、生活とむ
　　すびつき、そこで子どもが生活を指導されることによって学ぶところの子
　　どもの住みかとなる機会をもつ。学校は小型の社会、胎芽的な社会となる
　　ことになる。これが根本的なことであって、このことから継続的な、秩序
　　ある教育の流れが生ずる」

と。この生活と結びつく胎芽的な社会を求める具体的な教育がゲーリ市
での実践に他ならなかったのである（注㉓）。

３、学校教育「４実践」

　デューイは学校教育の実践を「子どもの学校での衝動」という概念か
ら、次の４項目に分類している（宮原訳『学校と社会』６０頁～６３頁）。

　⑴　《「談話」即ちコミュニケーションの興味、（運動）》
　　　これは、子どもたちの社会的本能であって、談話や個人的な（直
　　　接の体験的な）交際やコミュニケーション能力を育てる学校教育
　　　であること。

　⑵　《物を製作すること、即ち構成の興味、（作業）》
　　　これは、製作の本能、構成的衝動であって、子どもの物事をなす
　　　衝動は、まず最初に、遊戯に、運動に、身振りに、真似ごと等に
　　　現われ、さらに明確さの度を増してきて、その結果いろいろな材
　　　料をなにか「触知」できる形状や、あとまで残る具体的な品物に
　　　かたちづくることに子どもたちは捌け口をみいだす学校教育であ
　　　ること。

　⑶　《「探求」、即ち事物を発見する興味、（学習）》

　　これは、探求の本能は構成的衝動と談話的衝動との結合から生じ
　るということ。つまり子どもは科学の実験と木工室の作業を区別
　をしない。物理や化学の授業での作業は、子どもたちは作業をす
　ることが好きなのであり、そのあと、どうなるかを見守っている
　にすぎないのである。こうした探求の本能は価値ある結果をもた
　らすよう指導することが可能であるという学校教育であること。
⑷　《芸術的表現の興味、（表現)》
　　これは、子どもたちの表現的衝動、いいかえれば芸術的衝動に取
　り組む表現本能についての学校教育であること。
　この４点こそが「自然の資源」であり「投資されざる資本」であると
し、子どもの活動的な成長にとってはこの「４つの興味」を働かせるこ
とが学校教育の実践であるとデューイは主張したのである。この４点目
の《芸術的表現の興味、（表現)》を除くと、残り３点がワートの語る「運
動・作業・学習」三位一体説に通じた項目であることが明らかである。
４、河野が語るデューイの「為すことによりて学ばしむる」主義
　　ボールン著『ゲーリ学校』を解説した河野清丸もデューイ教育思想を
　「学校は生活の準備でなく、生活其物たること、往時の家庭に於けるが
　如しである」と紹介している（注㉔)。その解説した論文「ゲーリー学校
　の教育法（一）—」(『教育論叢』第３巻）で、河野はゲーリー学校をど
　のように特色づけているか、次に検討する。
　　まず、『同論文』(１０６頁）で
　「ゲーリー学校は一般教育法を改造し、作業・研究・遊戯の三方法により
　て児童を人格全体として教育し、特に作業主義を高調して、デユエー教授
　の所謂『為すことによりて学ばしむる』知行合一主義、試錯発見主義を重
　んずる様である」
と、ゲーリー学校では児童の「人格全体」を教育する「作業主義」が実
施されていて、それは、「為すことによりて学ばしむる」知行合一主義、
試錯発見主義の教育であることを強調したのである。さらに、ゲーリー

学校の性格を述べれば、

 (1) 決して工業学校ではない。

 (2) 専門教育を施す所ではない。

 (3) 産業主義にかぶれたものでもない。

 (4) アメリカ式実利主義に偏したものでもない。

 (5) 徹頭徹尾、一般陶冶を施す所の学校である。

と規定した（同１１１頁）。すなわち、ゲーリー学校とは「一般陶冶を施す」学校としたのである。その根拠としてゲーリー学校を概括して、

 (1) 従来の学校教育に「工場」と「家庭」を加えたものであり、後者の２つはかつて我等の祖先を教育する重大要素であった。

 (2) 現代の社会的要求に合致するように学校を改造した。

 (3) 教育法を４区分に分けたことにより、児童の活動欲を満足することが出来て、円満なる発達をはかり、校外における有害な影響から遠ざけることが出来た。

 (4) 講堂を利用して一般劇場のようにして、このことによって、学問的作業活動を増進することが出来た。

 (5) 校外の諸施設を利用した。

の５点を挙げている（同１１０頁）。

 最後に、ゲーリー学校を導入する留意点を次のように、河野は述べている（同頁）。

「ゲーリー学校を其の儘直ちに真似るといふことは却々の難事であらうけれども其の精神を採ることは強ち難事でないと思ふ。精神とは何ぞや。教育上に作業主義を高調せることである。自動主義、自由主義、個性尊重主義を徹底せることである。体育を力説せることである。校舎や其の他の設備を経済的に、而も徹底的なる経済的に利用せることである。最後の方面はゲーリー学校の最も特色ある点で、之を巧に利用せば、我国の学校から二部教授を駆逐して了ふことが出来るのである」

 つまり、模倣することなく、作業主義を高めて自動、自由、個性尊重

を徹底して、体育を重視して施設・設備を経済的に有効に利用するゲーリー学校の意図する「精神」を導入・採用することがゲーリー学校の本質であると河野は強調したのである。

5、田制が語るゲーリー学校の作業教育論

　田制は、ゲーリ学校が決して鉄鋼会社向けによい職工を提供したり、工場の労働者を養成したりするためでなく、「工場に於ける作業の教育的価値を尊重するの精神で建てたものに外ならぬ」（注㉕）と、つまり作業における教育的価値をいかに尊重するか、その建築と教育とがいかなる関係にあるかという「本質」にあって学校が成立することを踏まえて職工を養成しなければならないと、指摘したのである。

　そして、移民の子弟をアメリカ人としての誇りを持つ市民に教育するために学校が存在するとか、特定の産業階級の要求に応じてゲーリ学校をつくったという見解は、ゲーリーシステム創案者・ワートの考えとは全く異なるゲーリーシステムであると、田制は批判した。この見解に関して、デューイも自著『明日の学校』でワートの考えと全く同じであると、田制は述べている（注㉖）。

　　「ゲーリーの学校を単に、将来の見込みのない移民の子を預かり、その子を自立した移民にする試みとか、ある種の訓練にたいする労働者階級の要求に応える試みと考えるのは誤りであろう」（河村訳『前掲書』１４７頁）と、ゲーリー学校を設立する本来の目的が、「工場が関わる仕事の教育的価値のため」であると、田制は強調したのである（注㉖）。

　デューイ研究で知られる田制は、デューイが在職中にシカゴ大学付属小学校を設立して実験的に児童教育研究をしたことに関して、学校設立の目的は次の３点であると説明している（田制『前掲書』２９２頁）。

　⑴　学校・家庭・地方社会の生活との関係を、どのようにして密接なものにすることができるか。

　⑵　児童の生活に歴史とか理科、芸術などの教材を、どのようにして取り入れることができるか。

(3) 読み、書き、算術を教えるとき、どのようにして日常の経験・業務とに関連付けることができるか。

　これらの課題を解決するための学習が必要であったことからゲーリー学校を設立したと田制は指摘した。したがって、この３点は実際にゲーリー学校を設立する時に、根本的な教育姿勢（理念の提示）に大きな示唆を与えていると考える。

　特にゲーリー学校は、Ｕ・Ｓスチール会社の労働者育成を目的としたものでなく、かつ、労働者になるための費用を節約するために学校を設立したものではないことを『ゲーリー学校』の分析から田制は明言している。さらに移民を自立させて労働者階級の要求に応じるために学校を設立したものでもないことも重ねて強調している。

　デューイは自分の目でゲーリー学校を観察した。そして、その観察内容を自著『明日の学校』で詳しく展開している。その具体例を一つひとつ分析はしないが、デューイの見解を基礎としたワートのゲーリーシステムに流れる教育思想の検証から、教育とは社会的なものであって、学ぶことによって自分自身を社会に適合させることを目的として、社会との協働方法を学ぶことであることが語られている。

第六項　ゲーリースクールの実状

　本項では、実際にゲーリー市で展開されたゲーリー校の実状を紹介する。ここで使用する基礎資料は１９２３（大正１２）年５月に公刊された『教育新思潮大観』（中興館）に掲載された史資料である。この著書の目的を「欧米教育の新傾向を最も明晰に解説し、実際教育に従事する人々の参考に供する」ことであると「序」（同書１頁）に述べたあと、その欧米教育の新傾向を、

　　第一篇　プロジェクト・メソッド
　　第二篇　ドルトン・プラン
　　第三篇　アダルト・エヂュケーション

　　第四篇　ゲーリー・システム

　　第五篇　ボケーショナル・ガイダンス

　　第六篇　フェリエン・コロニー

等々、6篇にわたって紹介している。

　ゲーリー・システムに関しては、第四篇で、

　「ゲーリー・システムの我が国に紹介せられたのは、数年前のことである

　が、原内閣の教育費整理案に聯関して、再び教育社会の問題となつた」

と紹介した（同書２２０頁）。約３８頁にわたりその実状を政府（原内閣）の教育費整理（削減）策に発していることを指摘して、ゲーリー・システムが政策的課題であったことを強調している。第四編で特に注目した経営状況、教科別時間割、教室の利用状況、ハイスクールの学課課程等々を考察することとする。

　まず、１９０６年にはゲーリー市には１つの小学校、１つの教室、１人の教員という教育現状であったことを述べている。その年、９月からワート氏が視学官として招聘されて教育改革に取り組むこととなった。その後、先述したように、人口の激増に伴い、約１０年後には学校数９校を数えるまで発展してきた。この歴史的過程を踏まえて、次に、１９１４、１５年度のゲーリースクール経営状況を『教育新思潮大観』を参照して、検討することとする。

１、ゲーリースクール経営状況

　［表一の１］は、ゲーリースクール「正規学校」の経営状況である（同書２３４頁）。その中で、エマーソン校（児童数８９５人）、フレーベル校（同１,８４９人）、ジェファーソン校（同７６４人）のゲーリー３校児童数３,５０６人がゲーリー市全体の児童数に占める割合が４２.３％、教授費、運用費、維持費の支出合計額が市全体の４４.１％の比率である。単年度決算ではあるが、児童数と学校経営費の比率がほぼゲーリー校全体の２分の１以下である。次に、具体的な項目を検討する。

　まず、各ゲーリー校別に支出額比率を算出すると市全体での位置づけが明らかとなる。3校に注目すると、

- ・エマーソン校　　　　　　　　　　　１４.６％
- ・フレーベル校　　　　　　　　　　　２０.７％
- ・ジェファーソン校　　　　　　　　　　８.８％

児童数が一番多いフレーベル校が最も多額の経営支出額を占めている。

　ゲーリー校9校平均支出額は３６,２８９ドルと算出され、この支出額は学校経営費全体の１１.１％（約1割強）を占める。比較的規模が大きいフレーベル校とエマーソン校が全体での経営支出額の比率か高く、平均以上の数値を示している。

　次に、<u>経営費１００ドル当りの各校児童数</u>を算出すると、

- ・エマーソン校　　　　　　　　　　　２.００人
- ・フレーベル校　　　　　　　　　　　２.７３人
- ・ジェファーソン校　　　　　　　　　　２.６５人
-     3校平均　　　　　　　　　　　　２.４３人
-     諸学校（3校以外）平均　　　　　　　２.６２人
-     全体　　　　　　　　　　　　　　２.５４人

となる。経営費一単位でどれだけの児童数を教育しているかという指標である。この数値から、フレーベル校、ジェファーソン校はほぼ同額の経営費に対して、多くの児童数を教育していることが分かる。逆に、エマーソン校はその児童数が２.００人と少ない。

　つまり、ゲーリー校の中でもフレーベル校とジェファーソン校の2校はエマーソン校とは異なる経営状況であるが、3校平均２.４３人という数値を考えた場合、エマーソン校を除いて、経営費の負担の割合は極端な格差をもつことなく、大差を引き起こすことない学校経営を実施しているとの評価を与えることが出来る。

　では単位当り経営費に対して最も児童数の少ないエマーソン校の学校施設の設置状況から、ゲーリー校の実状を考察することとする。

　次の資料は、エマーソン校の施設設備状況である（同書２３０頁）。

- 校地　１０エーカー（約５町歩　１万５，０００坪）
- 地価　　　　　　　　　　５万８，１１２ドル余
- 普通教室　　　　　　　　１７個（２２学級）
- 幼稚園　　　　　　　　　　　２個
- 図書館　　　　　　　　　　　２個
- 理科室　　　　　　　　　　　２個
- 理科実験室　　　　　　　　　４個
- 図画室　　　　　　　　　　　２個
- 音楽室　　　　　　　　　　　２個
- 商業実習室　　　　　　　　　２個
- 手工及工業実習所（工場）　１２個
- 体操室（４２ヤード、７０ヤード）　２個
- 浴場（１８ヤード、３９ヤード）　　１個
- 講堂（９００人収容）　　　　１個

　エマーソン校の特徴的なことを述べると、２２学級に対して普通教室が１７個しか要していないゲーリー校であるということである。従来を踏襲するならば、２２学級なら普通教室も２２個を要しなければならない。他のゲーリー校の実状を考察することができないが、各ゲーリー校ともそれぞれ実情に即した施設・設備を有していると思われる。資料の制約からエマーソン校のみに限定しての考察ではあるが、普通教育、特別教育、運動教育等へは浴場（水泳場・プール）、講堂を除けば、「複数」（２個以上）の施設を配置している。普通教室が１７個、手工及工業実習室（工場）が１２個で「作業」を展開している、まさしくゲーリー式教育の徹底を図る施設・設備であったと言っても過言ではない。

　ゲーリー市内の学校はそれぞれ異なる施設・設備をそろえて児童たちを教育している。代表的なゲーリースクールであるエマーソン校の施設設備状況のみならず、３校の児童数や経営状況を把握できる貴重な資料である。

[表一の1] ゲーリースクールの経営状況（正規学校）

学校名（正規）	エマーソン校 895人 10.8% 額（ドル）	比率（%）	一人当たり額（ドル）	フレーベル校 1847人 22.3% 額（ドル）	比率（%）	一人当たり額（ドル）	ジェファーソン校 764人 9.2% 額（ドル）	比率（%）	一人当たり額（ドル）	3校合計 3506人 42.3% 額（ドル）	比率（%）	一人当たり額（ドル）	諸学校（3校以外） 4789人 57.7% 額（ドル）	比率（%）	一人当たり額（ドル）	合計 8295人 100.0% 額（ドル）	比率（%）	一人当たり額（ドル）
教費 1 校長・監督者諸経費	2,750	5.8	3.07	4,189	6.2	2.27	2,016	7.0	2.64	8,955	6.2	2.55	13,745	7.5	2.87	22,700	7.0	2.74
2 教師俸給	27,954	58.6	31.23	46,373	68.7	25.11	16,713	57.9	21.88	91,040	63.2	25.97	113,533	62.2	23.71	204,573	62.6	24.66
3 支給品費	854	1.8	0.95	758	1.1	0.41	367	1.3	0.48	1,979	1.4	0.56	2,660	1.5	0.56	4,639	1.4	0.56
4 計	31,558	66.2	35.25	51,320	76.0	27.79	19,096	66.2	25.00	101,974	70.8	29.08	129,938	71.2	27.14	231,912	71.0	27.96
比率（%）	13.6			22.1			8.2			44.0			56.0			100.0		
運用費 5 学校賃貸金	3,908	8.2	4.37	4,936	7.3	2.67	1,131	3.9	1.48	9,975	6.9	2.85	12,203	6.7	2.55	22,178	6.8	2.67
6 燃料・給水・点燈	4,815	10.1	5.38	5,234	7.8	2.83	1,205	4.2	1.58	11,254	7.8	3.21	13,799	7.5	2.88	25,053	7.7	3.02
7 計	8,723	18.3	9.75	10,170	15.1	5.50	2,336	8.1	3.06	21,229	14.7	6.06	26,002	14.2	5.43	47,231	14.5	5.69
比率（%）	18.5			21.5			4.9			45.0			55.0			100.0		
維持費 8 計	7,420	15.5	8.29	6,050	8.9	3.28	7,418	25.7	9.71	20,888	14.5	5.96	26,574	14.6	5.55	47,462	14.5	5.72
比率（%）	15.6			12.7			15.6			44.0			56.0			100.0		
計 合計（4＋7＋8）	47,701	100.0	53.30	67,540	100.0	36.57	28,850	100.0	37.77	144,091	100.0	41.10	182,514	100.0	38.11	326,605	100.0	39.37
比率（%）	14.6			20.7			8.8			44.1			55.9			100.0		

（注）
1、資料は、教育新潮研究会編述『教育新潮大観』（1923年）234ページより作成。
2、「正規学校」とは、1週5日間・1日8時間・月曜から金曜まで授業を実施する学校を示す。1914年度から1915年度まで1年10ヶ月間の諸経費を算出した。
3、「ゲーリー学校3校」でゲーリー市児童数の42．3％を占める。

2、教科別配当時間数

　［表一の２］を参照して、ゲーリースクールでは、具体的に各教科目がどのように配当されて教育が展開されたかを検討する。基本的には、ゲーリー学校の学科課程はインディアナ州公共教育省（日本でいう文部省）に準拠して学科課程を編成するが、しかし与えられた自由の範囲内で州によって規定された学科課程を拡充することが認められているところに特色をもっている（同書２４８頁）。

　⑴　普通の学科目（読方、書方、算術、地理及び歴史等）

　⑵　特別の作業（理科・工作品作業・家事等）

　⑶　体操及遊戯

　⑷　講堂に於ける課業（音楽其の他の団体的練習）

　８学年を合計して配当時間数を見ると、普通科目に配当された時間数（ドイツ語を含めて）は４，５４３時間（４０．６％）、特別科目には２，１７１時間（１９．４％）、体操及遊戯と講堂に於ける課業には４，４８５時

［表一の２］フレーベル校・エマーソン校・ジェファーソン校３校の年間授業時間数

	一学年	二学年	三学年	四学年	五学年	六学年	七学年	八学年	合計
読　方	241	239	205	176	132	143	102	85	1,323
話　方	82	104	132	118	103	67	91	101	798
綴　字	83	69	79	72	60	51	54	28	496
書　方	57	47	39	38	49	28	38	33	329
算　術	99	117	120	124	106	126	123	143	958
地　理	0	0	0	15	45	56	64	58	238
歴　史	0	0	15	44	65	95	120		339
理　科	89	80	90	56	14	83	69	85	566
図画・手工	108	111	111	228	283	288	209	267	1,605
音　楽	33	33	30	20	14	29	29	0	188
講　堂	200	200	200	200	200	200	200	200	1,600
体操・遊戯	408	400	394	337	340	264	314	240	2,697
独逸語	0	0	0	0	10	0	12	40	62
合計	1,400	1,400	1,400	1,399	1,400	1,400	1,400	1,400	11,199

（注）１、教育新思潮研究会編述『教育新思潮大観』（１９２３年）２５０頁より作成。
　　　２、第四学年理科に誤りが見受けられるが、記載数値をそのまま転記。56→57の誤記。

間（４０.０％）が振り分けられ、比率にして普通科目**4**、特別科目**2**、「運動等々」**4**の割合に配分されていることが分かる。資料の制約から、各ゲーリー校の配当時間を詳細には考察できないが、ゲーリー校の実際を理解できる貴重な資料である。

　学科目配当時間の中でも特に「図画・手工」（実技科目）時間数の推移を見ると、学年が上級に進むにつれて、例えば四学年、六学年を転機として、時間数が大幅に増加していることが指摘される（２５０頁）。

３、教室利用状況

　この考察は、ゲーリー校の教育実践の中で施設・設備がどのように利用されているかを授業時間の推移（流れ）で掌握しようとするものである。エマーソン校第四学年を事例とする。

　［表一の３］は、『最近欧米教育思潮』全3巻（東京帝国大学教育学研究室発行）《１９２１〜２３年》に阿部重孝が紹介したものから『教育新思潮大観』（２５３頁）で引用した見解を参考資料とした。

　１日の授業の流れを追うと、第１時間目に「普通学科」（普通教室Ａ）、第２時間目に「特別作業」（おそらく工作品作業や理科とを実施する場合、工場とか実験室に生徒は移動する）、この結果、第１時間目に使用した「普通教室」が空きとなる。当然、この第四学年以外の学級が使用していることが予想される。

　第３時間目には、第１時間目とは別の「普通教室Ｂ」に移動し、昼食後の第４時間目には、普通教室Ａまたは普通教室Ｂ、それとも別の「普通教室Ｃ」での「普通学科」の授業を受けることとなる。第５時間目「特別作業」はやはり「工場とか実験室」に移動する。次の「体操」は運動場が予想され、『講堂』では音楽の授業も考えられる。

　このように、ゲーリー学校では１日中、普通教室や工作室、実験室、体操場、講堂などに生徒は移動しながら授業を受けていることが明らかとなった。これを施設・設備から考察すると、無駄なく施設・設備を使用しているということである。

　従来の１人の教師が普通教室で普通科目を教授する「学級担任制」ではなく、「学科担任制」がこのゲーリー学校では展開していたのである。
　このことは、普通学科と特別科目、「特別作業」等との一方に偏った時間数を配分していないバランスを考えた課程を編成していたところにもゲーリー学校の特質を指摘することができる。

[表一の３] 教室利用の事例；エマーソン校第四学年プログラム

	自	至	
Ⅰ	午前 8;15	午前 9;15	普通学科
Ⅱ	9;15	10;15	特別作業
Ⅲ	10;15	11;15	普通学科
Ⅳ	11;15	12;15	昼食
Ⅴ	午後 0;15	午後 1;15	普通学科
Ⅵ	1;15	2;15	特別作業
Ⅶ	2;15	3;15	体操
Ⅷ	3;15	4;15	講堂

（注）１、資料は［表一の２］と同じ。２５２頁より作成。

４、ハイ・スクール学科課程
　［表一の４］は、ゲーリー校９校中、エマーソン、フレーベル校にハイスクールが併置されている実状を示している（同書２５１頁）。合計５４７人の生徒が教育を受けている。普通のハイスクールと大差ない教育課程を組んでいるが、州規程学科単位における時間配分で、エマーソン、フレーベル校では母国語以外に、ラテン語、ドイツ語、フランス語等の外国語を組み入れ、多様な生徒に対応した教育課程を実施していたと見ることが出来る。また、割烹・裁縫・工業・商業等の実技科目が週４から５時間配当され、社会に開かれた教育課程を編成していることも明らかである。

５、教室数と教師数
　ゲーリー校における施設・設備の有効利用の実状を検討する。ゲーリー

[表一の4] ハイスクール教科別週授業時間数

	エマーソン校	フレーベル校	単 位 数
英 語	4	3	3〜4
発 表	0	1	0〜1
ラテン語	3	2	2〜3
ドイツ語	2	3	2〜3
フランス語	2	0	0〜2
数 学	4	3	3〜4
歴 史	3	1	1〜3
動 物	1	0.25	0.25〜1
植 物	1	0.25	0.25〜1
物 理	1	1.1	1〜1.1
化 学	1	1.1	1〜1.1
自在画	0.5	0.5	0.5
用器画	0.5	0.5	0.5
割 烹	1	1	1
裁 縫	1	1	1
工 業	1	1	1
商 業	2	1	1〜2
音 楽	1	1	1
体 操	1	1	1
単位合計	30	22.7	22.7〜30

（注）1、資料は［表一の2］と同じ。251頁より作成。

2、2校合計生徒数は547人。

3、教科別時間数（単位数）は州規程どおり。

校の教室数と教師数に関する基本的な関係である（同書245頁）。教授監督者、特殊作業教師、図書館員、運動指導者等々を含む教師数である。

《学級数》	《教室数》	《教師数》
・12学級	8	12
・24学級	15	23
・36学級	22	33
・48学級	29	43

・60学級　　　36　　　　54
・72学級　　　43　　　　64

　なお、田制訳『ゲーリー学校の実際』を参照して、ゲーリーシステム
が教員数の削減に功を奏している実状を、学級数が72の場合、教室数
43と教師数64人で授業をするとの見解を示し、旧来の場合、72人
の教師を必要としたから、8人の教員数が削減となるという。

　それ以外、手工教練の諸工場等の「余分」教師、学内公共図書館の分
館には図書館員を必要としている。公共運動場には運動指導員を配置し
なければならなかった。音楽・図書・身体教練・手工教練及び自然研究
の監督者としての特殊的専門教師も要しなければならなかった。したが
って旧来の場合、72学級の場合なら総数80人、又はそれ以上の教師
を要するのが当然であったという。勿論、校長等も配置される。

　教師数を増加することなく教師の能率を増加させる、つまり如何にし
て教師数を削減するか、そこにゲーリー学校の経営の実態が指摘された
のである。

【注釈】

注①　『辞典』に掲載されたゲーリーシステムについては、入澤宗寿『入澤
　　　教育辞典』（教育研究会　1932年6月18日）の項目「ゲーリーシ
　　　ステムGary　System」（421頁）より引用した。とくに、入澤は社
　　　会環境のあり方、つまり急激な人口増加の解決策として学校を新設する
　　　ことが必要であると述べている。

注②　日本がゲーリーシステムを本格的に導入する以前、1913（大正2）
　　　年に吉田熊次（東京帝国大学）は渡米して、その成果を「ゲリーシステ
　　　ム論」（『心理研究』第9巻49号［雑纂］《95〜99》「教育談話会席
　　　上講演抄記」1916年）で報告している。人口増加との対応で学校経
　　　営を経済性に関連づけた論文である。

注③　『中外商業新報』（神戸大学経済経営研究所「新聞記事文庫」人物伝記3

　　　一０３２《この偉大さ１〜２８ー巨人ゲーリーとその事業を見よー》１
　　　９２７年１０月８日）。以下、神戸大学「新聞記事文庫」と略して出典
　　　を示す。『中外商業新報』とは今日の『日本経済新聞』の前身である。
　　　　この記事は『中外商業新報』が、ゲーリー氏の死去（１９２７年８月
　　　１５日）に伴い、氏の業績を「自伝」ふうに約１ヶ月間にわたって連載
　　　したものである。その中で、米国鋼鐵会社（Ｕ・Ｓスチール会社）がゲ
　　　ーリー市へ進出した背景など以外にも、『中外商業新報』はゲーリーが
　　　法曹界で活躍していたことなどについて詳細に記述している。

注④　ゲーリー市の状況については、『ゲーリー公立学校制度並其の状況』（埼
　　　玉県内務部学務課　１９１９年９月２５日）参照。凡例の中で、ゲーリ
　　　ーシステムを日本教育に導入して「実施せんことは不可能」と主張しな
　　　がらも、「施設経営並その精神」は教育上参考になるとの見解を埼玉県
　　　内務部は表明した。「教育調査会」（文部省直属）が翻訳した中から２、
　　　３編を選んで埼玉県が転載した経緯も述べている。県下の各学校への頒
　　　布を目的として編集されたもので、なかでもＵ・Ｓスチール会社がゲー
　　　リー市に進出した経緯とゲーリー市に学校を建築する必要性については
　　　非常に詳細な記載をしている。

注⑤　前掲『中外商業新報』に掲載された、アメリカ鉄鋼業立地の変遷に関す
　　　る項目を抜粋した。

注⑥　ゲーリースクール出現の背景については「序章」で既述した「宮本論文
　　　一」２７６頁。以下、宮本『前掲コミュニテイ論文』と略す。宮本はゲ
　　　ーリーシステムの研究を「コミュニテイ論」と関連付けて展開している
　　　ことが特徴であったが、もう一つ、都市計画の中で居住地域の「区割
　　　り」を背景としたゲーリー市の都市づくりに関して論究した成果は大き
　　　な視点を呈していると考える。

注⑦　ゲーリー市の人口構成について、教育新思潮研究会編『教育新思潮大
　　　観』２２１頁「外国人の移住状況」《１９１０年統計》参照。以下、前
　　　掲『教育新思潮大観』と略す。

注⑧　田制佐重編述『ゲーリ学校の実際』(弘道館　１９２２年１０月１０日)
　　　７頁。以下、田制前掲編述『ゲーリー学校』と略す。

注⑨　宮本『前掲コミュニテイ論文』２７６頁。

注⑩　ゲーリー市の職工数について、水崎基一『綜合中学の実現』(京都　平
　　　野書店)５１頁。ただし、初出は「ゲーリ・システムの学校に就て」
　　　(大正８年東京工業倶楽部講演録)である。

注⑪　田制前掲編述『ゲーリー学校』１０頁。この著書で田制は、どういう都
　　　市を造るかという政策が教育方法に関連づけられて取組まれたことを指
　　　摘している。なお、１９０６年ゲーリー市人口を宮本は概数で「数百
　　　人」(宮本『前掲コミュニテイ論文』)と指摘しているが、田制は人口を
　　　「三〇〇人」(田制前掲編述『ゲーリー学校』１１頁)と実数で述べて
　　　いる。

注⑫　宮本『前掲コミュニテイ論文』２７６頁。

注⑬　田制前掲編述『ゲーリー学校』９頁。

注⑭　創案者William.A.Wirt(ウィリアム・アルバート・ワート)の経歴につ
　　　いては、前掲『教育新思潮大観』(１９２３年５月)より引用(２２２
　　　頁)。

注⑮　前掲『教育新思潮大観』２２５頁。

注⑯　田制前掲編述『ゲーリー学校』１７頁。ワートがゲーリー市に招聘され
　　　た詳述にわたる歴史である。

注⑰　吉田「前掲論文」９６頁。「キルト式の学校」と命名されていたという。

注⑱　埼玉県内務部『前掲書』６７頁。(第四編　第二章　遊戯を基礎とする
　　　学校)

注⑲　埼玉県内務部『前掲書』６８頁。

注⑳　埼玉県内務部『前掲書』７１頁。

注㉑　埼玉県内務部『前掲書』７７頁。

注㉒　ジョン・デューイ著・宮原誠一訳『学校と社会』(岩波文庫　１９５７
　　　年)１９７頁。

注㉓　デューイ著・宮原訳『前掲書』３１頁。

注㉔　デューイの教育思想については、河野清丸論文「ゲーリー学校の教育法
　　　（一）―」《ボーン氏著『ゲーリー学校』の解説　１９２０年１月１日
　　　『教育論叢』第３巻　第１号》１０７頁。

注㉕　田制前掲編述『ゲーリー学校』３０７頁。

注㉖　デューイ＝ミード著作集⑧『明日の学校　子供とカリキュラム』（河村
　　　望訳　人間の科学新社　２０００年９月２０日）１４７頁。

第二章　ゲーリーシステム受容の歴史

　本章では、ゲーリーシステムを単なる紹介・翻訳という方法ではなく、積極的に欧米諸国に渡りその実態を掌握して日本に導入し、教育を改革しようとした歴史を検討する。ただし、その時期を原則的には日本教育にこのシステムが文部省によって導入された１９２１（大正１０）年までとするが、それ以降でも出版された文献資料の翻訳、内容紹介、情報伝達等々も検討する。

　もう一つはこのシステムの趣旨が日本教育により正確に導入されたかの考察である。つまり、創案者であるウィリアム・ワートの意図、究極的にはジョン・デューイの教育思想との関連を検討することである。

第一節　新聞報道によるゲーリーシステム紹介

　ゲーリーシステムが「情報」として、１９１７（大正６）年２月に『時事新報』で紹介されている（注①）。

　この記事は新聞による「報道」というよりも、むしろ当時の日本教育を改革するべき提言を試みているところに意義をもつと考える。サブタイトルに「教育の新施設―ゲーリーシステム　学ぶべき点多し―紹介と論評」と題していることから、その意気込みを感じる。

　ゲーリーシステムによる教育方法をまとめて、１「教育費の膨張」２「新施設の特色」３「職業的訓練」４「教育の社会化」５「我積弊の打破」の５点に集約して論じている。さらに、ゲーリーシステムの創案者であるワートの論評も紹介している。当時、日本教育界に与えた影響は多大なものであったと考える。

第一項　二重授業

　［表二の１］は、ゲーリー学校の組織が二重形態をとって授業が展開

73

されていることを『時事新報』が項目2「新施設の特色」に掲載した資料である。掲載された新施設とは、①普通教室　②特別教室　③講堂　④運動場の4施設である。

[表二の1]　ゲーリー学校の二重授業形態・新施設の特色

	教室	講堂	応用及遊戯
第一時	X		Y
第二時	X	Y/2	Y/2
第三時	Y	X/2	X/2
第四時	Y	X(昼食)	
第五時	X	Y(昼食)	
第六時		Y/2	Y/2
第七時	Y	X/2	X/2
第八時	Y		X

(注)　1、『時事新報』（神戸大学「新聞記事文庫」　教育7－108　1917年2月14日）「教育の新施設―ゲーリーシステム学ぶべき点多し―」より作成。

　第1時間目にX組が教室で授業をしているとき、Y組は特別教室又は運動場等で授業をする。第2時間目にはX組が教室に留まるが、Y組が半分ずつ、一方が講堂での授業、他方がやはり特別教室又は運動場等で授業する。第3時間目にはX組とY組とが逆の方法で授業をする。

　この施設利用形態はゲーリーシステムでは最も標準的な授業方法として他の文献にも紹介されている。施設を普通教室、特別教室、講堂、運動場の4箇所に限ってその施設を交替で使用した授業方法としての事例である。

　1917（大正6）年以前に、眞田幸憲（奈良女子高等師範学校）が論文「ゲーリー式の学校施設」で、1913（大正2）年に日本では最初に「ゲーリー式学校」が紹介されたという（注②）。

　[表二の2]は眞田が「ゲーリー式時間割表」を『前掲論文』25頁に紹介したものである。学級数を8学級とした場合、普通教室4を設置

して、特別教室と交互に利用するシステムとして説明している。

8，45とは、8時45分を示す。

[表二の2]　眞田幸憲紹介の「ゲーリー式時間割表」

時　間		8、45〜10、15		10、15〜11、45		1、00〜2、30		2、30〜4、00	
正　科	第一教室	A_1		B_1		A_1		B_1	
	第二教室	A_2		B_2		A_2		B_2	
	第三教室	A_3		B_3		A_3		B_3	
	第四教室	A_4		B_4		A_4		B_4	
専　科	学校園講堂作業場実験室其他	B_1	B_2	A_1	A_2	B_1	B_2	A_1	A_2
		B_3	B_4	A_3	A_4	B_3	B_4	A_3	A_4
		B_2	B_1	A_2	A_1	B_2	B_1	A_2	A_1
		B_4	B_3	A_4	A_3	B_4	B_3	A_4	A_3
時　間		8、45〜9、30	9、30〜10、15	10、15〜11、00	11、00〜11、45	1、00〜1、45	1、45〜2、30	2、30〜3、15	3、15〜4、00

（注）1、眞田幸憲「ゲーリー式の学校施設」（『小学校』第15巻第4号　1913（大正2）年
　　　5月15日）25頁より。

　ここで、眞田の「ゲーリー式時間割表」の掲載方法について検討してみよう。この表の原典となったと思われるJ・F・ボビットの「校時表（Daily　Program）Ⅱ」を［表二の3］に示す。これは小学校四年生以上の日課であるが［表二の2］と比較してみたい。

　このボビット「校時表（Daily　Program）Ⅱ」は、中谷彪が前掲論文「アメリカ教育行政学研究序説（第Ⅸ報）—「科学的管理法」とJ・F・ボビットの教育行政学—」（1985年）《19頁》でボビットが「教育における浪費の排除」として紹介している表である。

　2つの表をもとにして、授業の編成方法を比較してみると、［表二の2］（眞田論文）は、ワートの趣旨である「運動」（Playground）項目を削除して「其他」項目に組入れている。眞田がなぜ削除したか、その意図するところは判別できないが、ゲーリーシステムを研究した「ボビット論文」を転載した経緯に、若干の不明確さが残る紹介方法であったと考える。

[表二の3]　J・F・ボビットの「校時表（Daily　Program）Ⅱ」

Time	Class room I	Class room II	Class room III	Class room IV	Basement, Garden, Attic, Auditorium, Shops, Work-rooms, Laboratories		Playground		Time
8:45-10:15	1A	2A	3A	4A	1B	3B	2B	4B	8:45-9:30
					2B	4B	1B	3B	9:30-10:15
10:15-11:45	1B	2B	3B	4B	1A	3A	2A	4A	10:15-11:00
					2A	4A	1A	3A	11:00-11:45
1:00-2:30	1A	2A	3A	4A	1B	3B	2B	4B	1:00-1:45
					2B	4B	1B	3B	1:45-2:30
2:30-4:00	1B	2B	3B	4B	1A	3A	2A	4A	2:30-3:15
					2A	4A	1A	3A	3:15-4:00

(注)1、中谷彪「アメリカ教育行政学研究序説（第Ⅳ報）—「科学的管理法」とJ・F・ボビットの教育行政学—」
（『大阪教育大学紀要』第Ⅳ部門第34巻第1号　1985年）19頁より。

第二項　教育費の膨張

　『時事新報』に掲載された項目1「教育費の膨張」について検討する。
　「教育費の膨張」に視点を置き、ゲーリーシステムを導入して「無駄」を省くことを次のように主張している（注③）。掲載資料によれば、

　一、我邦の市町村は年々膨張する教育費の負担に苦み、今や農村を救済し、或は優良教員を求むる上、より教育費の国庫支弁若くは教員俸の国庫補助の一日も速に実現せられんことを一般に期待せられつつあり（省略）我邦学校の施設を見るに余りに無駄の多きに過ぐる誇あり。

　二、寒村僻地の小学校にても運動場、講堂、普通教室の設けあるに拘わらず之を最も経済的に利用する方法を知らず優良なる教員を少く用いて最も有効に活用せしむることを知らずして徒に低級なる教員を多く任用せり。

　三、是れ我教育の最も非文明的にして且つ割拠的なる弊風と言わざるべからず。

　四、今日は如何に経済的の施設を以て如何にして多数の生産的国民を作る

　べきかを研究するの時代なる（省略）此時に際し、最も近き一部教育有識者間にゲリーシステムなる教育上の新施設に就き講究せられつつある。

　一、から四、までの指摘で明らかなように、教育施設の無駄な状況を指摘し、それを踏まえて多くの「低級な」教員を多く配置している日本教育の現状を、何と「最も非文明的にして且つ割拠的なる弊風」とまで、『時事新報』が酷評したのである。そして、この解決策として一部の教育有識者たちではあるが、ゲリーシステムの導入に向けた新施設の「講究」に着手しつつあると指摘したのである（注④）。

　次に、3「職業的訓練」、4「教育の社会化」、5「我積弊の打破」、の3点について考察してみよう。

第三項　職業的訓練

　ゲーリーシステムは将来の職業への予備教育を施すが、主眼とすることは職業に関する手引きを実施することであると、次のように『時事新報』は掲載している。

　「種々の職業に対する予備教育を施すにあり（省略）種々の作業を為さしむるは之を以て直に職業の教育を与うるというより、寧ろ職業に関する手引を行うことに主眼を置けり」

と。なお、この職業の教育についてはウィリアム・ワート氏の論評を加えて実業界との関係も『時事新報』は述べている。

　「生徒をして本当の職人の指導の下に本当の仕事を為さしめつつあるは、斯様の機会を与うるにより他日生徒をして実業界に於ける適当の地位を見出さしむる一助となるにあり」

と。すなわち、項目3「職業的訓練」では「職業の教育を与うる」というより「職業に関する手引を行う」ことを主眼とした、ゲーリーシステムにおける職業教育のあり方を『時事新報』が紹介しているところに特質があったのである。

第四項　教育の社会化

　社会の中心として学校は存在すると捉えて、日本の学校が果たす機能について『時事新報』は次のように課題を提起している。

　　「ゲーリーシステムは、学校を以て社会の中心たらしめつつあり。我邦の小
　　学校の如く利用することなく放置する如きことなし」

と、日本の小学校は社会では利用されていないと指摘し、この点についても前項と同じくワートの論評を次のように述べている。

　　「吾人の教育的施設はゲーリーにては学校として取扱わず学校なる詞は狭き
　　意味に用いられ之を表すに不適当なり吾人は之を機会の中心と称せり子供
　　は自分にて自分を教育す市の為し得る処は児童及成人をして其状態を進展
　　せしむるに必要なる機会を与うるに過ぎず、是れ吾々ゲーリーに於て試みつ
　　つある市の建築物の一にして此の中心に於て智力上、社会上、工業上の進
　　歩を図るべき総ての機会が子供の為にも成人の為にも提供せられつつある
　　なり」

と。すなわち、ゲーリースクールの果たす機能として市の中心に存在して、子どもばかりではなく大人においても「智力」及び社会、工業の進歩を計るよう学校がその機会を提供することを求めているのである。

第五項　「我積弊の打破」

　ゲーリーシステムを導入する最終目的として、『時事新報』はまず先述したように日本の教育組織は時代に適合しないと指摘し、我積弊の打破を主張している。

　　「此新方案は確に我が教育界の通弊を打破するに足るべき多くの革新的分
　　子を含めり（省略）十年一日の如く墨守しつつある今日の学校組織が時代
　　に適合せざるは智者を俟たずして明かなるべし（省略）我邦にて採って其
　　儘模倣するには大切なる考慮を要すべし」

と。この点についても、ワートの論評が次のように紹介されている。

　　「二十世紀の学校は国民及品性を教育し個性及能率を発達せしめ、思考力

　を高め、応用の習慣を作り、構成的作業の真味を知らしめざるべからず而
　して是等のことは自力の自由を許すより為され得べきなり」
と。すなわち、日本教育の「通弊を打破する」２０世紀の学校として展
開するためにもゲーリーシステムを導入することを『時事新報』は強調
したのである（注⑤）。そして、最後に、日本の学校組織が時代に適用し
ていないことからゲーリーシステムを推奨するが、そのまま「模倣」す
ることは奨めないと、留意しているところが注目されよう（注⑥）。

　以上のように『時事新報』のゲーリーシステム導入を推奨しているこ
とを理解した上で、具体的にその歴史的過程を考察することとする。

　［表二の４］《８０ページ〜８１ページ参照》及び［表二の５］
《８２ページ〜８３ページ参照》は、ゲーリーシステムが日本に
導入された（基本的には１９２０《大正９》年４月淺野綜合中学校開校、
２１《大正１０》年４月文部省導入までの）歴史的過程を表にまとめた
ものである。しかし、第六節で考察する１９２１（大正１０）年５月に
編集して刊行された田制佐重編述『ゲーリ学校の実際』までの時期を記
載した。《１０２ページ以降で考察》

　［表二の４］は第三節以降で検討するゲーリーシステム導入に関する
基本文献の一覧表である。

　［表二の５］は、積極的に導入にした研究者たち６名の報告論文、報
告書、編集書等の「章立て」（構成）と、注目する導入動機等を一覧表に
まとめたものである。これらの研究成果を編集したと評価される田制『前
掲編述書』までを掲載した。

ゲーリーシステムの研究

［表二の４］　ゲーリーシステムの日本への導入過程

	秋保安治	山内佐太郎	乗杉嘉寿	田中廣吉
1915年【大正4】	9月　北米視察 ↓ 帰国			野上俊夫 米国留学
1916年【大正5】	1月頃　執筆	5月13日　米国視察 ↓ 9月16日　帰国 **9月12日『東京朝日新聞』** 「米国の教育法 二校長の視察談」		
1917年【大正6】	**6月18日発行** 『最近之米国』 ・13頁/470頁 **12月20日発行**	**6月18日発行** 『米国教育概観』 ・11頁/504頁	5月24日　米国留学 実地調査 ↓ 12月31日　↓	資料収集 野上俊夫 ↓
1918年【大正7】	『工業教育ト職工養成』 ・5頁/256頁		**3月15日発行** 『参戦後の米国に関する報告』 ・110頁	1月25日　田中廣吉 執筆 **7月25日発行** 『ゲーリー式の学校』 ・194頁
1919年【大正8】				
1920年【大正9】				
1921年【大正10】				
備考	・1917年6月 東京府立職工学校長	・1916年文部省選抜派遣 ・岡山県関西中学校長（山内）と香川県師範学校長（浅賀辰二郎） ・9月11日午後1時帰途横浜にて談す	・1918年1月 文部省普通学務局 ・米国教育視察全般	・野上俊夫京都帝大文科大学教授 ・田中廣吉

（注）　1、各文献を中心に作成。
　　　　2、1915（大正4）年から1921年までの導入・編集過程を主に記載。

80

実業界・水崎基一	デューイ・田制佐重	全国小学校長	東京市教育会	臨時教育会議
ゲーリー				
9月5日　来日講演				
11月　渋沢・紹介				
2月14日『時事新報』		9月19日　視察派遣		9月21日開会
「教育の新施設 ゲリーシステム学ぶべき点多し」			10月19日　大都市連合 教育会 視察決議	↓ ↓ ↓
		12月28日　帰国		↓
水崎基一				↓
5月　渡米視察 ↓ ↓			10月13日　米国視察 （東京のみ）	↓ ↓ ↓
12月　↓				↓
	デューイ 来日 講演会	**2月5日発行** 『渡米小学校長団 視察報告』 ・6頁/752頁	2月9日　帰国	5月23日閉会
6月論文・講演・提言	2月　東京			
「ゲリー・システムに就て」（14頁）	4月　京都・大阪 神戸			
浅野綜合中学校 1/21認可 4/10開校			**5月27日編集報告** 『小学校長団の観たる 米国の教育』 ・3頁/670頁	
	田制佐重 5月6日編述 『ゲーリ学校の実際』 ・478頁			**4月** 文部省導入
・渋沢『竜門雑誌』		・『実業之日本社』 ・全国小学校長12名参加 団長；佐々木吉三郎 （東京高師教授）	・東京市教育会 小学校長8名参加 団長；守屋恒三郎 （文学士）	
・1918年1月1日 水崎同志社教授辞職				
・1918年6月25日 論文「鐵と鋼」				

[表二の5]　大正期ゲーリーシステム導入文献比較表

No	項目	[1]	[2]	[3]
1	著者・論文名	『最近之米国』	『米国教育観』	「参戦後の米国に関する報告」
2	紹介者	秋保安治（東京府立職工学校長、東京府技師）	山岡佐太郎（文部省）	乗杉嘉寿（文部省督学官）
3	発行年月日	1917（大正6）年6月18日	1917（大正5）年6月10日	1918（大正7）年3月15日
4	出版社	日本学術普及会	弘道館	文部省普通学務局
5	ページ数	470ページ	504ページ	110ページ
6	視察期	1915（大正4）9月「官命により」北米視察	1916（大正5）年5月13日～9月16日米国視察	1917（大正6）年5月24日～12月31日「文部省の命により」米国留学実地調査報告
7	構成と研究動機	第一章 総論 1～55 第二章 商工業の米国 56～164 第三章 米国の工業 165～196 第四章 米国の教育現状 197～256 第八 ゲーリー式学校組織 (237～249) 　1. ゲーリー市 　2. 人種の多様 　3. ゲーリー式の理想 　4. 教育上の利益 　5. 経済上の利益 　6. 学年編成法 　7. 校舎校地の利用 　8. 職業と教育との連絡 　9. 生徒作業の収入 　10. 授業の状況 　11. 諸費の比較 　12. ゲーリー式の長所 第五章 工業教育 257～338 第六章 西部地方事情 339～379 第七章 東部地方事情 380～469 P2 「従来此の如く多数の視察者又は研究者の其結果を発表せられるもの頗んど専門の事項を録するにあるのみにして反対に文学的遊記又は紀行の類に過ぎずして米国にて今日の思想界の急に追われるが海外思想界及に資するに適切なるのを見ざるは吾人の常に遺憾としたる所たり。」	第一編 総論 1～122 第二編 亜米利加合衆国概観 123～244 五 ゲーリーシステム (193～203) 　1、ゲーリーシステムとは 　2、ゲーリー市の概観 　3、ゲーリー市の人口 　4、ウィリアム・ワード（創案者） 　5、ゲーリー市内の学校数…9校～ 　6、エマーソンスクールの実態報告 　　①経済主義 　　②学校中心主義 　　③個性教育主義 　　④作業主義 　　⑤小学校中学校の連絡 　7、ゲーリーシステム論（山岡佐太郎における） 第三編 雑録 245～308 第四編 旅行日誌 309～504 五 シカゴよりナイヤガラ (P368～) 6月9日「午後一時の汽車にてナイヤガラ瀑に向かった。其の途中にゲーリーと云ふ一場の名がある」(P369)「八時五十七分ゲーリー市のエマーソン校を見学（視察約8時間）」(P370) P2 「余自ら感ズル所アリ、北米合衆国教育視察ノ為一本年五月十三日神戸ヲ解纜シ、月ヲ閲スルト五箇月ニシテ、九月十六日無事帰朝セリ。」	一 米国の富士に就て 1 二 米国の学校教授法 3 三 米国の戦時的気分 6 四 在米日本人子弟の教育に就て 9 五 米国諸学校に於ける教務的その他に就て 11 六 学校に於ける食料節約その施設に就て 13 七 大戦閣の戦争に関する教育の数段 14 八 シカゴ市の夏期中学校の教授 15 九 シカゴ市の小学校教員の夏期講習に就て 18 十 シカゴ市の中学校 19 十一 シカゴ市立学校の慣練科教授 32 十二 米国の公学費 37 十三 米国学行政 43 十四 前大統領ルーズヴェルト氏の愛国的演説を聴きて 52 十五 米国の兵備と精神教育 61 十六 大統領ウィルソン氏の職業教育に関し全国学校教師に興ふるの書に就て 62 十七 米国参戦後の軍隊的と兵員の養成 67 十八 米国少年義勇団 76 十九 参戦後のヶ六ヶ月間に於ける米国商工業界の動員 85 二十 米国の実業教育の奨励に就て 102 二十一 米国の小国施設三に就て 107 「本者の命に依り且米国に留学中なる小規模文部省督学官乗杉嘉寿が実地に就き調査した結果の報告にして同国最近の状勢を会得するに、規適切なる資料たるべきを自已特別号として上梓することとせり。」 大正七年 一月 文部省普通学務局

（注 1. 各文献より作成。

【4】『ゲーリー式の学校』

田中廣吉編
1918（大正7）年7月25日
大阪毎日新聞
194ページ
野上俊夫（京都帝国大学）米国教育資料収集を（編纂・編纂）
1918（大正7）年1月25日より執筆

緒言	1～20
第一章　根本原則	21～25
第二章　学校環境としてのゲーリー市	26～32
第三章　一般教育計画と其の設備	33～57
第四章　学校有機体主義の実現と学校活動	58～74
第五章　学校設備の経済的運用	75～95
第六章　学校経費と其の概要	96～103
第七章　管理監督及学校編制等	104～117
第八章　学科課程及教授法	118～128
第九章　学校訓練の旨趣と方法	129～138
第十章　（ギュリ監督報告）	139～176
附録	177～194

P3
「野上先生は、欧州留学帰朝の途次、米国上りして、貴重なる材料を将来せられんことを冀せられたるを始めとして、薫一緒言中に記した材料を蒐集し、此れに立によつて出来上がつた一篇は即ち是である。」
P4
「勿論此上に、戦後教育の実行計案が解決せられたる訳ではなく、只単に研究の緒が得られたるに過ぎないのである。」
大正七年一月十五日

【5】論文「ゲーリーシステムに就て」

木崎基一
1919（大正8）年6月25日
日本興隆協会会誌
609頁～622頁（14ページ）
1919（大正7）年5月～12月29日　米国教育視察
1919（大正8）年6月25日「淺野總一郎氏に呈する書」提言
1920（大正9）年1月21日　淺野綜合中学設立認可

はじめに	609
一、ゲーリ市について	610
二、創業者ウォリヤム・ワァールド	612
三、ゲーリーシステムの特色	614
1.「働く」ということ	614
2.「遊ぶ」・運動ということ	617
3.専門的な学科	619
4.経済的学校経営	620
5.市の中心地に位置する学校	

◎木崎基一「綜合中学の実現（京都・平野恵吉）より

一、綜合中学の実現（昭和6年6月「横浜貿易新報」より	1～16
1.綜合中学の意義	1
2.綜合中学の必要	2
3.甲種実業学校の疑問	4
4.国民道徳の教養	7
5.我が国の産業立国	9
6.我が国の精神王国	12
7.結論	15
二、綜合中学の提唱（大正8年6月「国民新聞」）	17～24
八、ゲーリーシステムの学校に就て（大正8年東京工業倶楽部にての講演）	49～81
九、淺野綜合中学設立趣意書	82～83

【6】『ゲーリー学校の実際』

田附佐重編述
1921（大正10）年5月6日
弘道館
478頁

はしがき

第一章　ゲーリ市の発展とゲーリ学校	1～34
第二章　ゲーリ学校の理想的諸設備	35～90
第三章　ゲーリ学校の自治的小社会	91～136
第四章　ゲーリ学校の経済的経営法	137～183
第五章　ゲーリ学校の編制及管理法	184～227
第六章　ゲーリ学校の教授及学習法	228～257
第七章　ゲーリ学校の自然的訓練法	258～284
第八章　デューイ教授とゲーリ学校	285～346
第九章　ゲーリ学校と各方面の批評	347～381
第十章　ゲーリ学校米国文部省	382～410
第十一章　絵育界におけるゲーリ式適用	411～445
第十二章　ゲーリ式適用に教育者の注意	446～472
附録　ゲーリ学校経費配当表	473～478

はしがき P1
「最近我が教育界に於てゲーリ学校ぐらゐ盛んに紹介されたものは珍らしい。就々、其の強音なるゲーリ学校経営の実際が最も評判の高いものであった。ゲーリ学校の経済的経営なる現代的の科学的管理の原則に準拠したものとして好評価を之たることは、説の底に問ふ
P10
〈知られるところでぐらふ。〉
「唯だ此等の学校に於けるゲーリ式適用の、果してゲーリ式その
ものの真髄乃至本義を完成したものと言ひ得るや否や誰かに断言の限りでない」
大正十年三月

第二節　秋保安治・実業教育に向けたゲーリーシステム導入

第一項　文部省の視察報告

　東京府立職工学校長秋保安治は第一次世界大戦の最中、１９１５（大正４）年９月に渡米している（注⑦）。その渡米動機を文部省で開かれた帰国報告会で次のように述べている。

　　「昨年九月出発し先ず博覧会を見る事十日、直ちに東方を指しシカゴに行き工場を見ん為め留る事二週間、序でに小学校をも見たり。次に紐育に行き欧洲行の船を待つうち此行の余りに有益ならざるを聞き終に留まって紐育に於ける視察に着手せし次第なり、斯くて余は程度の低い職工学校と夜学校とを主とし之れに関係ある諸施設をも並せ観る事とせり」

と、主としてニューヨークで、職工学校と夜学校の施設を視察することを目標として渡米したことを指摘している。

第二項　渡米決意と日本教育

　秋保は、「本邦は今や一躍して欧米列強の間に重きを致し、外交に貿易に将た産業に主力を此等老大国の間に注がざるべからざるに到れる」と、日本と欧米列強との関係を把握し（注⑧）、これからは外交、貿易そして産業に力を向けなければいけないと決意し（注⑨）、これまでの「海外視察者又は研究者」の報告を批判して次のように述べている。

　　「従来此等幾多海外視察者又は研究者の其結果を発表せらるゝもの殆んど悉く専門の事項を録するにあらざれば反対に文学的遊記又は紀行の類に過ぎずして未だ以て今日の此焦眉の急に迫れる海外思想普及に資するに適切なるものを見ざるは吾人の常に遺憾としたる所たり」

と。すなわち、これまでの報告は、「文学的遊記又は紀行の類に過ぎ」ないと批判した。

　そこで日本に求められる教育姿勢として秋保は、「海外思想普及に資するに適切なるもの」を視察する必要性を指摘したのである。

第三項　報告書の発行

　このような決意を胸に秋保は、今回、「官命」にしたがってこの「欠陥を補ふ」ことを希望して、約一年半の期間をかけて北アメリカを視察し、「見聞する事実と蒐集せる資料」を求めてきたと述べている（注⑩）。そして、４７０頁に及ぶ視察報告書『最近之米国』を１９１７（大正６）年６月に発行した。日本「社会」に問題提起した姿勢を秋保は次のように述べている。

　　「官命によりて北米の視察を遂ぐるの機会を得たるを以て、頃者遺憾としたる此欠陥を補ふの一助にもと爾来筆を採りて茲に一年有半、其見聞する事実と蒐集せる資料との一班を叙して之れを梓に上し敢て之れを社会に提ぐるに到れる所以なりとす」

と、資料収集に関する秋保の強い姿勢がうかがわれる。

第四項　報告内容

　秋保はまず、学校の必要性を「職業上の原理及基本的経験」を実際化するにあたり、学校で勉強したものは便利であると位置づけて、「市中の工場其他を学校の実習場の如くに考ふる」学校施設として工場・実習場の設立を主張した（注⑪）。調査内容には、写真や統計的な数値を利用したものが多く、統計資料は日本に戻ってからアメリカ政府の報告書と月報を利用して秋保は点検したという（注⑫）。

　とくに、工場を学校内に設置して「設備の費用」削減と「生徒の収容力」増加を求めて次のように主張している。

　　「学校にて学びたる職業上の原理及基本的経験を実地に当たりて試験し得るの便利あり、学校に於ては市中の工場其他を学校の実習場の如くに考ふるとを得べきを以て設備の費用を減じ生徒の収容力を増加するを得べしと為す」

と。また、教育内容調査の心構えとして、新たに「緒言」として次の３点を加えた。

1、北米視察の際見聞したる事実中北米現時の工業と其教育及物資的文明
　　進歩の現状、とを録するを目的としたるものにして専門的事情は一切之
　　れを避くることとなせり。

2、統計の数字及商工業上の事実等は予の帰朝後授受したる北米合衆国政
　　府報告書及月報等によりて最近のものに変更提示せり。

3、写真版を蒐集複写掲載せる其中に予の撮影に関るもの及一般参考資料
　　より複写せるものの外特に（省略）在住知友の特に予の為めに撮影せら
　　れ寄送せられたるものも少なからず、此に其厚意を謝す。

と、北アメリカの工業と学校教育の現状を調査した結果を主眼としてい
ることを語っている。

第五項　構成と内容

　ゲーリーシステムに関して秋保は、著書『最近之米国』全４７０頁の
中で、２３７頁から２４９頁にかけておよそ１３頁にわたって掲載して
いる（注⑬）。［表二の５］を参照。特に、「第四章、第八　ゲーリー式学
校組織」にまとめられている。

第六項　教育と職業との関連

　『最近之米国』で秋保は「八、職業と教育との連鎖」を最も強調し、
さらに生徒作業の収入、授業の状況へと展開している。まず「職業と教
育とを連絡せしめんとするは、此ゲーリ式の一大目的」であると、「職業
教育論」を提示して学校内実習の必要性を指摘した（注⑭）。

　なかでも職業教育については、「学校の必要に応ずる一切の職工を有す
る」アメリカの「職工教育」の現状を注目して次のように報告している。

　「此目的に向ひて大工、細物師、塗師、鉛工、板金職、機関師、活版職工、
　電気機械師、鋳物職、凸版印刷、石版、活版等学校の必要に応ずる一切の
　職工を有するを以て生徒をして殆んど総ての工作に当らしむるを得るなり」
　（『最近之米国』２４６頁）

と。次に、「米国の職工教育」を研究課題としている秋保は「米国の下級職人教育」を強調して、アメリカの職人教育を、

　１、夜学校（職人対象の公立夜学校）

　２、夜間中学校（中学校に併置）

　３、昼間職工学校（小学校卒業者を収容し職工教育を施す）

と、具体的な学校種３校、①夜学校、②夜間中学校、③昼間職工学校を紹介した。ここで、秋保は、職工学校を中学校に併置する夜間中学校方式と、昼間と夜間（職人）との両方に設置する職工学校方式とに分けて紹介したのである（『視察談』）。

　また、日本教育において、

一、吾が府立職工学校に於て三分の一の半途退学者を生じる。

二、日本にては社会の需要多くして而かも志望者の少なき学科あり、

など、日本の職工学校が抱える問題、つまり半途退学者問題や社会の需要に一致しない職業教育の実状等を秋保は指摘し、最後に「日本の低度教育ほど地方毎に研究を要す、日本ほど地方の事情を異にせる国柄無し、之を文部省の規則一方にて画一するは不可なり、この点につき今後工業教育者の共同研究を要す」と、報告をまとめた（『視察談』）。

　これらの見解を秋保は、１９１６（大正７）年４月１４日に文部省内で「帰国報告会」を開き（注⑮）、この内容が『読売新聞』（同年４月１６日から２０日）誌上で連載されたのである（注⑯）。

第七項　職工養成

　その後、秋保は、『最近之米国』発刊年と同じ１２月に『工業教育ト職工養成』を養賢堂から発行して「職工養成上の新傾向」を論じている。この論考から、秋保が語る実業教育へのゲーリーシステム導入の必要性を重ねて読取ることが出来る（注⑰）。秋保が職業教育を学校教育の拡大（学校内実習工場の設置）という方針でゲーリーシステムの導入を推奨したところに歴史的な意義がある。

　欧米に於ける職工養成を視察した秋保が語る「実業教育」の意義について、「卒業後直ちに役立つまでに学校教育を拡大すること」を次のように『工業教育ト職工養成』で特徴づけている。

　「欧米先進国の実業教育就中職工養成上最も力を致しつゝゐるものは実技の教育にして、従来永く学校教育と実技の修得とは別個に考られ来れるを遺憾として、実技教育に於て卒業後直ちに役立つまでに学校教育を拡大し、学校内に実習工場の設備を為し来り、為に実業教育の代価を著しく高からしめたると同時に、一面には実業教育の効果を充分信愨せしむるを得るに到りたるも亦此設備の賜物たり」

と、学校教育を拡大して実技教育と統一した実業教育において、その効果を充分に獲得するゲーリーシステムの導入を推奨したのである。

第三節　山内佐太郎・教育の実益主義に向けたゲーリーシステム導入

第一項　渡米と研究動機

　京都府立第四中学校長、千葉県立佐倉中学校長、さらには私立関西中学校長等の経歴をもつ山内佐太郎が渡米してゲーリーシステムの研究に取組み、このシステムを日本教育に導入しようとした目的と内容を考察する（注⑱）。

　『米国教育概観』は山内が米国視察後、１９１７（大正６）年６月にその視察内容をまとめた大著である。５０４頁に及ぶ著書の中でゲーリーシステムに関しては１１頁と掲載量は少ないが、『同書』（１９９頁）で「労働を愛し、実務を尊ぶ品性を陶冶する」勤労主義の教育には自信を持っていると述べている。

　京都府立第四中学校長在職時代の１９０７（明治４０）年７月に全国中学校長会議で「中学校に作業及実務を課する具体的方案」を提出して満場の賛成を表せられたという。米国視察をするおよそ１０年前に、すでに山内はゲーリーシステム実現を懐いていたのである。

　岡山県の私立関西中学校長として勤務しながら、山内は１９１６（大

正5）年に視察のためアメリカに向かった。

　その研究動機を述べると、山内は「自ラ感ズル所」を意識して１９１６（大正5）年5月から9月まで約5ヶ月間アメリカ合衆国の教育を視察してきたと、次のように語っている（注⑲）。

　　「余自ラ感ズル所アリ、北米合衆国教育視察ノ為ニ、本年五月十三日神戸ヲ解纜シ、月ヲ閲スルコト五箇月ニシテ、九月十六日無事帰朝セリ」

と。果たして山内の「自ラ感ズル所」とは何を意味するのか、次項から検討することとする。

第二項　帰国報告

　帰国当初、米国の教育実状について山内は、この国では実科的教育、つまり労力を有効に使用した手工科教育が発達していると、視察に同行した浅賀辰二郎（香川県師範学校長）とともに、次のように帰国視察大要のなかで手工科教育を語っている（注⑳）。

　１、飽迄も他に頼らず自分の事は自分が行うという米国風の精神は我邦の青少年にも遍ねく体得させたく思う

　２、米国の学校は総じて精神教育よりも実科的教育に長じて居る何でも労力を有効に使用するといふのが其趣旨で従って男女校とも手工科は最も発達している大工、鍛冶屋一女生でさえ作業服を着けて甲斐々々しく行つている印刷、裁縫、料理斯ういう種類の物が何でもある

と、手工科の発達したアメリカ教育の実態を紹介したのである。

第三項　米国教育とゲーリーシステム

１、米国教育の特質

　その後、翌年6月に『米国教育概観』を発刊し、アメリカにおいて実施されている「実益主義ノ教育」を「長所」と指摘し、日本では逆にこの教育が「短所」とされていると次のように指摘した（注㉑）。

☆資料

「想フニ、米国教育ノ飽クマデ個性ヲ尊重シ、独立自治ノ精神ヲ涵養シ、実益主義ノ教育ヲ施設セル所ハ、是レ彼ノ教育ノ長所ニシテ、ヤガテ、我邦教育ノ短所ナラン。

大正五年十二月十七日　　　　　　　　　　　　山内佐太郎識　」

『米国教育概観』はアメリカ教育を概観した山内の大著である。

2、ゲーリーシステムの研究意義

　では、山内はゲーリーシステムを研究する意義を何処に据えていたのであろうか、次の資料から考察することとする。

「教師が過労に苦しむとか、生徒よりもドルラーに重きを置く、嫌があるとか、種々非難の声もあるが、固より経済上の必要より起つたのであるから、其点は先づ同情しなければならぬ、然かし消極的の節倹主義では無く、寧ろ積極的の大なる利用主義であつて、個性尊重主義、自主活動主義に依つて国民の個性及能率を発達せしめ、思考力を高め、応用の習慣を作り、実際的生活に触れた活きた教育を徹底することに汲々と努力して居る点は、頗る参考に資すべき事が多い」

と、山内は、ゲーリーシステムとは「思考力を高め、応用の習慣を作り、実際的生活に触れた活きた教育を徹底すること」を目的とした教育システムであることを指摘した（注㉒）。そして、知識の定着と人格の形成を目指す教育システムであるとし、次のように学問の必要性を展望したのである（注㉓）。

「如何なる学問も、人が自ら其筋肉を働かして実験する迄は、真正の知識となるものでない。（省略）真に会得せられたる知識は其人の人格に編み込まるゝ迄、実行によりて同化せられたものでなくてはならぬ」

と、山内が考える教育のあり方、学問の必要性、人格論までを知ることが出来る、これまでの研究成果を発表したのである。

３、日本教育の問題点

　詰込み主義と表面的と称された日本教育が抱える問題点を解決する方法として、ゲーリーシステムの導入こそが必要であると山内は推奨している（注㉔）。なかでも、山内は、自分が１７歳まで育てられた生家の家風が勤労主義のものであったことに触れたあと、活動主義・学校中心主義の教育であるゲーリーシステムを次のように語っている。

　　「幼少の時より我を忘れて人の為めに尽す事を躾けたい希望からに外ならない。是れ年来の余が教育主義であると同時に此の見地から察して今日の我が国民教育方法は、餘りに詰込主義で表面的であると思ふ。（省略）今亦米国教育を視察し、殊にゲーリーシステムを親しく参観するに及びて、其教育主義の活動主義なる事学校中心主義なる事を目撃するに至つては、実に感慨に堪へなかつた次第である」

と、アメリカ教育の実状を「目撃」して、ゲーリーシステムという教育方法のもつ教育主義・活動主義を強調したのである。

第四項　構成と内容

　『米国教育概観』でゲーリーシステムに関しての頁数は少ないがその構成は［表二の５］に示しておいた。

　市内ゲーリー校９校の中で実際に山内は「エマーソン校」を視察した。視察内容は、経済主義、学校中心主義、個性教育主義、作業主義、そして小学校中学校の連絡に関しての５項目に焦点を絞ったものであり、実状報告も具体的であった（注㉕）。すべてを考察できないが、その中のエマーソン校の授業と作業とを述べることとする。

第五項　エマーソンスクールの実態報告

　１９１６年６月９日に約８時間を要してエマーソン校を視察した山内は、次のように実状を『米国教育概観』３６９頁から３７０頁で紹介している。

１、授業視察

「午後一時の汽車でナイヤガラ瀑に向つた。其の途中にゲーリーと云ふ市がある。此市は米国で最も教育の工夫された町の一つである。ここに下車して、小学校と中学校と一所になつて居るエマーソンと云ふ学校を見た。

（省略）之れはゲーリー市が最近（千九百〇六年）に出来たるにも拘らず、人口の増加が激しく、年々増加して今日では五萬を越ゆ随て学校も増さなければならないが多数の労働者が入込むので納税者の少い處から多くの困難を感じて居た處が遂に同市のヴルト氏に依て研究されたのである。一口に言へば建物や教師を経済的に使用するにある。即ち八学級学校なら八つの教室を半分丈で済ませ一方を普通教室で授業するときは、他の一方を特別教室にすると云ふ工夫にする」

と。すなわち、8学級の学校なら本来、8つの教室を必要とするが半分の4つの教室で授業をしているゲーリー校の実状、つまり建物や教師を経済的に使用しているゲーリーシステムの実態を報告している。

２、作業視察

「午後は作業を課し或は印刷鋳造器械、鍛冶、裁縫、料理等をやつて居る。在生徒にお前は今から実業を習つて居るがもうカレーヂには行かないのかと尋ねると、否私は専門学校へ行くのだと答へる。即ち之れは役に立つ人物を修業させやうと云ふのだ。此の市は工業地で近年は非常に景気がよく活気が満ちて居る。八時五十七分の汽車で愈々ナイヤガラ瀑布に向つたのである」

と、工場での生き生きとした生徒たちの作業学習を報告したのである。

ゲーリーシステムを日本教育に推奨した学校現場責任者・学校長である山内からの実態報告であった意義は大きい（注㉖）。

第四章で述べるが、ゲーリーシステムを導入した私立淺野綜合中校が開校した5年後、１９２５（大正１４）年６月１６日に山内は「授業観察」のため淺野綜合中学校を訪問している。

第四節　乗杉嘉寿・教育の社会化に向けたゲーリーシステム導入

第一項　文部省督学官としての調査

　文部省督学官乗杉嘉寿は１９１７（大正６）年３月、岡田良平文部大臣からヨーロッパ視察の命を受けて日本を出発した（注㉗）。その目的は、教育行政や教授法の組織系統と成人教育調査の２点であった。アメリカ滞在後に欧州に渡り、その後再度アメリカに戻り学校教育の施設と学校外の教育事業の２点を１９１７（大正６）年１２月まで追加調査して、特に成人教育と学校外教育に関する資料を持って帰国して報告したのである（注㉘）。

　☆資料

　　「輓近の北米合衆国が殖産興業に於て顕著なる発達を為したるのみならず其の精神的方面に在りても進歩の大に見るべきものある（省略）本省の命に依り目下米国に留学中なる休職文部省督学官乗杉嘉寿が実地に就きて調査したる結果の報告にして同国最近の状勢を会得するに最適切なる資料たるべきを信じ特別号として上梓することとせり。

　　大正七年一月　　　　　　文部省普通学務局　」

　乗杉の調査は文部省による渡米視察という性格を持ち、第一次世界大戦後の日本教育のあるべき姿を予測したもので、報告書も『時局に関する教育資料特別号』として公刊された。その視察報告で日本の実業学校の増設は成果をもたらしているが、実業教育が大きく振興しているとはいえないことも指摘している（注㉙）。

第二項　日本教育の幼稚性

　調査結果として、日本教育が依然として「幼稚」であると大変厳しい指摘を乗杉は次のようにしている（注㉚）。

　「恐る我邦教育界が未だ幼稚にして世界の大勢、国家の前途に鑑み、何等

　の努力すべき方途を悟らざることを」
と、日本教育を歴史的かつ国家的水準から見て、今後日本教育のあるべき姿を研究課題としたのである。乗杉の教育論を垣間見ることが出来る。

第三項　日本の初等中等教育

　乗杉は、今後の日本教育のあり方に「憂慮」の気持ちを持ちながら、「努力すべき方途」としての予備的職業教育のために「適切なる施設の工夫」をすべきことと次のように主張した（注㉛）。

　　「我邦初等及び中等教育に於ける予備的職業教育に関する問題は最も焦眉
　　の研究題目にして、速に我邦の現状と世界の大勢を察し、之が適切なる施
　　設の工夫案出せらるゝ一日も早からんことを望むや切なり（七月二十日）」
と。このように、乗杉は職業教育を進めるよう主張したが、１９２３年以降、文部省が抱える教育行政は学校教育の改造を基礎とした「社会教育」であるとの展開をもつようになっていくのであった。

第四項　社会教育と社会改造

　乗杉は『社会教育の研究』（１９２３年）でデューイについて次のように述べている（注㉜）。

　１９１８（大正７）年にデューイが来日したとき、乗杉自らがその受け入れ事務等を担当した。その時、都市社会で日本人の生活実状を見たデューイが「日本国民の利己主義」を思い出したという。このデューイの印象が「不快なものであったと思ふ」と乗杉は指摘している。

　このようにデューイの教育思想を学ぶ乗杉は、日本国民の利己主義を解するには「学校教育」に待つしかないという見解を示した。しかし、日本の学校教育の現実を考えると智識教育に偏重している欠陥を指摘せざるを得ず、これを補填する方法としては「社会教育」を考えなければならないとの教育姿勢を乗杉は次第にもつようになっていった。

　このデューイとの出会いを経て日本社会の欠陥を確実に補填したいと、

乗杉は１９２１年７月に『社会教育の研究』のなかで「社会教育」の重要性を強調したのである。

　デューイ、そしてワートへと継がれたゲーリーシステム思想の中で「社会教育の普及」と「学校の社会化」を乗杉は主要な研究課題としていくのである。とくに、『国民新聞』（１９２０年９月５日『日曜論壇　社会改造と教育の革新』文部事務官　乗杉嘉寿）に寄稿して、社会改造に向けた論を積極的に展開していく。

１、教育の革新・デューイの教育思想

　第一次世界大戦後、乗杉はこの「社会改造と教育の革新」（前掲『国民新聞』）で「教育は社会進歩の根柢をなす」と教育のあり方を次のように論述している。

　　「西洋の言葉に『教育は其社会の縮図である』と云うのがある。其意味は
　　『其社会が果して如何なる進歩発達の階段にありや否やは、其社会の教育
　　事業の上に能く現われて居る』という事である。即ち教育は社会進歩の根
　　柢をなすという処から、教育の進歩発展は、直に其社会人類の進歩発展を
　　意味するとの謂であるが、これは誠に至言と言わなければならぬ」

と、乗杉は、教育は社会の縮図であって社会進歩の発達は教育事業に現れるとの姿勢を持ち、教育の革新を求めていくようになった。

２、日本教育の模倣

　それは、デューイ思想をもとにして日本の過去５０年間の進歩発展を前掲『国民新聞』で「模倣より来れる夢幻の現象」と次のように乗杉は指摘したのである。

　　「我国に於ても、過去五十年間の進歩発展は、世界の驚異であると言われ
　　て居るが、果してそうであろうか。若し国家、社会の進歩発展は、人にあ
　　り、人の教育にありという原則が、真理であるすれば、我国の過去の進歩
　　発展なるものは、如何なるものであろうか。寧ろ唯一時の模倣より来れる
　　夢幻の現象に等しきものではなかろうか」

と、社会のの進歩発展を人・教育からの視点で考えなければならないと

指摘したのである。

3、教育姿勢

　最後に、乗杉は国民生活を改造すること、職業指導の展開、醇風なる良俗の提唱に向けた社会奉仕に力を傾注していく自分の姿勢を前掲『国民新聞』で次のように述べている。

　　「学校の城壁を撤廃して其周囲の社会に奉仕するの元気を起こして、（省略）国民生活の改造に、職業の指導に、或は醇風良俗の提唱に、渾身の力を傾注する」

と、社会教育・社会奉仕に向けた教育のあり方にゲーリーシステムの本質を見て、国民生活の改造に向けた教育の必要性を乗杉は強調した。

第五節　田中廣吉・デューイ思想の展開に向けたゲーリーシステム導入

　田中は、恩師である野上俊夫京都帝国大学教授が欧米諸国の教育事情に関して蒐集した資料を教授から借りて『ゲーリー式の学校』を１９１８（大正7）年7月に出版した（注㉝）。

第一項　構成と内容

　その『ゲーリー式の学校』の構成を見るとおよそ２００頁（正確には１９４頁）に展開している。［表二の５］参照。

　構成の特徴は、ゲーリーシステムの教育思想を背景とした理論「根本原則」から出発して、具体的に学校環境、教育計画、学校活動、設備、経費、管理、教育課程・教授法、訓練、そして、批評「本組織に対する吾人の批評」、そして最後に採用した研究文献を掲載するなど、ゲーリーシステムに関する全般的な考察をまとめていることである。

第二項　野上教授の視察結果と講演

　野上は「幼稚教育」に関する欧米での教育視察が予期したものではなかった結果を述懐している（注㉞）。

「時恰も戦時に差蒐って居たため平時に比して予期通りの収穫なく常に失
　望致しました」
と、欧米教育事情視察が大戦の影響もあり結果が十分でなかったことを
開口一番、語るところから帰国講演をしている。
　『大阪毎日新聞』から野上の講演内容の概略を述べると、フランスで
は、日本の数年前の「幼稚教育」と大差なく、イタリーではモンテソリ
ー女史の「幼稚教育」を視察して失望したという。その理由が、教育の
中心が先生ではなく児童であるという女史の理論が、「幼稚教育」の実際
を視察すると違って、先生中心であったということである。そして、ド
イツでは、「ペスタロッチ、フレーベルの家」という幼稚園で、実用に適
する子供の全身を働かすような作業を視察した。その結果、「幼稚教育」
には、ローマ式（教師中心、到達点中心）とベルリン式（児童中心、出
発点中心）との２つの方法があるが、日本が選択すべき将来の教育は児
童中心の「ベルリン式」を実施すべきであると野上は述べている。
１、研究動機
　田中は野上教授が調査した欧米教育資料のうち、アメリカで調査した
資料を中心に編集した（注㉟）。
　次の引用はこの『ゲーリー式の学校』でその動機を述べた箇所である。
　「京都帝国大学、文科大学教授、野上先生は、欧州留学帰朝の途次、米国
　よりして、貴重なる材料を将来せられ、之を貸與せられたるを始めとして、
　漸く緒言中に記した材料を蒐集し、此れによつて出来上つた一篇は、即ち
　これである」
　このような田中の研究動機が野上教授から貸与された「資料類」（紹介
論評・報告書類、雑誌など）を整理することから出発したのであった
（「緒言」１１頁から２０頁）。
２、貸与書類
　貸与書類全てを本節では考察できないので、次に掲載数のみを記載し
ておく。

 (1) 教育家の「短評」数（第四項で記載）が６点。

 (2) ゲーリーシステムによる学校組織の変更を実験・詮議した次の州及び市。

  ⅰ、小都市でゲーリーシステムを輸入している州の数が次の３州。

   ○ペンシルバニヤ州

   ○ミシガン州

   ○イリノイ州

  ⅱ、ゲーリーシステムを実験中、若しくは効果あると紹介した次の市。

   ○カンサス州の<u>カンサス市</u>にて実験中であること。

   ○ミシガン州の<u>シカゴ市</u>では２年間の成績は可良との効果があったこと。

   ○ニュージャーシバー州の<u>バサイック市</u>では大成功との効果があったこと。

   ○ニューヨーク州の<u>トロイ市</u>では成功し、全市の学校組織を改変しようとする動きがあること。

  ⅲ、<u>ニューヨーク市</u>では、ワートを顧問として２つの学校で実験し、同市の学校組織の改革を詮議中とのこと。

 (3) ゲーリーシステムを紹介したり「論評及報告」を掲載した書籍及雑誌の数が合計１２点（ワートの掲載数３点含む）。

 貸与された書類「英文」を参考にして田中は『ゲーリー式の学校』を編集したのである。『同書』には、デューイ以外にも、テイヤー、ボビット、ワート、バロウズ等の教育研究者の論文やゲーリースクールに勤務する教師等の論評なども田中は掲載している。

 以上紹介したように、田中のゲーリーシステム研究は、野上教授が蒐集した貴重な文献資料を分析した結果を編集したのである。

第三項　デューイ教育思想

1、デューイ思想の「淵源」

　田中は、第一次世界大戦後の日本教育のあり方を研究する決意をもち、特にゲーリーシステムはデューイ思想を「淵源」していると資料を引用して次のように主張している（注㊱）。

(1)　「勿論これで、戦後教育の実行案が解決せられた譯ではなく、只単に研究の緒が得られたに過ぎぬものである」

(2)　「幾多の原案の中、市俄古近在に起り、今や米国の中心たる紐育を席巻しつつあるものは、即ちゲーリー・システム其れである。今やゲーリー・システムは、新思潮に乗じて、戦後の教育界に雄飛せんとして居る。而して其の乗れる新思潮は、当代哲学・教育の大家、デューエー博士に淵源したものである」

と、第一次世界大戦後において教育界で展開している教育思想「新思潮」がデューイからワートへと引き継がれたゲーリーシステムという教育方法であることを明らかにしたのである。

第四項　ゲーリーシステム研究文献

　多くの教育者や政治家たちが論評しているゲーリースクールに関する当時の研究状況を田中は貸与された書類の中からいくつか摘出して論評を加えている（注㊲）。

1、デービット・スネッテン博士

　　「余の知る範囲内に於ける、凡ての学校組織中、最も都会の学校組織に適合せる案である」

　と、都会における教育にゲーリーシステムは適合しているとの見解を示している。

2、ジョン・デューイ博士

　　「ニューヨーク市に、ゲーリー組織を適用すれば、近き将来には、之を変改する必要を認めない位、適合する案である」

と、大都市ニューヨーク市でのゲーリーシステム展開との見解を示している。また、デューイは『合衆国教育年報』（１９１４年）誌上でゲーリー組織を

　「本組織は最も注意すべき、且又多大の時間を抛ちて研究すべき価値ある、目今の問題である」

と付言したという。

３、フランクリン・ボビット氏

　「教育上に於ける科学的管理法の応用である」

との見解を示している。

４、ランドルフ・エス・ブールン氏

　「深遠なる教育哲学を、教育行政の実際に応用して案出した組織で、従来の公立学校組織変改の先駆となるものである」

と、教育行政において誕生した公立学校改革の先駆との見解を示している。

５、ビー・ビー・クラックストン氏（『合衆国年報』編集委員）

　「ゲーリー学校の視学及教育課は、本組織を実施する事によって、学校経費を節約し、児童の時間を、完全に且つ有効に使用し、児童の個性及要求に、学校作業を適合せしめ、為政者の学校管理を容易にし、且又現代の最も要求する産業的教育を遺憾なく撮取して、従来の学校組織に、一大変革を促さしめる効果を齎した」

と、ゲーリーシステムが現代の学校組織改革への促進をもたらすことに効果ありとの見解を示している。

第五項　研究姿勢批判

１、「抜粋」としての受容

　従来、ゲーリーシステムの紹介が資料「抜粋」の域であり「茫漠」であったと批判し、故に資料収集には多大な苦労をもたらしたと、その境地を田中は次のように述べている（注㊳）。

「詳しく之を録した材料は、暁天の星の如くで、僅に数頁の梗概に過ぎなかつた。我邦に紹介せられたものに至つては、多くは此等の抜粋で、更に茫漠たる者があつた。是に於て、材料の蒐集は、余を苦しめた一であつた」

と、ゲーリーシステムに関する従来の研究が資料「抜粋」による受容であったとの問題点を田中は指摘したのである。

2、「一斉」授業から「学級」教授へ

　従来の授業方法にも田中は言及し、『ゲーリー式の学校』で述べた「一斉教授」から「学級教授」への変更は、ニューヨーク市だけではなく全アメリカの教育家からの決議をもとにした要望であったと述べている。

「一斉教授は、個人を本位とした学級教授に変更せられねばならぬ。斯くて児童は、始めて自己の全能力を発揮し、自己発達の過程を順當に進み得るのである」

と、従来の一斉的、受動的、伝習的な教授法を根本的に変革して「作業・学習・遊戯」を本質とするゲーリーシステムによって教育する意義を指摘したのである（注㊴）。

第六項　田中のゲーリーシステム論

　田中は『ゲーリー式の学校』を発刊する5年前に、広島県視学藤井徳三郎との共著書『実際的教授訓練の基礎』（廣文堂書店　1913年8月）でゲーリーシステムに関する教育論を展開していた。

　とくに、「観察力・記憶力」から「思考力・陶冶力」への効果はゲーリーシステムという教育方法によって大きな効果をもたらすことをを論述している。そして、教育の新傾向として「児童中心主義」を主張する教師が「観察力・記憶力から思考力乃至は情意の方面の陶冶に力を尽くしたならば、徒らに多量の知識を器械的に詰込むよりも、将来の実際生活に対しては、効果が多いといふ事は断言するを憚らない」（『同書』817頁）と、教授方法における「詰込み主義」からの脱却を求める見解を田中・藤井は理論的に展開したのである。

第六節　田制佐重・ゲーリーシステム論の編集

第一項　ゲーリーシステム研究の位置づけ

　田制が『ゲーリ学校の実際』を発刊したのは、１９２１（大正１０）年５月、つまり日本教育にゲーリーシステムを文部省が「内訓」によって導入（同年４月）した１ヶ月後であった。田制本人も『同書』の「はしがき」で述べているように、以前からゲーリーシステムには興味を持ち、書物を読み情報を集め、内部資料や図書、雑誌等も蒐集してきたので、今回、それらをひとまとめにして編述したという。したがって、この編述書はゲーリーシステムが日本教育に導入されるまでの研究成果を集大成したものであり、田制の研究分析はこのシステム導入の実証に大きな歴史的意義があると考える（注㊵）。

　『ゲーリ学校の実際』は、全頁が４７８頁にも及ぶ大著である。田制も記載しているが、この編述書の骨子となったものがボールン著『ゲーリ学校』（１９１６年発行）である。この著書以外にも、同書８頁の「はしがき」で、

①　デューイ父子合著『明日の学校』

②　ロッビンズ著『社会的設営としての学校、一名社会教育研究入門』（１９１８年発行）

③　スミス著『教育的社会学概論』（１９１７年発行）

④　ベンネット著『学校の能率、一名現代学校管理法綱要』（１９１８年発行）

⑤　ハート著『教育上の自由思想』（１９１８年発行）

⑥　クロー著『教育に応用したる社会学の原理』（１９２０年発行）

⑦　スネッデン著『職業教育』（１９２０年発行）

⑧　ハートウェル著『生徒過剰の学校とプラトゥーン方案』（１９１６年発行）

等々を参考にして理論と実証とを構成したと、田制は述べている。

第二項　研究動機とゲーリー学校

1、研究動機

　田制は「教育とは何ぞや」と問いかけて問題解決に立ち向かった。教育そのもの（実際）の改造より先に教育概念（理論）の改造をしなければならないと考えた田制は、アメリカではこのシステムが導入されたのは主として小学校であるが、日本で文部省が導入したのが「中等諸学校」（中学校、実業学校、高等女学校、師範学校等）であった理由を次のように『ゲーリ学校の実際』（「はしがき」2頁）で強調している。

　　「吾々は抑々教育とは何ぞやといふ根本問題に立ち帰つて考へ直さねばならぬ（省略）教育そのものの改造といふことの先決問題として、教育の概念を改造する必要に迫つて居る（省略）疑問はそれからそれへと次第に遡り、遂に今一度教育に対する吾々の考えを立て直さねばならぬことになりはせぬか（省略）<u>最近の新聞紙報道に據れば、我が文部省は来学年度、即ち大正十年度より差し當り中等諸学校に適宜ゲーリ式を採用すること</u>に夫れ夫れ府県当局に内訓を発したといふことである」（下線筆者）

と、日本ではゲーリーシステムが「差し當り中等諸学校」に限定されて、「適宜」採用するよう導入したことを田制は指摘したのである。

2、好評的なゲーリー学校

　田制は、『ゲーリ学校の実際』（「はしがき」1頁）で「学校経営の実際」が日本教育において評判を得ていることを次のように述べた。

　　「最近我が教育界に於てゲーリ学校ぐらゐ盛んに紹介されたものは珍らしい。就中、其の独得なる学校経営の実際が最も評判の高いものであつた。ゲーリ学校の経済的経営が真に巧妙なる現代的の科学的管理の原則に準拠したものとして、好評嘖々たることは、読者の既に周ねく知られるところであらう」

と、日本教育界に盛んに紹介されたゲーリーシステムが好評ある根拠として、このゲーリー学校が科学的管理をもとにした学校経営の経済性を上げていることであると指摘したのである。

3、ゲーリーシステム導入方法の問題点

　ゲーリーシステムがもつ経済性、科学的管理法ということだけではなく、田制は『前掲編述書』（「はしがき」１０頁）で、実際にゲーリーシステムを導入した場合の疑念を次のように投げかけていることも重要である。

　　「唯だ此等の学校に於けるゲーリ式適用が、果してゲーリ式そのものの真髄乃至本義を実現したものと言ひ得るや否や慥かに断言の限りでないことも、併せて記して置くのである」

と、果たしてゲーリー式の「真髄乃至本義」を実現しているかどうかという問題点を指摘したのである。つまり、ゲーリーシステム教育理論をどう理解するかという課題を田制は提示したのである。

4、ゲーリーシステム導入の意義

　田制はゲーリーシステム導入に関する研究をする意義を次の３点にまとめている。

　⑴　この学校経営が経済性を重視し、科学的管理の原則に依拠したものであでるが、果たしてゲーリーシステムそのものの「真髄乃至本義」が実現されたものなのか、断言することが出来ない。

　⑵　日本で盛んに紹介されているゲーリーシステムの内容がその「真髄乃至本義」を正しく紹介しているかどうかの研究をしなければならない。

　⑶　目を日本教育に移すと、「中等諸学校」への入学希望者が毎年急激に増加している。しかし、希望者を充分に入学させられない現実である。何とかしなければならない、今、その「応急」策が求められなければいけない。

と、日本教育がゲーリーシステムの「真髄乃至本義」を理解して実現したものなのか断言できないが、しかし中等諸学校への「入学難を何とかしなければいけない」との応急策としてゲーリーシステムを導入したと、田制は指摘したのである。

第三項　ゲーリーシステムの適用

この中学校入学難という教育環境を検討してゲーリーシステムを導入しようとしたことを田制は指摘したが、このシステムをそのまま日本教育に適用することには問題があると、次の３点を提起した（「はしがき」２頁）。

まず、第１点として、

> 「中等諸学校入学希望者が毎年激増するの勢であるのに、一方に於て此等の希望者を十分に収容し得る学校数が少ないといふ直接の必要上から斯かる応急の策に出でたことではなからうかと思はれるが、勿論、今日のまゝの中等諸学校に、そつくり其のままゲーリ式を応用することは不可能であり、それに地方地方の事情に依つて必ずしもゲーリ式の適用を要せぬところも数多あることであらう」

と、地方においてゲーリーシステムを導入することの是非論を提起したのである。本来、この教育方法は地方によって教育環境が異なることを考慮すれば、採用すべき教育方法も異なる。必要としない地方があっても然りである。したがって、ゲーリーシステムとは一様式をそのまま導入することは困難である、との田制の見解である。

第２点は、

> 「文部省が如何なる解釈に依つてゲーリ式の適用を訓示したかは、固より不明である」

と、ゲーリーシステムの導入を内訓した文部省の解釈は明らかではないと、田制は文部省の認識に疑念をもったのである。

第３点は、

> 「精神とか真髄とかいふ点が明瞭に伝へられて居らぬ憾みを常々懐いて居つた次第である」

と、結局、文部省がゲーリーシステムの「真髄乃至本義」を伝えていない姿勢をとったことに、田制自身がは強い「憾み」という感情を持つに至ってしまったのである。

　ゲーリーシステム理論の考察より先に、教育政策的解釈（中等諸学校への入学難対策として直接的な必要上）から文部省は導入した、との見解をもった田制は、やはりゲーリーシステムの「真髄乃至本義」を解明する研究が必要であると論を進めたのである。

第四項　デューイ教育思想の普及

1、「胚芽的社会」の学習

　ゲーリーシステムの「真髄乃至本義」解明に向かってデューイに遡り、田制はデューイが１９１６年に教育哲学を著した『民本主義と教育』の解説を発表した（田制抄訳『民主主義の教育』《隆文館　１９１８年》）。引き続いて、シカゴ大学附属小学校での教育実験をデューイがまとめた『明日の学校』（１９１５年）を『教育教授の改造』として翻訳し（弘道館　１９２０年）、デューイの教育思想を日本に普及させたのである。

　その結果、田制はデューイ思想である「学校教育の社会化」を基礎とした「胚芽的社会」を学ぶことがゲーリーシステムの本質であるとの結論に達し、「作業学習遊戯の三位一体観」に立脚したゲーリーシステムの「真髄乃至本義」を措定したのである（注㊶）。

2、作業の教育的価値

　田制は、学科中心の日本教育に作業学習を加えた教育システムの必要性を次のように指摘した（「はしがき」7頁）。

　　「今日一般の学校に行はれる単なる学科の学習を以て、教育の能事終はれりと為さず、所謂作業に依ねる学習を力説し、作業の教育的価値を高調されて居ること」（下線筆者）

と、「学校経営の経済性」で有名となったゲーリーシステムではあるが、実はこのシステムの本質が「学校を以て児童（否、進んでは大人）の共存自治体、即ち、一口に児童の社会を為すといふこと」と主張し（「はしがき」6頁）、学科の学習で学校教育が終わりではなく作業の教育的価値を重要視する「学校教育の社会化」がデューイの教育思想が具体化され

た教育であることを重ねて田制は指摘したのである（注㊷）。

３、ゲーリーシステムの「真髄乃至本義」

　この『学校教育の社会化』で、田制はゲーリーシステムの「真髄」を次のように重ねて指摘して編集したのである（同書２０６頁）。

> 「現今最も進歩せる思想に率つて社会化せる教育を施さんとするのがゲーリ式の真髄であらう。然るに他の諸市に適用されたるゲーリ式は往々精神を逸して形式に馳せ、少からざる誤解の種を蒔いたことは事実である。我が国に於けるゲーリ式適用が同じく此の種の誤解に拠れりと思はるゝことは頗る遺憾である。何れにせよ、ゲーリ式の学校組織は学校を社会化する上に積極的に貢献を為しつゝあることは大に認めねばならぬ」

と。特に、ゲーリーシステムの研究には経済的な学校経営を重点化したとの「誤解」が存在していて、そのまま誤った解釈のもと日本に導入されたとの見解である。したがって、日本教育にゲーリーシステムを適用する場合、この誤った解釈のままではいけないと田制は主張している。

４、構成と内容

　田制は、『ゲーリ学校の実際』の「構成」を［表二の５］のようにまとめた。同書の附録ではゲーリースクールの経営費を分析している。

　第二章では、日本の教育研究者たちが積極的に欧米諸国に渡り、ゲーリーシステムの実態とその内容を調査して日本教育に導入しようとした歴史を検討した。その結果、創案者であるウィリアム・ワートが意図したこのシステムの本質が作業・学習・運動の三位一体をもつ教育であり、ジョン・デューイの教育思想が具体化されたものであったことが明らかとなった。アメリカではゲーリーシステムの本質が理解されて展開されていたが、日本では『ゲーリ学校の実際』で田制が編述したように、ゲーリーシステムが誤って解釈されたまま導入されて適用されていたことが明らかとなったのである。

【注釈】

注① 『時事新報』（神戸大学「新聞記事文庫」教育7─108　1917年2月14日）「教育の新施設─ゲーリーシステム学ぶべき点多しー」。

注② 奈良女子高等師範学校教授兼附属小学校主事眞田幸憲「ゲーリー式の学校施設」（『小学校』第15巻第4号　1913《大正2》年5月15日）がある。塚原健太・角谷亮太郎「大正新教育におけるゲーリー・プラン情報の普及─雑誌記事・書籍の分析を通してー」《帝京大学宇都宮キャンパス『研究年報人文篇第23号』　2017年12月》。この論文は、橋本前掲編著『大正期新教育の受容史』に所収されている。

注③ 前掲『時事新報』項目1「教育費の膨張」。

注④ 同『時事新報』項目1「教育費の膨張」。

注⑤ 同『時事新報』項目5「我積弊の打破」。

注⑥ 同『時事新報』項目5「我積弊の打破」の「ヴィルト氏が目える」。これ以外にもワートの見解を『時事新報』は積極的に紹介している。

注⑦ 秋保安治は東京府視察団として渡米した。帰国して文部省に報告している。報告内容が『読売新聞』（1916年4月16日～20日）《神戸大学「新聞記事文庫」教育6─047》に「米国の職工教育（上・下）─秋保職工学校長視察談」として、1916年4月16日付で掲載されている。以下、秋保前掲『視察談』と略す。

注⑧ 秋保安治著『最近之米国』（1917年6月18日）「自序」1頁。以下、秋保著『最近之米国』と略す。この著書で秋保は第一次世界大戦に対する見解を述べている。

注⑨ 秋保著『最近之米国』「自序」2頁。

注⑩ 秋保著『最近之米国』「自序」3頁。

注⑪ 秋保著『最近之米国』239頁。

注⑫ 秋保著『最近之米国』「緒言」。

注⑬ 秋保著『最近之米国』の「第四章　第八」でゲーリーシステムの構成を展開している。

注⑭　秋保が職業と教育との関係をどのように捉えているかが課題となる。秋保著『最近之米国』２４５頁。

注⑮　秋保前掲『視察談』。視察テーマが「米国の職工教育」であった。

注⑯　秋保前掲『視察談』。秋保が強調したのが「米国の下級職人教育」であった。

注⑰　秋保著『工業教育ト職工養成』（養賢堂　１９１７年１２月）の「第三編　職工養成各論　第二章　欧米に於ける職工養成　第五節　職工養成上の新傾向」（１４５頁）でゲーリーシステムの必要性を展開している。以下、秋保著『職工養成』と略す。

注⑱　山内佐太郎著『米国教育概観』（弘道館　１９１７年６月１０日）。以下、山内前掲『米国教育概観』と略す。

注⑲　山内前掲『米国教育概観』「自序」２頁。

注⑳　出典は『東京朝日新聞』（神戸大学「新聞記事文庫」教育７―０２５　１９１６年９月１２日）に掲載された「米国の教育法―二校長の視察談」である。渡米前に山内は、『活教育』（関西中学校　１９１６年３月８日）を出版している。

注㉑　山内前掲『米国教育概観』「自序」３頁。

注㉒　山内前掲『米国教育概観』２００頁。

注㉓　山内前掲『米国教育概観』２０１頁。

注㉔　山内前掲『米国教育概観』２０２頁。

注㉕　山内前掲『米国教育概観』１９３頁。エマーソン校の実態報告である。

注㉖　山内前掲『米国教育概観』３６９頁。

注㉗　乗杉嘉寿著『参戦後の米国に関する報告』（文部省普通学務局　１９１８年３月１５日）。この報告は『時局に関する教育資料特別号　第四』として執筆されたものである。以下、乗杉前掲『報告』と略す。乗杉に関する研究には、松田武雄「乗杉嘉寿の教育改革論の検討」（『九州大学大学院教育学研究紀要』２０００年　第３号）がある。

注㉘　乗杉前掲『報告』「凡例」１頁。

注㉙　乗杉前掲『報告』３０頁。

注㉚　乗杉前掲『報告』３０頁。

注㉛　乗杉前掲『報告』３１頁。乗杉の見解は報告書公刊前年の「１９１７年７月２０日」に執筆したものと思われる。

注㉜　乗杉嘉寿著『社会教育の研究』（同文館　１９２３年６月）《５９７～５９９頁》。以下、乗杉前掲『社会教育』と略す。

注㉝　田中廣吉編『ゲーリー式の学校』（大阪屋號　１９１８年７月２５日）。以下、田中編『ゲーリー式の学校』と略す。

注㉞　『大阪毎日新聞』（「欧米諸国における幼稚園視察談《上・下》京大文科助教授野上俊夫氏講演」）《神戸大学「新聞記事文庫」教育７－０４８　１９１６年１０月２２日～２３日》。以下、野上前掲『視察談』と略す。「神戸幼稚園保育会」で語った野上俊夫の講演記録である。

注㉟　田中編『ゲーリー式の学校』「自序」３頁。

注㊱　田中編『ゲーリー式の学校』「自序」２頁～４頁。ただし、初出論文は、田中「個人的差異に因由する学校組織の新運動と将来の学校組織」（京都哲学会『哲学研究』１９１７年２・３月号）。田中は、「１・２月号」としているが、「２・３月号」の誤りである。

注㊲　田中編『ゲーリー式の学校』「緒言」１１頁。

注㊳　田中編『ゲーリー式の学校』「自序」３頁。

注㊴　田中編『ゲーリー式の学校』「緒言」８頁、及び「第一章　根本原則」２１頁。

注㊵　田制佐重編述『ゲーリ学校の実際』（弘道館　１９２１年５月６日）。全頁が４７８頁にも及ぶ大著である。

注㊶　田制前掲編述『ゲーリー学校』「はしがき」７頁。

注㊷　教育の社会化に向けた田制の研究は『輓近思潮　学校教育の社会化』（文教書院　１９２１年１１月２０日）に展開されている。

第三章　米国教育視察と来日講演

　第三章では、ゲーリーシステムを日本教育に積極的に導入しようとした実業界や小学校長等、そして実業家ゲーリーや教育者デューイ等の来日講演に視点を置きその動向を分析する。

第一節　実業家ゲーリー来日講演と実業界等の動向

　１９１６（大正５）年９月４日、エルバート・H・ゲーリーは来日して日本実業界の団琢磨、渋沢栄一、浅野總一郎、安田善次郎、井上準之助等々を前にして講演をした（注①）。その席上でゲーリーは国際情勢が懸念されているなかで日本とアメリカとの友好関係の維持を強調した。

　ゲーリー夫妻を迎えての晩餐会が翌日、９月５日に帝国ホテルで開催された。次に示す史資料は、ゲーリー来日に関する『中外商業新報』誌に報道された記事である。報道内容は、前半部に出席者名を、後半部にゲーリーの「大演説」内容を掲載している。

第一項　ゲーリー晩餐会出席者

『中外商業新報』のサブタイトルには「鉄鋼王招待晩餐会—ゲーリー氏日米開戦説を駁すー」と称して晩餐会の様子を次のように記載している。
　☆資料

　　「紐育日本協会協賛会長渋沢男及日米関係委員の中野武営氏発起となり
　　四日入京せる米国鋼鐵会社長ゲーリー氏を五日午後六時半より帝国ホテ
　　ルに招待盛大なる晩餐会を催せり同七時善美を尽せる食堂開かれ宴酣に
　　して金子子はウィルソン大統領の為め又米国大使グリン氏、は我陛下の
　　為め乾杯しデザートコーストに入るや渋沢男は為主催者側を代表し懇切
　　なる歓迎の辞を述べ之に対しゲーリー氏は答辞の意味に於て約四十分に
　　亘り左の大演説を試み同十時食堂を閉ち更に別室に於て主客歓談裏に十

時半散会せり、当夜の出席者左の如し（着席順）」。資料は原文のまま抜粋した。

- 出席者一覧　米国大使　高橋男　大谷喜兵衛　倉知鉄吉　シャークー永井松三　福井菊三郎　星野　服部金太郎　安田善次郎　松方巌　アーネル　金子子　新渡戸稲造　中村嶺　野崎広太　フクイシャー　小野英二郎　杉原栄三郎　団琢磨　江水翼　榎本元貞　奥山義人　早川千吉郎　佐々木勇之助　渡部専次郎　松井広吉　村井吉兵衛　宮岡恒次郎ウエルス　添田寿一　中野武営　大倉男　井上準之助　淺野総一郎池田謙三　増田明六　堀越善重郎　串田万蔵　フレーサー　三井男　瓜生男　藤田雷太　（囲いは筆者）

特にこの晩餐会の発起人が中野武営であって、協賛が「紐育日本協会協賛会」（会長渋沢栄一）であったこと、出席者の一人として第四章で分析するがゲーリーシステムを導入して教育を展開した私立淺野綜合中学校を創立した淺野總一郎が出席していることを重ねて指摘しておく。

第二項　ゲーリー講演要約

ゲーリー講演の内容をまとめると次の２点となる。

第１点は、大戦に関して、アメリカはその利己心により戦争に反対するものであり、如何に日本が強かろうが急速に進歩しようが決して恨みません。日米開戦などと言う声を聞くことがありますが、あり得ません。平和が続けばこそ進歩発達することが出来る。「富源」を開拓利用する事も出来る。国民の教育、健康、道徳力、兵力も向上することが出来る。国家にとっては平和の持続ということが一番大切で国民も安楽と福祉を受けることができるということである。

第２点は、日本もアメリカも今非常に繁栄し成功もしている、将来も進歩発展する。今更戦争をはじめて折角築き上げた地位や評判を引き下げることはありません。先般、渋沢男爵がアメリカを訪問された。その節には熱心に言葉を強めてアメリカに対して友誼的な感情を持っていた

ということである。

　すなわち、平和を続ければ「国民の教育、健康、道徳力、兵力も向上することが出来る」とし、日米両国は繁栄して発展するという講演内容であった。この晩餐会でゲーリーはゲーリー市の教育方法を語ったわけではないが、しかし渋沢栄一のアメリカに対する友誼性が強調されたことは注目される。

第三項　渋沢栄一によるゲーリーシステム紹介

　ゲーリー来日1ヶ月後、雑誌『竜門雑誌』がゲーリーを紹介し、ゲーリーシステムがアメリカ教育に実施された契機について、次のように述べている（注②）。

　　「氏は常に正義・敏捷・誠実・勤勉を主義として活動してゐるか、近来の学校教育が徒に形式に流れ、軽佻浮薄にして実用に疎きを慨し、ゲーリー町に氏の考案に拠る学校を設立し、所謂『ゲーリー・システム』教育を施してゐるといふ事である。私共も何れ彼地へ行つた場合には是非見せて頂きたいと思つてゐるが、全く工業家の養成にまで注意してゐるのは敬服の外は無い」（同誌132頁）

と。すなわち、今日の学校教育が「徒に形式に流れ、軽佻浮薄にして実用に疎き」という理由からゲーリーは学校を設立したとして、「工業家の養成」（教育事業）に着手していることに渋沢は敬服している。

　渋沢は1892年に渡米したとき、ゲーリーの人望を知ったと述べ、更にゲーリーの人格についても前掲『竜門雑誌』同ページで「其の資性温厚にして篤実、恭謙にして切実、且つ思想円満にして同情に富み、其の今日の地位を得たのは全く円熟せる人格の賜物である」と称賛している。引き続いて、同誌でゲーリー町の様子も「現にシカゴの附近に氏の経営する工場を中心として、人口四万五千程の町が出来てゐるが、之にゲーリー町の名称を附したのを観ても、其の人望の如何を知る事が出来る」と渋沢は、工場を中心とした人口4万5千の町を紹介している（注③）。

第四項 「ゲーリー公立学校」の実態

　ゲーリー来日の翌年、１９１７年に『竜門雑誌』は具体的に「ゲーリー公立学校」の実態を日本に紹介し、なかでも７年間のゲーリー校の展開を数値化して発表しているところに大きな意義をもつ（注④）。

　☆資料

　　１、ゲーリー校の教育組織

　　　(1)　開校期間

　　　(2)　学科程度

　　　(3)　分課教授

　　　(4)　教室の利用法

　　　(5)　在校時間

　　　(6)　土曜日開校

　　　(7)　夜学校制併用

　　　(8)　実地練習

　　　(9)　過去７年間に於ける本校の発達

　　２、７年間のゲーリー校の発達

		《１９０６年》		《１９１３年》
(1)	校舎建築費	５５０弗	→	６２０，５６８弗
(2)	教員数	４人	→	１２０人
(3)	生徒数	１４３人	→	４，０００人
(4)	教員俸給支払額	３，５００弗	→	１２０，０００弗
(5)	学校税（１９０７年→１２年）			
		５２，５７３弗	→	２４４，６８７弗
(6)	５ヶ年間の学校税総額			
		９０９，５０４弗		
(7)	未償還債券	３３２，５００弗		
(8)	図書館書籍数（１９０８年→１３年）			
		１，０００冊	→	１８，０００冊

　この７年間に、ゲーリー校に通学する生徒数４，０００人、教員数１２０人規模に拡大していることなどを含む、ゲーリー学校の実態が「日本実業界誌」上に紹介された貴重な資料である。なかでも、「（９）過去７年間に於ける本校の発達」はゲーリー校の急激な発展を裏付ける実証的な資料であると評価される。

第五項　アメリカ視学官の意見

　『竜門雑誌』がゲーリーシステムの実態を紹介したこと以外にも、１９２０年頃のゲーリーシステムの実施状況に関して、アメリカ視学官たち１７名が７州のゲーリーシステム校について意見を述べている（文部省実業学務局矢田抄訳「ゲーリーシステムに対する意見」〈『因伯教育』〉参照）。

　［表三の一］は、文部省が日本教育に「ゲーリーシステム」を導入（１９２１年４月）した翌年、２２（大正１１）年２月に、矢田文学士（矢田篤と思われる）が『因伯教育』に抄訳したものである。アメリカ諸都市における「ゲーリーシステム」の実施状況が、視学官たちによって様々な角度から意見が述べている貴重な報告書である。

　この意見を１つに要約することは控えるが、賛否両論、「様々な意見」であったことを指摘しておく。たとえば、ミシガン州デトロイトでは当時１６校でゲーリーシステムを導入して教育を実施している（次年度には３０校に増加予定）が、視学官の意見には「特別教室の効用を大にし、生徒収容力を２倍にする。教師はすべて新組織に好意を有す」と肯定的な見解が示されている。しかし、ニューヨーク州シュネクタダヂーでは、１校のみ実施でこの市の視学官は「教育費を節減することにはできるが、教師の勤務時間を増加し、精力過度に用いしむるを以て、その能率を低下する故、在来の組織の方が優って居る」と旧来の教育方法の方が優れている点を語っている。テキサス州エスパソーでは、かつて３校が導入したが「教師は一般に之に好意を有しなかった」と、現在、ゲーリーシ

ステムを導入していない報告をしている。

　このように、「ゲーリーシステム」の実施状況に関する評価がアメリカ各地で様々であったことが日本に紹介されていたのである。

[表三の1] アメリカ諸都市におけるゲーリーシステム実施状況及視学官の意見

No	州・都市名	人口概数（人）	新組織学校数	視 学 官 の 意 見
1	イリノイス州ウィンネトカ	5,000	全部	・普通科目の教員数は減少しうるが、特別科目の教員数は増加せねばならぬ。 ・理科実験室、手工教室等特別教室の利用を盛んにする。 ・学校施設費を節減し、課業を豊富にし、各教科書に対して優良なる教員を置き得る。
2	ミシガン州デトロイト	850,000	現在 16校（来年度 30校）	・特別教室の効用を大にし、生徒収容力を2倍半にする。 ・教師はすべて新組織に好意を有す。
3	同州カラマゾー	50,000	全部	・小学校第2学年以下は在来の組織による。
4	ミネソタ州ミネアポリス	416,000	2校（試験的に採用）	・在来の組織のほうが優って居る。
5	ニュージャージー州バイヨンヌ	70,000	2校（試験的に採用）	・在来の組織のほうが優って居る。
6	同州ネワルク	450,000	9校	・新組織には欠点もあるが、結局新組織のほうがよい。 ・これに1ヵ月以上経験ある教師には、年収の5%の年末賞与を給して居る。
7	同州ニューブルンスイツク	38,000	1校	・収容力23%を増し、13学級に対する設備を以て、16学級を置くことができた。
8	同州バサイク	70,000	2校	・在来の組織においては生徒一人当たり1ヶ月教育費42ドル51セントであったが、新組織採用の結果、32ドル73セントに減じた。
9	ニューヨーク州シュネクタダヂー	108,000	1校	・教育費を節減することはできるが、教師の勤務時間を増加し、精力過度に用いしむるを以て、その能率を低下する故、在来の組織の方が優って居る。
10	同州ニューヨーク	—	無	・ミッチェル氏が市長であったとき試みられたが、其際、教育組織が市会の大問題となり、現今は新組織反対派の人が教育管理権を握ったので、新組織は廃せられた。
11	同州トロイ	80,000	1校	・児童に輿ふ利益極めて大。
12	同州ロチェスター	300,000	3校	・教師の努力は高まること大なるも、既往の成績良好なる故、今後続々新組織による学校を増加する筈。
13	ペンシルバニア州ニューキャッスル	36,000	4校	・新組織の成敗は、特殊科目・担任教師の素養如何による。
14	同州ピッツバーグ	504,000	全部	・成績極めて好良なる故、今後新設する学校も凡て新組織による筈。
15	同州シューイクレー	6,000	全部	・本市の学校は極めて完全なる設備を有す。 ・新組織によれば、課業を充実し、教育を社会的要求を満し得る。
16	同州スロースモア	30,000	全部	・新組織を採用するには適当なる教師を求めねばならぬ。 ・又兎角、生徒に自由を与えすぎる傾きがあるから監督を厳重にせねばならぬ。 ・新組織は完全に行うか、然らずんば全然始めぬがよい。 ・生徒一人当たり教育費は97ドル。
17	テキサス州エスパソー	77,000	無	・嘗て、3校に於いて試みたが、教師は一般に之に好意を有しなかった。

（注）1、『因伯教育　330号ー1』《（鳥取県立古文書館県史編纂室　1922（大正11）年2月）より作成。
　　　2、原資料は、オハイオ州トレドウ市商業クラブ「教育調査委員会」が調査 したもの。この結果を記載した「スクールライフ」（1920年8月号）を文部省実業学務局勤務矢田（篤）文学士が抄訳したものを上記『因伯教育』に掲載。

第六項　団琢磨のアメリカ視察

　文部省が日本にゲーリーシステムを導入した同じ年、１９２１年１０

月１５日に、三井合名会社理事長・団琢磨を団長とする２４名の実業家たち一行がアメリカ視察のため横浜港から出国した。そして、アメリカ実業界を代表してゲーリーは一行迎え、ゲーリー自身も５年前に来日したときの様子を語っている（注⑤　『男爵　団琢磨傳』４９６頁）

　視察目的を参加者の一人阪井徳太郎（三井合名会社理事）が、ニューヨークで新聞記者たちに次のように語っている。

⑴　本団は日本の各種事業を代表する実業家より成り貴国の代表的実業家と会見し財政経済及び産業上の諸問題に就き意見を交換するの目的を以て貴国訪問を企てたものである（注⑤　同書４５８頁）。

⑵　１９２１年１０月渡米した団員２４名を晩餐会に招きゲーリー氏は挨拶をした（同書４９６頁）。

と、今回の視察は、日本とアメリカとの実業家間の意見交換を目的としたものであったことを述べている。

　また、つづいて、同頁でゲーリーも５年前に来日した時を思い出して視察団を迎えた様子を次のように述べていた。

「予が今日日本から来遊せる諸君を此處に招待した主なる理由は自分勝手のものであつて、新舊知友中の有志と共に再遊の機会を作らむが為である。予は過去五年間に日本及日本人を熟知するやうになつた。予は一生の宿願として東洋に遊んで記者や旅行家の描き出した楽土を見んとするの念に堪へなかつたが、約五年前にその機会を得て一部の諸君其他多数の人々に諸處に於て面接し、爾来予の事務所は貴国の旅行者から絶えず訪問を辱ふするの光栄に浴している」

と、このアメリカ視察団を喜んで迎え入れたことをゲーリーが語った後、引き続いて「団博士は親切にも予に此處に集まられた諸君の前で予の経験から意見を述べるやうに奨められたのである」（同書４９７頁）と、団長の団琢磨との友好もゲーリーは忘れなかったことを述べている。このように、日本実業界重鎮たちとの交流に主眼を置くアメリカ実業界ゲーリーの姿勢を読み取ることができる。

第七項　ロックフェラーによるゲーリー学校『調査報告』

　アメリカ実業界、ジョン・ロックフェラーが創立した「一般教育研究会」がゲーリー学校の『調査報告』を出版した。その第一編「ゲーリー学校・総論」が日本に紹介され、内容の一部が「萬朝報」に掲載された（注⑥）。要約したものを次に掲載する。

1、「萬朝報」が伝えるゲーリー学校

　⑴　ゲーリー氏の学校組織のマネージメントは頗る複雑なものである。

　⑵　授業は普通タイプであり、特に効果ある方法が行われていることはない。

　⑶　授業結果は、社会化的教育の努力を全然無効ならしめてはいないが、未だ教育の社会化という問題を解決するには足らない、殊にその初等教育における教育の社会化という点において。

　⑷　全体の企劃を、ゲーリー式は、新教育主義を新教育施行上に実現するところの最大の困難を評価する事に失敗している。併しその誤りが非常に大なるものであるとするのは不当であり不正である。

と、ゲーリー学校は組織的に複雑であり、授業への効果が果たして存在するのか、また教育を社会化することにも問題を抱えているとしたが、しかしここで新教育を実施しようとする全体企画が「誤り」と断定することは「不当である」と、報告したのである。

2、ゲーリー学校問題の解決法

　失敗の根拠と問題を解決するためには次の6点に取り組まなければならないと「一般教育研究会」はヘンリー・ホームス（ハーヴァード大学教育学部教授）の意見を次のように紹介している。

　⑴　一学校にゲーリー式のような重荷を負わせることが可能か。

　⑵　学校のみが、すべての児童を市民として、労働者として、家族の一員として、自治体の一員として、全社会の一員として、完全なるそして忠実なる人として仕上げなければならないのか。

　⑶　ゲーリー氏はこれらを一学校に包含せしめ、そのプログラムを豊

富ならしめようとしている。

(4)　我々の教育上なすべきことは、経験を適採し、真に重要なる点を逸せざるように、十分に効果ある方法を講じなければならぬことである。

(5)　我々は、ゲーリー学校にて試みているような活動と経験とを、一学校のみに包含せず、多くの学校または他のものと共同して、より有効に得ることであろう。

(6)　一学校ですべての教育的効果を挙げるよりも、各自治体全体がより大なる計画のもとに教育的活動をした方が一層有効である。

と。つまり解決策の（1）から（3）で述べていることは、特定の学校だけに教育機能を負担させているという問題の解決策である。後半の（4）から（6）で指摘していることは、ゲーリー学校の活動と経験を他の多くの学校に拡大して、その際自治体が教育活動を企画実施することによって問題は解決するとのことである。

　以上検討したように、『調査報告』はゲーリー学校は特に実際面で効果がでるよう授業を展開している努力は認めるが、「教育の社会化」という問題までの解決に至っていないとした。つまり学校のみに限定した教育の活動と実践という教育主義の難を指摘し、活動と経験を実施する「ゲーリー学校」を特定の学校だけに負担させるのではなく自治体全体で取組むことを推奨しているのである。

　1916年9月にゲーリーが来日して以降、1919年7月までおよそ3年間、ゲーリーシステムが日本の実業家たちに広く知られるようになったり、アメリカ視学官の意見も日本に紹介されるなど、さらにアメリカ実業界の調査機関がこのシステムに関する調査を実施したことなどをふまえて、その結果を1919（大正8）年7月に日本教育界に紹介した歴史を考察すると、このシステムを日本に広く普及させようとした普及活動であったと考える。

第二節　全国小学校長団視察の歴史的意義

　雑誌社「実業之日本社」が創業２０周年記念事業のひとつとして全国の教師を募集して１９１７（大正６）年９月１９日から１２月２８日まで、教育視察団１２名をアメリカに派遣した。帰国後、団員たちは視察報告を兼ねた講演活動を展開した（注⑦）。

　ゲーリーシステムに関する視察校として、同年１０月１９日（金）にエマーソン学校とフレーベル学校の２校を訪問している。この報告書は佐々木吉三郎編『渡米小学校長団視察報告』として、１９１９年２月５日に実業之日本社から出版された（注⑧）。

第一項　渡米小学校長派遣者名と所属及び報告内容

第一部　旅行記（１～３１６頁）　　伊藤房太郎（東京市愛宕高等小学校長）

田村作太郎（京都市第二高等小学校長）

第二部　各箇研究報告（３１７～６０４頁）

　一、米国教育制度の概要

佐々木兵四郎（名古屋市東白壁尋常小学校長）

　二、米国小学校の設備概略

佐々木兵四郎（名古屋市東白壁尋常小学校長）

　三、教授法の実際　　　森隼三（大阪府池田師範学校附属小学校主事）

　四、露天学校と田園学校　岩本豊（福岡県嘉穂郡稲葉尋常高等小学校長）

　五、米国農村の状況

小出門次郎（新潟県南蒲原郡下田尋常高等小学校長）

　六、活躍せる米国の幼稚園教育　　　　岸邊福雄（東洋幼稚園長）

　七、米国の婦人と其の教育　　　山本盛太郎（横濱市横濱小学校長）

　八、米国婦人問題　　吉光昇（広島縣巴斐町巴斐尋常高等小学校長）

　九、米国の社会教育　　　木村辰次（兵庫県有馬郡道場小学校長）

　十、紐育市の慈善事業　　　鈴木又衛（北海道札幌中央創成小学校長）

　　十一、戦時に於ける米国　森隼三（大阪府池田師範学校附属小学校主事）
　第三部　決議（６０５〜６４４頁）
　　　　　　　団長佐々木吉三郎（東京高等師範学校教授兼同校附属小学校主事）
　　　　　跋　　　　　　都倉義一（実業之日本社理事・実業之日本主筆）

　なお、前文部大臣岡田良平がこの『報告書』に寄稿して「実業之日本
社の発意に拠り渡米せられたる小学校長諸氏は、米国教育の長所を輸入
するに於て少からず貢献せられた　大正八年一月　」（同書「序」３頁）
と、渡米視察を評価した。
　また、男爵渋沢栄一もこの『報告書』の中で「知、意、体の三育併進
の必要を認め、之が実現に努力し来つたものである。（省略）我国の小学
教育は文字を教へ知識を授けることは相當に進んでゐるが、感化薫陶と
いふことに於て遺憾とする所が少くない　大正七年十二月下浣　」（同書
「序」６頁）と、「知、意、体の三育」の必要性を指摘し、従来の小学校
教育の問題点を指摘した。
　新渡戸稲造に至っては、「米国の社会、人情、風俗、習慣、殊に教育の
実際を研究され、爰に其成果を集めて一巻となし将に世に公にせられん
とす」と、今回の視察がアメリカの社会、特に教育等の現状を日本社会
へ紹介したと、その貢献を評価した（同書「序」１３頁）。
　同じく、実業之日本社長増田義一は「従来の所謂海外視察なるものは
官吏、学者、実業家の一局部に限定せられ、国民教育の最重最要の地位
にある初等教育家が全く閑却せられてゐた　大正八年一月」（同書「序」
１６頁）と、今回のアメリカ視察団がこれまで実現しなかった小学校長
（教育者）たちであることを強調して、視察を大いに評価した。

第二項　『報告書』の作成と普及

　団長の佐々木は、「視察旅行中に調査し得たる結果を詳細に記録し、宿
泊中又は汽車中に於て、此等日記につき、報告会を開きて、相互に見聞

の交換を行ひ、帰航の途中、更に、各分担事項に彙類して報告会を開き、審議討論し、視察の要領を握ることを得た」と報告書の作成過程を述べている（同『報告書』「序」２２頁）。

　また、視察内容の普及について、増田は次のように評価した。

　「視察の結果は各方面に於て報告的に講演せられ、米国の真相に関する正しき理解を国民に普及せしめ、（省略）此機会に於て一行が正当に視察し理解した知識を我国民多数の間に普及するを得た」（増田義一　「序」１９頁）と。さらに佐々木は、「筆記に忙殺され、暗記に疲れ、試験に苦しみ、学業を尊んで勤労を厭ふものゝ輩出する我国は、今少し、実際的、練習的、作業的に教育し、学ぶと働くとを調和する必要ありと信ず」と要望した（『同書』　６２８頁）。

　そして、今後日本教育のとるべき方向性に関して、我が国は物質文明に後れて財力に欠乏しているが、読み書き算盤の反復にのみに没頭して職業を厭い、高等遊民になろうとする風潮に対して、我が国の有識者に向って、反省と熟慮をして速やかに適当の方策を樹立することを希望せざるを得ないと、佐々木は教育方策の樹立を希望したのである。

　視察記録が詳細に記され、アメリカ社会を知る貴重な歴史的資料である。使節団の団長に選出された佐々木が前掲『視察報告』の「渡米小学校長団決議」（「同『報告書』第四目　実習尊重）《６２７頁〜６３０頁》でゲーリーシステムを含めた中等学校のあるべき姿を提起していることは注目しなければいけない。特に、その姿としてアメリカ社会が空論の国にではなく実行の国であり、労働が尊重されて勤労が成功の最も確実なる国であると指摘している。

　次にアメリカ国民は「国家経済上、学理のみならず、よく実地に当り、実務を実現する」（同『報告書』　６２７頁）ために、ゲーリーシステムを中等学校において実施している国であると、アメリカ教育社会の現状を指摘したのである。

第三項　佐々木吉三郎の教育実践

　１９２６年、佐々木はおよそ１１年間にわたる自分の教育実践を『教育論集』にまとめた（注⑨）。その中で「実業之日本社」のアメリカ視察団長として視察に向った決意と、アメリカ国民の実行主義・勤労主義的性格について語っている（注⑩）。

　その内容はまず、支援してくださった男爵渋沢栄一には、「一行のために美を尽くした銀行倶楽部に、送別の盛宴を開いて」いただき、増田義一（実業之日本社長）にいたっては、「真に教育者の使命を認め、教育者を尊敬し、其の見聞を拡め、気魄を大ならしめ、教育者の品位を向上せしめ、教育者を幸福たらしめんとの趣意」をもって支えて頂いたことに感謝している旨を語った（１４７頁）。以下、佐々木の教育論と教育視察の必要性を紹介する。

　第１に米国における産業と学理について、「製造工業、貿易の進歩は、頭脳なくして出来るものではない。其所には、学理がなければならぬ。其の学理の応用がなければならぬ。米国は新進の学問国である」（１４７頁）と、産業の進歩には学理の応用が必要であることを指摘した。第２に、米国の国民性について「彼等は、朝から晩まで道徳を口にしては居らぬが、実行主義である。勤労を尊び独立を重んじ、空理ばかり談じて居らずに、実際に生き居る国民である。（省略）彼等は、能く勤め、能く遊ぶ」（１４９頁）と、勤労主義に尊重する国民性を備えていることを指摘した。そして、アメリカ教育を日本の教育者たちが視察するよう、次のように提言した（１５０頁）。

　　「これまで我国朝野の名士は皆米国を視察したが、教育者の視察団は始めてゞある。其の見識に於て其の品性に於て、日本の知識階級、道徳程度を代表する様に見られるであらうから、其の任や実に軽からざることである。

　　（省略）吾々は彼国の家庭を見、社会を見、学校を見る時に、此の重任を果さんがために、最善の努力を尽さねばならぬ《六・一〇・一》」

と、教育者視察団としての責任を果たす決意も佐々木は述べた。

第四項 「東京市教育会」への派遣要請

　今回のアメリカ視察が教育者による最初の「視察」であることを確認し、今後アメリカ教育視察を実施して欲しい旨を佐々木は提案し、１０日後にアメリカに出発する「東京市教育会」派遣小学長団視察を評価して次のように海外視察を奨めている（注⑪）。

　1、外国を見ずして単に書かれ論ぜられたる表面を見、土地の事情を願慮せさりし軽浮なる読書人中に不健全な思想を有つた例はある。

　2、政府の力で出来得ぬならば、かゝることの企に、十分の同情と感謝とを以て対すべきである。而して、将来、実業学校、中等学校、高等学校の教官が、続々海外視察をし得る機会を作る様に尽力すべきである。

　3、我等は、飽くまでも教育者の海外視察の必要を連呼して止まず、第三回第四回海外視察小学校長団を送るの日あらんことを、熱望して止まぬのである《七・一〇・一》。

このように、教育者自ら海外視察を実施することを佐々木は強く叫んでいたのである。

　また、実業之日本社を研究した馬静は、派遣した会社が視察内容に条件をつけず、旅費はすべて会社が負担したこと、帰国後に国内十数ヶ所で参加した教育者たちが視察報告会を開催したことなどから、「この記念事業は前代未聞の『教育義挙』として極めて大きな反響を得ることになった」と、会社が奨めてきた海外教育視察の歴史について、大きな評価をしている（注⑫　馬前掲「論文」１２８頁）。

第三節 「東京市教育会」視察の歴史的意義

　実業之日本社がアメリカ教育視察に小学校長達を派遣した翌年、東京市教育会も市内から派遣者を募って代表者８名を渡米させた。１９１８（大正７）年１０月１３日から翌年２月８日まで約４ヶ月間のアメリカ教育視察であった（注⑬）。

第一項　「東京市教育会」の派遣

　「第2回連合教育会・大阪大会」で東京市教育会が都市教育の発展に
向けて、「大都市連合教育会ハ其ノ主催ノ下ニ、毎歳市立小学校長ヲシ
テ、欧米諸州ノ学事ヲ視察ヤシムルコト」という提案をした。審議の結
果、すべての参加者の満場一致でヨーロッパ、アメリカの教育視察が実
施されることが可決したのである（『米国の教育』1頁）。しかし、「連合
教育会」としての視察が実現できず、翌年10月13日から約4ヶ月間、
「東京市教育会」校長8名のみが「単独で」、次の課題をもって視察を実
行することとなった。

　　　1、守屋恒三郎・団長　　　　　「米国教育視察経過報告と所感」
　　　2、松下専吉　　　　　　　　「戦時に於ける米国民の活動」
　　　3、笹野豊美　　　　　　　　「在米同胞の活動状況」
　　　4、齋藤民治　　　　　　　　「米化教育」
　　　5、寺島実　　　　　　　　　「米国の児童」
　　　6、藤岡眞一郎　　　　　　　「米国の小学校教育に就いて」
　　　7、小菅吉蔵　　　　　　　　「米国の社会教化事業」
　　　8、湯澤直蔵　　　　　　　　「米国の家庭」

　これら8項目の課題は、日本に帰る船の中で、2月4日に開かれた「第
一回講演会」でそれぞれ報告された。後日、その報告内容がまとめられ
たのが、1920（大正9）年5月27日に編集した『小学校長団の観
たる米国の教育』（佐藤出版部）である（注⑭）。

　高木兼寛（東京市教育会長・男爵医学博士《東京慈恵会病院設立》）は
今回の渡米視察派遣の目的を　1、国民教育者養成機関の改善　2、国
民教育者の向上、の2点をあげて、守屋恒三郎団長以下8名を派遣した
ことを述べている（同書「序」1頁）。

　なお、この『米国の教育』（前篇194頁、後編476頁　計670
頁）は広範囲に配布された。また、帰国した校長達は講話会に出席する
など、多忙な日々を過ごさなければならなかったことを、「団員諸子が、

帰来一年有半。市内郡部及び遠く他府県に亘り、演説に、講話に、其見聞と所感とを、披露宣傳せること、数十百回、為に及ぼす所の好影響、良刺戟や、測られざるものあらむ。」（同書「序」２頁）と、『米国の教育』は述べている。

第二項　エマーソン校の視察

　視察団一行が最初に訪問した学校がゲーリーシステムを導入した代表的な学校で「我国にも普く紹介せられ居候」（同書　５８頁）と評価されている「エマーソン学校」であった。

　同年１１月２０日午前１０時から約２時間、学校が社会の中心として如何なる実践をしているかとの課題を持ち、学校現場での実状を詳細に視察した。その内容を次の６点にまとめているので紹介する。

　１、今、使用している机腰掛けがすべて木工室で生徒の手による製作。

　２、学校で使用するレポートその他の印刷物がプリンテングルームでの生徒による印刷。

　３、昼食は学校の割烹教室からのもの。

　４、すべての電力が学校の物理教室の延長である機械室から送られる。

　５、銀行、購買部、野菜園などがあり、実際に取引がされる。生徒が製作した学用品を販売し、野菜園で生産した作物も販売する。この夏、百ドルの売り上げ収入があり、すべて教えたことが生かされている。

　６、機械工場、指物工場、鉛管細工場、大工工場、ペンキ塗工場、亜鉛細工工場、陶器製造所、動植物飼育場、遊泳室、公園的大運動場、講堂等々、あらゆる設備が整備されている。

　ゲーリー校の１つである「エマーソン学校」の教育を視察団一行は報告したのである。

第三項　フレーベル校の視察

　１１月２０日午後には、生徒数２千２百人を収容する「フレーベル学校」を参観した。

　守屋恒三郎団長は『米国の教育』（第１０信６０頁）で「エマーソンスクールよりも設備新らしきだけあり其の規模も一層廣大に、且つ施設も一層能く整頓せられ居る」と、２つ目のゲーリー校を視察記にまとめた。

　そして、「大同小異なれば説明は省略いたし候」と詳細な報告を省きながらも、守屋は「午後四時三十七分発の列車にてシカゴに相向ひ候」と、「僅々十数年間にして茫々たる荒野に人口十数萬の大都市を現出せしめたる彼のゲーリー氏の鉄工場の光なりしに御座候」と車窓に広がるゲーリーの街の様相を書き記している。

　視察団一行は、デューイが語る「教育は生活其の物ならざるべからず」という実態を視察した結果、「其の施設現時の我国教育に対し大に参考とすべき好資料と存ぜられ候」（同書　５８頁）と、ゲーリー校の施設の有効性を指摘して、日本教育に大いに参考資料とすべきことを指摘した。また東京市教育会長高木兼寛も教育視察の結果次のように高く評価している（注⑮）。

　　「知識を世界に求めよとの、維新宏謨の叡旨にも副ふに庶幾かるべし。（省略）国民教育界の改善向上を促進したるのみならず、又よく社会が国民教育を尊重し、其教育者を優遇せるの実を明かにせるものたるを見るべきなり」と、欧米教育視察の成果をまとめた（『米国の教育』「序」２頁）。

第四節　デューイ来日講演とゲーリーシステム導入推奨

　ジョン・デューイ夫妻が１９１９（大正８）年２月９日から約４ヶ月間日本に滞在し、東京、京都、大阪、神戸等で講演会を実施した。この来日講演によって、デューイはゲーリーシステムを日本教育に導入する歴史的意義を直接語っていた。

　第四節では、デューイの講演内容を検証することによって、日本教育

にどのような影響を与えたのかを明らかにする（注⑯）。

第一項　東京講演
１、東京講演内容
　２月に８回ほど東京帝国大学で講演をした（注⑰）。その内容は「教育」をその目的と手段とに分けて講演し、教育の社会性を重要視したものであった。その要旨を次に掲載する。
　⑴　従来の教育は伝統的に準備として考えられてきた。それは将来に備えての智識や技術を習得することで「善良なる」市民となり、学問研究に必要な習慣を養うための教育であったとの見解。
　⑵　教育とは経験の絶えざる再構成を唯一の目的としたものであり、今、成長の過程にあると考えるならば教育は準備でない。現在から得られる限りは教育がある。技術を習得したり智識を習得して、教養を獲得するのが教育の目的ではない。成長を継続するための手段であるとの見解。
　⑶　教育の社会性についての講演で、人間は社会的動物であり、社会との相互依存から生じる教訓は人間にとって重要であり、児童期における意識的な教育は社会進歩の手段であるとの見解。
と。とくに教育とは経験の再構成であると規定したデューイは、教育は技術や知識の習得とか教養の獲得が目的ではないことを明言した。すなわち、教育がもつ本来の目的は何であり、そしてその目的を達成するためにどのような手段をとるべきかという趣旨でデューイは講演をしたのである。教育とは人間が成長するための手段であるとのデューイの見解は、日本にゲーリーシステムという教育方法を具体的に導入する時、大きな示唆を与えた見解であると考える。
２、デューイ来日目的
　東京帝国大学における講演会をまとめた、デューイ前掲著『哲学の改造』の「はしがき」には、「東京帝国大学哲学科の各位、友人小野博士お

よび新渡戸博士の御好意並びにご援助」と、来日に関ってデューイは多大な支援を受けていたことを示している。

このデューイ来日については、前述「笠松論文」で詳細に述べられている。この論文によると「友人小野博士」とは小野栄二郎であり、小野はミシガン大学留学中にデューイの知遇を得ていたという。帰国してから小野は同志社教授に就任した（１８９１年）。その後、渋沢栄一が要職を務める日本興業銀行に入行し、１９１３年に「副総裁」に就任した経済人であった。小野は、デューイ夫妻の日本滞在に要する経済支援を渋沢に要請している。

「新渡戸博士」（東京女子大学学長）はデューイ来日にあたり夫妻を自宅に滞在させている。新渡戸はデューイとは個人的な親交があり、民本主義者吉野作造とは東京帝国大学での同僚（１９１８年まで）という間柄であり、渋沢栄一が設立した「日米関係委員会」の会員でもあった。

このような経済人たちの支援を得て大正デモクラシーの高揚する１９１９（大正８）年２月に、デューイ来日講演が実現したことを笠松は「日本の民主思想が、デューイのデモクラシー論に共鳴し彼の東京帝国大学講演が実現した」と、来日講演の意義を述べている（同論文　３１頁）。

デューイを研究している笠松幸一がデューイ来日目的は、１９１６年に吉野作造が提唱した「民本主義」等を背景とした大正デモクラシーが日本各地で起こっている社会情勢で「デューイの思想」を確かなものにするための招聘であったと指摘した（注⑱）。そしてこの東京講演でデューイは、社会的動物である人間は社会との相互依存から生まれる教訓をもとに、教育の社会化を求めることを推奨したのである。

第二項　京都講演

1、講演内容と水崎基一

同年４月１９日（日）午後２時半から、「京都市公会堂」で、「安藤市長の開会の辞に次で米国コロンビア大学教授ジョン・リウ井―博士、聴

衆の熱心なる拍手に迎えられて登壇、『社会教育に就て』と題し、<u>水崎同志社大学講師の翻訳を以て</u>」講演をした（下線筆者）（注⑲）。

　その内容をまとめると、学校において生徒達は知識を交換し経験をもって切磋琢磨することを第一とするが、社会との交渉を没することはいけない。学校時代に実社会で如何なる処方をするかの準備をすること、すなわち教育を社会化することであるとの講演であった。

　なお、京都講演会に関して、同志社大学水崎基一がデューイ夫妻を案内し講演内容を通訳していたことが新聞に掲載されている（注⑳）。

　ゲーリーシステムを日本に導入する歴史において、デューイの教育思想を直接体得した水崎が講演を「通訳」してその内容を訳述したことは、淺野綜合中学校の設立と関連して大きな意義をもつものと考える。

2、新聞報道

(1) 『大阪朝日新聞』

　　また『京都日出新聞』以外でも、『大阪朝日新聞』が１９１９年４月２１日に《戦ひに勝つ教育法　自動的精神、個人的責任の鼓吹》との見出しで「京都講演」を掲載している（神戸大学「新聞記事文庫」教育１９―０１８）。この記事を見ると、第一次世界大戦を振り返ってデューイはドイツとアメリカの教育の違いを次のように指摘している。

　　　「今回の大戦の径行を見るに独逸は文化的制度教育、米国は相互大観的教育法にして、独逸は忍耐力研究心を有すれども、運用的なるを以て一旦欠陥に際せば即ち瓦解す。之に反して米国教育法は自動的精神に富み、各個人は各責任を感じつゝあるを以て今回の大戦に勝利を博したるなり」

　　と、教育のあり方の違いによって、戦争の勝因を左右したことを述べている。

(2) 『京都日出新聞』

　　先述したように、『京都日出新聞』で講演内容を訳述した水崎は、

ドイツ教育を「分科的専門的なる教育法」と、英米教育を「総合的
普遍的なる教育法」と翻訳しているが、『大阪朝日新聞』ではドイツ
教育を「文化的制度教育」、英米教育を「相互大観的教育法」と掲載
している。新聞によって翻訳の言語的差異はあるが、ドイツとイギ
リス・アメリカとの教育方法を比較して、その優劣をデューイが講
演で論じたのである。

3、京都大学講演

　デューイの来日講演を分析した論文に、森本正一「日中の教育比較論
―デューイの影響を中心に―」（仏教大学『教育学部論集』１９９４年３
月１１日）がある。京都帝国大学でもデューイ講演会が２回実施された
ことを森本は述べている（同論文　５５頁）。中央の新聞ではなく、京都
を中心とした地方紙『京都日出新聞』がデューイの京都滞在中の動静に
ついて克明に記事にしていることにデューイ来日の歴史的な意義を見い
だす。また、デューイの京都滞在中の動静については、水崎基一の果た
した役割が多大なものであったことも明らかとなった。

4、水崎基一の役割

　「京都市公会堂」での講演会３日前、４月１６日にデューイは京都帝
国大学で講演会をしている。次に示す史料は、『同志社女学校期報』誌か
ら同志社女学校への来校者名と動向の記録を、同志社女子大学教授宮沢
正典が日付ごとに集大成したものであり、これを掲載した「同志社女学
校への来校者―明治～大正期―」（『同志社談叢』第３２号、２０１２年
３月）を参照して、デューイ来日の実証過程をデューイ欄を抜き出して
考察することとする（同１４４頁）。

　「4.16　デイヴィー博士（コロンビア大学教授）夫妻、水崎基一の案内
によりて来訪、昼食、同氏の帝国大学に於ける二回の講演には英文科三年
生に聴講を許されたり」（下線筆者）

　すなわち、この史料にはデューイ夫妻の同志社女学校訪問と水崎が京
都案内をしたことが記録されている。そして京都帝国大学の２回の講演

会には同志社女学校英文科３年生たちが聴講してデューイの教育思想を学ぶ機会を水崎は提供していることを記録している。

　デューイは４月１９日の「京都市公会堂」での京都講演会が終了した後、午後６時から祇園中村楼での招宴に招かれている。この宴には京都帝国大学総長や各文科大学学長等が来賓として出席していることを『大阪朝日新聞』（１９１９年４月２０日）は掲載している。

第三項　大阪講演

　４月２４日（金）午後３時から「中之島公会堂」で講演会が行われ、大阪市長・助役をはじめ、大阪市内の各小中学校教員や学生たち約千数百名が参加した。演題は「社会教育」であり、デューイは「社会教育は良市民を造る要素」と位置づけて、教育を社会化する方法を講演したのである（注㉑）。この大阪講演会には小学校や中学校の教員たちが参加してデューイの教育思想を学習したことを指摘する。

１、講演内容

　大阪講演の内容は次の３点であった。

⑴　学校はひとつの協同社会、換言すれば学生の社会であること。

　　この意味するところは、学校と社会とを別に考えるのではなく、学校は社会への準備場所、用意された場所として存在するのではないということである。もし、モノの理屈を覚えるのみで実社会に顧慮しない時は、社会に出でて溺れる。これは教科書での勉強において、たとえ、優等の成績を得ても真の教育の効果はありませんとの講演であった。

⑵　科学の教育を普及すること。

　　デューイは大阪講演で「科学教育」を強調した。現代社会が「科学応用の生活」の時代であって、「科学」がなければ今日の発達は到底考えられないという講演をした。デューイは事例として、「電気汽車」を挙げ、現代社会の原動力としての「科学の力」を如何に強大

にするかが最も必要なことである、との講演をしたのであった。

（3）　手芸活動を尊重すること。

　　　デューイ教育思想の主たるところであるが、人を教育することは書物を読み、目を通じて智識を獲得することであると考えがちであるが、現代社会は頭の教育のみならず実社会で働くことを教えることにある、との講演であった。

　すなわち、大阪講演で、共同社会としての学校、科学教育の普及、そして手芸教育の重要性等々、あらゆる方面に発達する教育をすべきことを述べた。つまり人間が社会化する教育を徹底的に施せば平民的な良市民を育成することが出来ると、デューイは自分の教育理念を述べ、最後に、教育者は現代社会を今少し良くしようとする、第2の人を造るべき理想をもって教育に当たって欲しいと要望していたのである。

2、談話内容

　講演前デューイは大阪市学務課長らとの談話に応じて、「昔のような学者をつくるための教育といったやり方では駄目で、学校は知識を与えるばかりの場所でなくそこでは学生達がお互いに社会生活の練習に努めることが肝要だ」と、教育の社会化の重要性を語っている（前掲「森本論文」55頁）。

　また、『大阪朝日新聞』を参観した時の談話でデューイが、「自分は日本の社会問題は大阪が最も適切な研究地と聞いて居るからこれから数週間支那に漫遊後再び来阪し大に研究したい」と大阪の研究的位置づけを語ったいたことが注目される（前掲「森本論文」53頁）。

第四項　神戸講演

　大阪講演を終えたデューイは、2日後、4月26日（日）午後3時から神戸市主催で開催された「教育講演会」に臨んだ（注㉒）。演題はこれまで京都、大阪で講演した演題と同じ「教育の社会化」であり、会場が神戸市立神戸高等女学校であった。《この記載には「化学の力」との項目

を設置しているが、デューイの趣旨から「科学の力」と解釈した。》

　次にその内容を要約する。

1、講演内容

　⑴　教育の目的を良い市民を造ることとし、労働者として働き、隣人
　　として親切に、友達と信頼されるように指針をもつべきであると、
　　デューイが語る教育目的論を展開した。教育の力によって労働者の
　　生活程度を上げることは産業能率を増進させる要因であり一国家の
　　繁栄の原因であると、デューイは「教育の機能」を位置づけた。

　⑵　この「教育の機能」を踏まえて、民衆を教化することが教育の使
　　命であって、学者を造ることではなく、日常生活で科学の力を小学
　　校から理解させることであると強調した。

　⑶　ゲーリー学校で行われている教育を具体的に講演した。特に手芸
　　教育が必要であることを強調した。木工を課すことも、裁縫を教え
　　ることも必要であり、これらの教育は労働することを尊敬し、発明
　　することを施すことであるとも語った。なかでも、ゲーリー学校で
　　は、学業、労働、遊びの三教育を実施しているが、更にもう一つ、
　　道徳における「犠牲的精神」を教えることも重要であり、それは、
　　「あそぶ」ことの大切さを教えることであると、デューイは指摘し
　　たのである。

　⑷　最後に、近代教育を封建的な一部階級が教育を独占したものと捉
　　えるのではなく、一般に普遍させることが大切であって、社会生活
　　と密接な関係を持ち、「教育を社会化する」ことが近代教育の特徴で
　　あると、「教育の社会化」をデューイはこの講演で強調したのである。

2、「教育の社会化」を目指すゲーリーシステム特集『大阪朝日新聞』

　神戸講演を終えた翌日から、この「教育の社会化」に関して『大阪朝
日新聞』は特集を組んで４月２８日から３０日まで３日間、連続してデ
ューイの見解を掲載している（注㉓）。

　この連載内容は、デューイの「京都講演」を同志社大学水崎基一が『京

都日出新聞』（４月２０日付《夕刊》と２１日付《夕刊》）に「社会教育に就いて（上）・（下）」と翻訳したものとほとんど同じである。しかし、「コロンビヤ大学教授デューイ博士」が「ゲーリー学校」の存在を全面に出して「教育の社会化」論を講演した、その意義を読み取ることができる。

　まず、今回の講演目的を「私は交換教授として日本に於て既に幾度か講演を試みましたが特に教育者のみの為に講演をするのは今回だけであります。私は此の機会に於て『社会化せる教育』なる演題の下に講演を試みようと思います」と、演題目的を明確化して講演を開始した。

　次に「社会化せる教育は殊に神戸市の如き人口稠密し産業の発達せる都会に於ける普通教育に必要である」と、神戸市だからこそ「教育の社会化」は必要であると語り、教育の目的が「善き公民を養成する」ことであるとし「社会化せる教育が知らず識らずの間に善き公民を養成し公民としての理想と覚悟とを有せしめ」ると、デューイは講演をまとめたのである。

　以上、４ヶ月にわたるデューイの来日講演の動向を検証してきたが、とくに神戸講演ではデューイが「日常生活と社会化せる教育とを結ぶ」方法を学校教育に求めて「物質科学の理解及応用と手芸手工の応用」教育を実現するゲーリースクールの推奨を語ったところに歴史的な意義が存在すると考える。

　デューイは「日常生活に必要な物を造り、修繕し、又は工夫する能力を養い」、「労働に対する尊敬の念」を持つ教育理念を実現している学校として「ゲーリーの創設せる小学校」をこの講演で事例として示したのである。すなわち、完備せる工場を設けて、生徒をして労働せしめて、「労働と遊戯とを同じ程度」にした教育をし、社会に出て直ぐ役に立つことを教えている「ゲーリー学校」を神戸の教育者たちを前にしてデューイは具体的に紹介したのである。

【注釈】

注① 『中外商業新報』（神戸大学「新聞記事文庫」移民および植民7―047　1916年9月7日）。

注② 「ゲーリー氏と其事業」についての渋沢栄一の見解。以下、引用は『竜門雑誌』（第342号　第31・32頁　1916年11月）による。《渋沢栄一記念財団『渋沢栄一伝記資料』参照》

注③ 『竜門雑誌』を発行する「竜門社」は、渋沢栄一が造ったものではなく、渋沢を慕って渋沢邸（深川福住町）に寄寓していた書生たちの「勉強会」が始まりであったが、1886年に「社」として誕生したのである。その後「社則」を定めて雑誌『竜門雑誌』（現在、『青淵』と改称）を発行している。1924年に財団法人、2003年に「財団法人渋沢栄一記念財団」と名称を変更し、2010年に公益財団法人となっている（渋沢栄一記念財団「渋沢栄一Q＆A」《活動・業種》）。

注④ 「渋沢事務所抄譯」として、『竜門雑誌』《第345号》（「翻譯」1917年2月25日発行）72頁に、「娯楽主義の『ゲーリー』公立学校」の歴史、組織等が紹介されている。

注⑤ 『男爵　団琢磨傳』（共同印刷　1938年1月28日）《故団男爵傳記編纂委員会》。

注⑥ 『萬朝報』（神戸大学「新聞記事文庫」教育20―005　1919年7月15、16日）。

注⑦ 雑誌社「実業之日本社」は、読売新聞社記者で衆議院副議長や大日本印刷初代社長を勤めた増田義一が創立した「大日本実業学会」が母体である。20世紀初頭、日本出版業界ではじめて地方の小売書店に販売を委託する方法を採るなどして発行部数を延ばした。「実業之日本社」の研究に関しては、馬静「実業之日本社の研究―近代日本雑誌史研究への序章―」（東京外国語大学大学院博士学位論文　地域文化研究科博士後期課程《『東京外国語大学図書館叢書』　2006年度》）がある。

注⑧ 佐々木吉三郎編「渡米小学校長団視察報告」（実業之日本社　1919

年2月5日）。以下、佐々木前掲編『視察報告』と略す。

注⑨　東京高等師範学校初等教育研究会編『佐佐木吉三郎教育論集』（日黒書
　　店　１９２６年５月１２日）。以下、初等教育研究会編『教育論集』と
　　略す。

注⑩　前掲編『教育論集』（４５・「渡米にのぞみて」　１４８頁）。

注⑪　前掲編『教育論集』（５６・「東京市派遣渡米小学校長団諸君を送る」１
　　８７頁）。

注⑫　前掲馬静「博士論文」によると、人選は各府県の推薦を受けて文部省が
　　選出したが、最終的には１２名で団員を結成し、団長には東京高等師範
　　学校教授佐々木吉三郎、団長補佐には東洋家政女学校校長・東洋幼稚園
　　長岸辺福雄が任命されたことを指摘している。

注⑬　東京市教育会の渡米視察前に、１９１７（大正６）年１０月１９日から
　　３日間、「大都市連合教育会」（東京、大阪、京都、横濱、名古屋、神
　　戸、福岡、広島、金沢、仙台）が大阪で開催された。

注⑭　東京市教育会編纂『小学校長団の観たる米国の教育』５８頁。以下、東
　　京市編纂『米国の教育』と略す。

注⑮　守屋恒三郎は日比谷図書館主幹として、東京市立図書館（市内１９館
　　《１９１４年現在》）を日比谷図書館を中心に体系化する機構改革を実
　　施している。日本の社会教育（当時は通俗教育）の発展に貢献したと、
　　歴史的に評価されている（奥泉和久「『市立図書館と其事業』の成立と
　　展開」（『図書館界　５２巻１３』２０００年１０月）。

注⑯　１９１９（大正８）年２月９日横濱港に来港、４月２７日神戸港を出港
　　まで約４ヶ月間の来日であった。日本でのデューイ夫妻の来日に関して
　　は、渋沢栄一、新渡戸稲造、姉崎正治（東京帝大哲学教授）、桑木厳翼
　　（同教授）、小野英二郎（興業銀行副総裁・ミシガン大学卒業生）らの
　　招請によることを笠松幸一は述べている。（笠松幸一「日本の民主思想
　　が実現したＪ・デューイの東京帝国大学講演」《日本大学経済学部『研
　　究紀要』７５号　２０１４年１月》）。

注⑰　デューイによる「東京講演」が東京帝国大学で１９１９年２月～３月に
　　　都合８回実施されたことが「日本におけるデューイの重要な仕事」であ
　　　ったと前掲笠松論文は位置づけている。その後、講演内容は１９２０年
　　　にアメリカで出版され、日本では、デューイ著『哲学の改造』（岩波書
　　　店）として清水幾太郎・清水禮子共訳で１９６８年に出版されている
　　　（同著　１５７頁～１６１頁）。

注⑱　来日の目的に関しては、前掲笠松論文。

注⑲　デューイによる「京都講演」については、『京都日出新聞』（１９１９年
　　　４月２０日朝刊）が「教育講演会」との演題で前日の１９日に実施した
　　　ことを掲載している。

注⑳　この動向について、『京都日出新聞』は「教育講演会として１９日午後
　　　２時半より市公会堂に於て講演されたる大要を水崎氏の訳述に依り摘記
　　　すれば左の如し」（下線筆者）と、４月２０日付《夕刊》と２１日付《夕
　　　刊》と２日間にわたって、「社会教育に就いて（上）・（下）」との見出し
　　　で、水崎基一が訳述した講演内容を掲載している。

　　　　水崎は、１９０８（明治４１）年３月に東洋汽船会社を辞任したあ
　　　と、同年４月から１９１８（大正７）年１月までおよそ１０年間、京都
　　　同志社に「入社」している（淺野綜合中学校『追悼』《１９３８年１１
　　　月》　４頁）。

注㉑　デューイによる「大阪講演」については、『大阪毎日新聞』（神戸大学
　　　「新聞記事文庫」教育１９―０３５　１９１９年４月２５日）《デ博士
　　　の講演中之島公会堂に於て》。

注㉒　デューイによる「神戸講演」については、『東京日日新聞』（神戸大学
　　　「新聞記事文庫」教育１９―０４３　１９１９年４月２７日）《教育の
　　　社会化》。

注㉓　「社会化したる教育（上・中・下）」特集については、『大阪朝日新聞』
　　　（神戸大学「新聞記事文庫」教育１９―０５１　１９１９年４月２８日
　　　～３０日）。

第四章　教育の総合化に向けた私立・淺野綜合中学校

　第四章、第五章において、ゲーリーシステムを導入して学校教育を展開した中等学校の事例を具体的に検討する。あらかじめ事例校の導入時期を確認しておく。

　☆［資料］日本教育への「導入」事例研究

　　一、「綜合中学」として導入・実証分析（第四章）

　　　• 私立淺野綜合中学校（のち私立浅野学園）

　　　　１９２０（大正９）年１月設立認可・４月「ゲーリースクール」実施

　　二、生徒急増対策として導入・事例紹介（第五章第一節）

　　　• 東京府立第四中学校（のち東京都立戸山高校）

　　　　１９２１（大正１０）年４月・「ゲーリー式教室利用法」実施

　　三、産業構造変化に対応して導入・事例紹介（第五章第二節）

　　　• 大阪府立職工学校（のち大阪府立西野田工業学校）

　　　　１９０８（明治４１）年４月開校（定員２４０名）

　　　　１９２１（大正１０）年４月・「交互教授法」採用、定員増（３４５名→６００名）

　その他、東京府立第二高等女学校（のち都立竹早高等学校）、東京府立第五高等女学校（のち都立冨士高等学校）への導入が知られているが、具体的な考察は後日の研究に委ねることとする。なお文部省は１９２１（大正１０）年４月に「ゲーリースクール」の実施を達示した。

第一節　水崎基一によるゲーリーシステム導入

第一項　ゲーリーシステム研究の動機

　淺野綜合中学校第１期生浜野駿吉は、初代校長水崎基一がゲーリーシステムを導入した動機となった、当時第一高等学校教授和田八重造との

出会いを語っている（注①）。

1、和田八重造と三宅驥一からの視察提言

　ゲーリーシステム導入の動機を水崎に直接与えた和田は東京帝国大学教授三宅驥一の愛弟子の１人であった。愛弟子とは次の３人である。

(1)　和田八重造（第一高等学校教授・鉱物学）

　　『信州産岩石鉱物標本』に関する説明書を１９１０年に作成している。

　　淺野綜合中学校に１年間勤務し、浜野と同じ「理科」を担当している。

(2)　向坂道治（東京帝国大学理学部選科生）

　　東京帝国大学理学部、早稲田大学教育学部教授として植物学を専門。著書として『大綱日本植物分類学』（共著）を刊行している。淺野綜合中学校二年生「動物学」を教授することで招聘された。牧野富太郎の植物図鑑編集の経歴をもつ研究者である。

(3)　内田恵太郎（東京帝国大学）

　　九州大学教授として魚類生活史を研究。淺野綜合中学校四年生「鉱物学」を担当することで招聘された。

　内田が淺野綜合中学校を退職した後任に、博物学教員として神名勉聰が東京帝国大学実科（のち東京農工大学）から着任している。神名は、１９３８（昭和１３）年に淺野綜合中学校第２代目校長に就任した。

　和田（明治３年～昭和３６年）は、小学低学年に「理科」を設置する運動を全国的に展開した教育者として知られている。第一高等学校に勤務するかたわら、大正初期（大正４年頃）、アメリカのオーベリンに留学したあと第一高等学校に復職している（注①の１）。

　また、和田は初代校長水崎と共に浅野学園同窓会『会員名簿』に「特別会員」（旧職員）として記載され、淺野綜合中学校設立１年後、自ら教壇に立って理科の授業を担当している。その授業内容について、近隣の公園にある池の畔で野外実習を実施していたことを浜野が前掲『回想』で記述している。淺野綜合中学校を辞めた後、１９２５年１２月に、神奈川県中等教科研究会嘱託として淺野綜合中学校のゲーリーシステムを

観察する目的で訪問している（注①の２）。

　向坂（明治２８年〜昭和３９年）は神奈川県立第一中学校を卒業後、東京帝国大学理学部植物学選科生として入学して三宅驥一教授の指導を受けた。そして、淺野綜合中学校に招聘されている。

　淺野綜合中学二年生の時、向坂の授業を受けた生徒の１人であった原田一（のち昭和女子大学教授）は、『早稲田生物』に「浅野中学における向坂先生」を寄稿して、

　「当時学校は創立そうそうで二年生が最上級生で、生物の特別教室もなく、標本も何一つなかつた。先生はよくプリントを用意してこられ、これを生徒に配布して授業された」

と、淺野綜合中学校創立２年目の１９２１（大正１０）年４月頃の授業内容を述べている（注①の３）。

２、三宅によるゲーリーシステム推奨

　水崎と同志社で同級生であった三宅驥一（東京帝国大学理学部、のち農学部教授）は、積極的にゲーリーシステムを日本教育に導入することを推奨してきた。次の論述は、三宅が「ゲーリーシステム」と題して『教育時論』（１１７４号　１９１７年１１月２５日）に発表したものである。ゲーリーシステムの理解とともに、生徒急増対策として日本教育へ積極的に導入を奨めている三宅の姿勢を見ることが出来る。貴重な文献資料として評価した上で長文となるが掲載することとする。

　「現今に於て学校の不足は最早論ずるの余地が無い、小学然り、中学然り、就中高等学校に於て殊に痛切にこの威を深うする。高等学校増設論は十年前より起こつてゐる。そして十年前より依然として殖やさずに居るが、現在今日に於ては殆んど増設急務の頂上に達してゐる。（省略）若し増設して今日の急場の間に合はぬとすれば、臨機の處置として変則の二部教授の如きものを開始すべきである。（省略）昨年我国に来朝した米国の鋼鐵王ゲーリー氏が経営せる製鋼会社所在地の一つでインヂアナ州にある氏の名を冠したるゲーリーといふ街がある。其処には機関の非常に整つた小学校と中

学校とがあり、米国の有名なる某教育家を招聘して理想的の教育を授けつゝ
ある。其の教育的方法は所謂ゲーリーシステムと称され、近来俄然として
米国教育界を風靡しつゝある所のものである。ゲーリーシステムとは要す
るに校舎を遊ばして置かず、一学校の収容数を普通の定員の二倍半迄収容
し得る仕組になつて居る。（省略）教室を只の一時間でも遊ばせず、絶えず
教室を使用し愉快に勉強さすのが眼目なのだ。（省略）校舎の経済上非常に
有効であるのみならず、延て重大なる効果を及ぼさずには置かぬのである。
我国の如き高等学校に欠乏して年々莫大の入学不能者を生じつゝある折柄、
差当つて校舎増設が不可能ならば当局は須らくゲーリー市の夫れに倣ひ、
ゲーリーシステムを採用すべきである」

　この論文以外にも三宅は、徳富蘇峰が創刊した『国民新聞』に数多く
の教育論を展開している（注①の4）。

３、浅野總一郎の支援

　東洋汽船会社長浅野總一郎は常々同社長秘書水崎に「お前はかねを作
ることには向かない。お前は金を作るより、人を作れ」と語っていたと
いう。水崎は東洋汽船会社員から教育者への転機が訪れたのである。そ
こで、水崎は友人である東京帝国大学教授三宅驥一に相談したところ、
三宅から日本教育改革に関心をもちアメリカ留学の経験がある愛弟子和
田を紹介された。水崎が和田に会うと「米国オハイオ州・ゲーリー市に
在るゲーリースクールを是非視察して来るよう」にと、水崎にアメリカ
で展開しているゲーリーシステムの視察を奨めたという（注②）。

４、水崎のゲーリーシステム研究

　１９１６（大正５）年９月の「ゲーリーの来日講演会」に浅野總一郎
が出席していること、及び渋沢栄一がゲーリーシステムを日本教育に導
入することを奨めていることは、先述第三章第一節で指摘した。この頃、
東洋汽船会社長浅野總一郎がゲーリーシステムの実状をどのように認識
したかは定かではない。しかし、浅野社長からの元秘書水崎への視察依
頼は水崎自身にとってはゲーリーシステム研究に大きな支援となったこ

とは間違いない（注③）。

　なお、水崎は明治３５年９月から約６年間、神奈川の自宅から横浜の東洋汽船会社に勤務した。明治４１年３月、母校の同志社専門学校の「社運復興運動」に馳せ参ぜざるを得なくなった水崎が、東洋汽船会社を辞職して同志社に「入社」（経済学科教授）することを知った社長浅野總一郎は、「君がそれ程の決心をもって、敢えて難に赴くというなら、俺は決して留めだてはせぬ。それで若し君が同志社に使命がないと思う時が来たら、直ぐ僕の所へ帰って来給え。僕は君のためにいつでも一脚の椅子をあけて置く」と告げたという（注③の１）。

　同志社騒動の後、德富蘇峰等とともに１９１８（大正７）年１月に大学長事務取扱・理事を辞職した水崎の決意について、「彼を信頼し、高く評価していた、浅野總一郎にとっては喜ばしいことであって、同志社から宝物を取り返したように思ったに相違ない」と松井七郎は述べている（注③の２）。そして、同年５月水崎は渡米した。

　日本の中等教育に疑念をもっていた水崎は、

　　「日本でも此ゲーリーシステムのやうな初等・中等程度の職業教育を授けて、さうして同時に精神的修養を施したならば、日本の殖産工業の前途は多望であらう」（注④）

と、ゲーリーシステム研究に意欲をもって、１９１８（大正７）年５月から約半年間渡米して教育事情を視察したのである。

５、アメリカからの教育事情寄稿

「戦時の米国教育」（１９１８年１２月９日付『国民新聞』）末記に水崎は「ゲリー市にて　十一月二十日稿」と記載していることから判断して、帰国１ヶ月前に『国民新聞』誌上にアメリカ教育事情を投稿している。とくに、アメリカで工業技術の向上に寄与している学校教育を高く評価して、反対に日本の教育実状と比較するとその教育に大きな格差がある実態について、次のように水崎は指摘している（注⑤）。

　　「急激なる技術的突貫も、一朝にして此に至れりと思うは大なる謬見にし

て、今日に至りしは実に米国が、南北戦争の頃より農業時代を経過し製造工業の時代に入り、人口乏しきを以て万事に科学を応用し、器械力に依りて国富国力を増進せんとせる経綸の指導と、国民教育の効果に帰せざるべからず。余は米国の幼稚園より、小学、中学、専門学校は勿論、各地の大学を歴訪して、実に日米の教育に大なる間隔あるを知る」

と。すなわち、第一次世界大戦後の工業社会でのアメリカ教育事情を視察した水崎は、日本の学校教育改革に向けた強い決意をもったのである。

第二項　帰国後の水崎の動向

　帰国後１９１９（大正８）年６月に、水崎はゲーリーシステムの全貌を「ゲリーシステムに就て」と題して、日本鐵鋼協会々誌『鐵と鋼』に投稿した（注⑥）。次にこの論文を参照して水崎のゲーリーシステム論を検討する。

１、日本鐵鋼協会々誌発表論文の構成と内容；［表二の５］を参照。

　この論文で水崎は、ゲーリ市と創案者ウィリアム・ワートに触れた後、ゲーリーシステム論を言及している

２、水崎のゲーリーシステム論

　水崎が主唱するゲーリーシステム論をまとめると次の５点である。

　第１点は、労働に関する見解である。

　　「人間はウオルク即ち働くと云ふことを考へなければならぬ。（省略）今日はウオルクと云ふことを考へて人間を教育しなければいかぬ」

と、「労働」を考えた教育の必要性を指摘したことである。

　第２点は、運動に関する見解である。

　　「プレー即ち人間は遊べ、働く為め、健康の為めに人は遊ばねばならぬ。（省略）運動を奨励すると云ふことは、無論身体の為にも善いでせうが、併し身体の為めばかりでもない、此の遊戯で、お互に共同生活を知り、共同生活の道徳を大変覚える為です。互いに助けつ助けられると云ふ観念が強くなる」

と、運動がもたらす身体的効用のみでなく運動を共同生活との関連で考察し、運動がもたらす相互扶助の観念を指摘したことである。

第3点は、学習に関する見解である。

> 「学校の学科が小学校から専門的になつて居ることです。（省略）時間毎
> に教場を替へなくちゃならぬやうな風ですから、随分教場の往来は混雑
> します。兎に角、専門家の教育者が科学を教へて居るのですから、小学
> 校の先生でも日本の中学校の先生以上の良い先生が居る」

と、これまでのように一つの教場（教室）で授業を展開するのではなく、各授業が専門教科担当者（専門家の教育者）によってそれぞれの教場（教室）で実施されて、教科指導の専門性が充分に発揮された授業が展開されているゲーリーシステムの現状を強調したことである。

以上のように、ゲーリーシステムの理論と実状を展開したあと、では具体的にどのようにゲーリーシステムを実現すべきか、その方法について水崎が論じているので考察しよう。

第4点は、学校の経済的運用である。その方法として、

(1)　校舎の利用率を高め、空き室をなくすこと。

(2)　講堂を一日中利用すること。

(3)　図書館を「自修」等に利用すること。

(4)　工場で仕事をしている間、教場では分化的に授業をすること。

(5)　市の機関（図書館・講演等）を利用すること。

(6)　土曜日にも、日曜日にも、夏期期間中にも教室を開くこと。

等々、6項目を列挙している。この6項目から明らかなように、学校内施設・設備の有効利用は言うまでもなく、学校外の公共施設の利用、さらに学校教育期間に関してもこれまで教育が行われていなかった土曜日、日曜日、夏期期間等においても学校施設を利用するゲーリーシステムによる教育方法を指摘したのである。

第5点目として注目しなければならないこととして、水崎が学校教育の社会性について次のように論じたことが挙げられる。

　　　「学校は市の中心、即ちシヴィリ・センターで、学校が詰り市の中心と

　　　なつて有らゆる町に起る所の事は、学校が一番原動力となり、又市民の

　　　方では学校を出来るだけ利用して居る」

と、ゲーリーシステムによる学校教育が地域においてどのように機能す
べきか、つまり「シヴィリ・センター」機能を明確にしたことである。

　この論文で「労働・学習・運動」というゲーリーシステムの教育目的、
つまり「三位一体説」を踏まえた経済的な学校経営、学校教育の社会性
等を実現しているアメリカ教育について水崎は論述して、日本の中学教
育が抱える高等学校進学に向けた「準備教育」がもたらす諸問題の解決
策としてゲーリーシステムの導入を推奨したのである。

第三項　東京工業倶楽部講演会

　帰国後における水崎のゲーリーシステム普及活動は前掲の論文発表に
加えて、実業家たちを対象とした「東京工業倶楽部」での講演（１９１
９《大正８年》６月２５日）に展開していった。この講演は、水崎が新
しく「コンプリヘンシブスクール」、即ち「綜合中等学校」設立を初めて
提唱した画期的な講演会であった（注⑦）。総合的なゲーリーシステムと
いう教育方法を実施すれば、将来の日本社会も教育も良い方向に改善さ
れると水崎は強調したのである。

　次にコンプリヘンシブスクールの提唱を展開した、水崎の講演内容を
検討する。

１、講演内容

　講演内容は、前掲日本鐵鋼協会々誌『鐵と鋼』所収論文「ゲーリーシス
テムに就て」と重複する箇所が多い。一つひとつの検証作業はしないが
ゲーリーシステムがかかわる教育の真髄を踏襲していることは大いに評
価できる。

　なお、「東京工業倶楽部」とは、１９１５（大正４）年１２月に渋沢栄
一に続く「財界世話人」と称された和田豊治（富士紡績専務）を含めた

財界人たちが創設を決議し、翌年１月に、「京浜有力実業人１３５名」が
倶楽部名を「日本工業倶楽部」と称して立ち上げた団体である。１９１
７年３月、初代理事長に団琢磨（三井財閥総師）、専務理事に和田豊治、
中島久万吉（古河電気工業設立者）たちをそれぞれ理事等に選出してい
る。日本工業倶楽部『日本工業倶楽部五十年史』（１９７２年）《渋沢社
史データベース》によると、歴代専務理事には、浅野總一郎娘婿白石元
治郎（日本鋼管社長）や浅野良三（浅野總一郎長男）など、浅野財閥系
列からも役員が選出されている。日本の工業界を代表する経済団体であ
ると言っても過言ではない。

　この倶楽部で中島久万吉から「ゲーリーシステムの事を話せ」との依
頼で水崎は講演を引き受けたという（注⑦の１）。

２、コンプリヘンシブスクールの提唱

　「東京工業倶楽部」で水崎が提唱したコンプリヘンシブスクールとは
どのような教育を実施する組織なのかについて検討する。

　水崎は次のように講演でコンプリヘンシブスクールを説明している。

　第１点は、

　　　「亜米利加にはコンプレヘンシーヴ・ハイスクール即ち綜合中学校とい
　　　ふものを設けて、此の綜合中学校に入れば商業も工業も農業も、其の他
　　　の普通学も教へる」

と語り、このコンプリヘンシブスクールでは実業教育と普通教育とを総
合した教育が実施されていることを指摘している。

　第２点は、

　　　「日本の将来の教育は根底から改造して、今申上げました総合的なゲリ
　　　ー・システムのやうな組織で小さな子供の時分から工業の知識を與へれ
　　　ば、日本の社会も善くなり、教育も大変善くなつて、思ふやうに行くで
　　　はなからうかと考へる」

と、日本教育を改造するひとつの方法として、このゲーリーシステムを
導入することを提唱したのである。

第3点は、

　「一番肝要なのは学校みたやうなものを拵えて、職人の子供を世話して
　やる事である。（省略）職工の子供を世話してやる学校を拵へてやれば、
　職工の仕事の能率が高まるに相違ない。（省略）所謂、恒産有れば恒心有
　りである」

と、職工の子どもを教育する学校を設立することを奨めたことである。

　第4点は、

　「労働者も恒職有れば恒心有りで、敢えて恒産といふ程のものが無くて
　も、恒職が有ればどんな処へ往つても、自分が此の手腕さへ持て居れば
　生活が出来るといふ所の自重心が強くなる。随つて自分が堅固な道徳性
　を持てる譯なんです」

と、労働者への教育のあり方として恒職を付与することの必要性を講演
したことである。

　講演を終えた後に、聴衆から「ゲリー学校での子供の教育と職工の教
育について」との質問を受けた水崎は、学校を設立して職人の子供が入
学すれば職工の仕事能率が高まり「恒産有れば恒心有り」であると返答
した。労働者も「恒職有れば恒心有り」という教育を受ければ、「恒職」
を身につければどこに行っても生活が出来る、さらに自重心が強くなっ
て堅固な道徳性を持つこともできると指摘し、品性ある労働者の養成を
求める教育こそがゲーリーシステムの主たる目的であると水崎は講演会
を締めくくったのである。

第四項　コンプリヘンシブスクール研究

　この項では、水崎が講演会で提唱したコンプリヘンシブスクールにつ
いて、研究史的位置づけを検討することとする。

１、日英教育研究フォーラム

　「コンプリヘンシブスクールの歴史」と題して、「日英教育研究会」で
ダヴィド・クルック氏が次のように研究報告をした（注⑦の２）。

　第1点は、1890年から1920年の教育運動の歴史を検証すると、アメリカでは進歩主義的教育思想が展開したことによって、「共通学校」が「コンプリヘンシブスクール」へと発展したということである。特に中等教育の主要な目的を、「健康、家政、職業教育、社会的市民的教育、余暇の有効利用と倫理のための教育」と規定したあと、

　　「平等主義的かつ人道主義的思考が産業化と都市化を進めたアメリカ社会では、全ての若者に共有する学校教育の経験が社会的紐帯に奉仕するためには必須である」（下線筆者）

と、アメリカで進歩主義的教育思想が発展する過程で、コンプリヘンシブが中等教育において検証されたとクルックは報告している。

　第2点は、当時のヨーロッパの中等教育学校では授業料を支払える家庭の生徒しか教育を受けることが出来ず、中等学校を2つに分けて、つまり「学術学校」と「職業教育学校」とがそれぞれ異なるカリキュラムを組んでいたということである。イギリスでは「グラマースクール」などが強力な学術的伝統を発展させて大学と密接に連携して、選抜制の学校として「分断された（segmented）システム」となって存在していたのである。1920年代のフランスやドイツでは共通学校を造る運動が限定的なものとしか見ることが出来なかったが、反面、アメリカではこの運動が継続して発展して大衆に奉仕する教育機関にむすびついていったと、クルックは報告している。

２、コンプリヘンシブスクール研究

　日本において、コンプリヘンシブスクールに関する研究として荒木宏子の論文がある（注⑦の3）。

　荒木は、コンプリヘンシブスクールに関して次のように説明する。

　第1点として、まず先進諸国では職業教育を考えることによって、「職業教育」と「普通教育」の分離システム《トラッキング（tracking）》がみられた。ヨーロッパ、なかでもドイツでは、十歳前後において最初のトラッキング（分離）が行われ、生徒はその能力などに従って普通教育

を選択する道と、職業教育が施行されている学校へ進む道とに分離されていく教育が展開されていたことを指摘する。

　しかし、もう一つの教育選択、すなわち第２点として、「職業教育」と「普通教育」の併設システム《コンプリヘンシブ（comprehensive）》が展開して、アメリカでは中等教育全段階において一部の例外を除いて校内にさまざまな教育内容のコースが併存して教育を展開していた。いわゆる、分離的に「職業教育」を施すとともに汎用的な能力を育成する「普通教育」を併合せて、両教育を実施する学校としての「コンプリヘンシブスクール」が展開していることを挙げている。

　つまり、コンプリヘンシブスクールの歴史を考察すると、ヨーロッパにおいては普通教育を展開する学校と職業教育を展開する学校とに分離されていたが、水崎は１９世紀末から２０世紀初頭に展開した進歩主義的な教育運動をアメリカで視察することによって、普通教育と職業教育との両者の併存・統合した教育方法であるコンプリヘンシブスクールによる学校教育の必要性を認識して日本教育へ導入することを提唱したのである。

第五項　綜合中学の「提唱」と「実現」

　水崎は「東京工業倶楽部」での講演会５日後、１９１９（大正８）年６月３０日にゲーリーシステムに依拠した学校教育の実現方針を『国民新聞』（月曜論壇）に掲載した（注⑧）。

　その論文が１２年後の１９３１（昭和６）年に、「綜合中学に提唱」（『綜合中学の実現』１７頁～２４頁）として転載されて今日に至っているのである。

1、綜合中学の提唱・『国民新聞』

　１９１９（大正８）年６月３０日付『国民新聞』誌上に、水崎は、ゲーリーシステムを日本に導入することを提唱するにあたって、綜合中学教育が目指すところは何かについて、次のようにまとめている。

「何も好んで米国の真似をする必要はないけれども今日米国のハイ・スクールが、殆ど総て機械工場を有して自動車の修繕よりあらゆる工芸的実習をなすを観るに就けても、是非我が国に於ては社会の実際の要求を考へ、殊に社会問題とか労働問題とか喧伝する時に当り、希くば国民の中堅たり枢軸たるべき智徳兼備にして、兼て芸能を有し、恒産恒心を有する中等民族を養成する為、自分は心より綜合中学案を提唱し我が国の識者の賛翼を得たいのである」

と。すなわち、日本社会の要請に応じて日本教育を改善する方法として、アメリカの真似をすることではなく、中堅国民としての資質を持つ「智徳兼備」たる「恒産恒心」を有する日本の中等国民を養成することを目的とする「綜合中学教育案」を水崎は提唱したのである。

2、綜合中学の実現・『横浜貿易新報』

　水崎は『横浜貿易新報』（１９３１《昭和６》年６月７日から１２日まで６日間）に「綜合中学の実現（一）～（六）」を連載した。この連載論文を京都・平野書店から『綜合中学の実現』（注⑧の１）にまとめて刊行したのである。この著書には発刊日が記載されていないが、実業教育を一種と二種とに分けた文部省政策が「本年一月」であると明記していることから、著書の発刊を１９３１年とした。

　『横浜貿易新報』に連載された「綜合中学の実現」の構成は、次のとおりである。

　　一、綜合中学の意義

　　二、綜合中学の必要

　　三、甲種実業学校の疑問

　　四、国民道徳の教養

　　五、我国の産業立国

　　六、我国の精神王国

　　七、結論

　水崎は『横浜貿易新報』で日本において綜合中学教育を実現する必要

性を次のように主張している。

　第1点は、日本の中等教育の問題点を指摘し、

　　　「我が国に於ては、今日到る所に工場の設立を見、既に実社会は産業社
　　　会となりしにかゝわらず、中学教育は依然として舊套を脱せず、更に完
　　　備せる実業教育を授けざりし」

と、産業社会となった日本にあっても未だ中学教育は以前の方法を踏襲
しており、実業教育に至っては完備された状態ではないとの理由から、
今後日本教育に求められる教育方法は綜合中学教育であるとした。

　第2点は、

　　　「漸く本年一月より、中学校の三年生或は四年生より、之を一種二種に
　　　分ち、実業教育を施すの便宜を與ふるに至り」

と、ようやくゲーリーシステムを文部省が導入して10年後、1931
（昭和6）年度から実業教育の内容を中学校に導入することとなったと
指摘した。

　第3点は、学校教育における「労働」に関する点で、

　　　「一年生より五年生まで作業科を課し、大いに労働愛好の精神を鼓吹せ
　　　んとするに至れりしことは、我が国の教育に漸次綜合中学を実現せんと
　　　する曙光と認め、まことに邦家の前途の為に欣慶に堪へざる所である」

と、文部省が学校教育に労働精神を組み入れたことを高く評価した。

　すなわち、1919年に綜合中学の「提唱」を『国民新聞』誌上で論
じ、1931年に綜合中学の「実現」を『横浜貿易新報』誌上で水崎が
論じてきたゲーリーシステム論は、まさしく日本教育が抱えてきている
課題を解決するもっとも注目すべき方法であったのである。

　したがって、水崎は綜合中学を提唱して10年以上の歳月を経た日本
教育の現状を見て、日本がすでに工業、産業社会となったのもかかわら
ず依然として中学教育が「舊套を脱せず」の実状であり、更に完備した
実業教育を授けていないことを批判せざるを得なかったのである。

　しかし、ようやく本年（昭和6）度から中学教育を一種と二種にわ

けて実業教育を施して中学一年から五年まで「作業科」を課して労働愛
好の精神を鼓吹しようとすることは、日本教育が次第に綜合中学を実現
する「曙光である」と、水崎は文部省の対応に綜合中学校実現の道が開
けてきたと慶びの気持ちを表した。この綜合中学が育てる人物像こそが
学徳兼備なる恒産恒心を有する中等民族の姿であると、自著『綜合中学
の実現』の中で指摘してその教育方法がゲーリーシステムであり、求め
る学校がコンプリヘンシブスクールであったのである。

3、救済事業応用・「新教育法」

　日本鐵鋼協会での講演会の直後、水崎の活動は同志社卒業生である留
岡幸助が主筆する『人道』（明治３８年創刊、社会、慈善、教育、宗教等
を論議報道する機関誌）に、「講演原稿」を筆記することとした。このな
かで水崎が、アメリカ教育を視察した「ゲーリーシステム」が「新教育
法」であると紹介したことは特記に値すると考える（注⑧の２）。

　すなわち、水崎はゲーリーシステムを「救済事業に応用の新教育法」
として位置づけたのである。雑誌『人道』は、青少年が更正する手段と
して不可欠な「職業」を授ける教育を求めて徳育、知育、体育の付与を
目指す論を展開する留岡幸助の社会事業機関誌であった。水崎はこの誌
上で「救済事業」に「働かす根本義」という副題をつけてゲーリーシス
テムを論じたのである。水崎が求めた「ゲーリーシステム」は、「普通教
育」分野で読み書き算盤等の科目を教え、各種運動の指導に加えて各種
工場や農場での労働も経験させて、将来の社会人を養成する「新教育法」
論としての性格をも有していたのである。

　このように、アメリカのゲーリーシステムを視察して帰国した水崎は、
協会誌上に報告論文を掲載し、東京工業倶楽部での報告講演会をも実施
し、『国民新聞』と『横浜貿易新報』には「綜合中学」（コンプリヘンシ
ブスクール）論を掲載するなど、積極的なゲーリーシステムの普及と「綜
合中等教育」の実現に向けた活動を展開したのである。

　次節では水崎の学校設立に向けた取組みを具体的に検討する。

第二節　綜合中学校設立の提言と地理歴史的背景

第一項　浅野總一郎氏に「呈するの書」

　水崎は、１９１９（大正８）年６月２５日に浅野總一郎私邸に「淺野總一郎氏に呈するの書」を携えて訪問した（注⑨）。この「呈するの書」には、水崎の教育思想が要約されている。長文になるが引用しておく。

　☆資料；「淺野總一郎氏に呈するの書」

　　　閣下既に知らるゝ如く、三菱は長崎及兵庫に職工学校を有し、三井は大牟田に工業学校を造り、住友は大阪に職工養成所を建て、大倉は東京、大阪、京都に三商業学校を有し、古河は曾て東北大学に数十萬円の寄附をなし、渋澤男の如きは、早稲田大学、女子大学、養育院等到る處の教育慈善事業に力を盡し、森村老翁の如きさへ、自己の庭内に小学校を有せり。九州の安川敬一郎氏が、三百三十萬円と七萬八千坪を投じて、明治専門学校を設立し、最近に久原房之助氏が、大谷光瑞伯より購求したる、住吉村の傍に在る、二楽荘全部を、教育事業に投じ、阪神の間に、一大私立学校を設立せんとせし如きは、近時天下注目の中心たらんとせり、淺野家にして我国の工業を三分するに足る江戸湾内の、大崎より程ヶ谷に達する工業地帯の中心に、好地位を相して工業的有力の教育機関を設立せば、此地方が其餘恵に浴するのみならず、人心は微妙の間に、淺野家を讃美し、而して閣下が報国の念を識認し、同時に国家百年の大計なる工業政策に一大貢献をなすべき也。

　　　昨春より昨冬にかけ、余は米国各州を巡遊して、親しく米国教育事業を視察し、我国に最も必要なるは綜合中学校なるを悟りぬ。されば帰来知友先輩に此意見を提唱せし處、皆賛成の意を表せざるなし、而して余に向ひ先づ其模範を示すべきを以て慫慂せらるゝもの多し。閣下の如き苟も我国の教育事業の為め盡さんと欲せば、陣套の事を好まざるや明也。而して此工業的気分の熾なる時に當り、学校に工場を置き、最新の機械を据付けて、工業の実習をなさしめ、単に書物にて、頭脳の教育をなす

のみならず、実地の運用を学ぶ手腕の人を養成するは、最も賛成せらるゝを信ず、淺野家の事業に、最も要するは信頼すべき学徳兼備の人材にあり、実に事業は詮ずる處一にも人、二にも人、三四も人なるを信ぜずんばあらず、事業家たる閣下が、晩節を全うする為め、最後に、人才を養成する教育事業に盡すは當然の道行きのみ。（省略）余は、最後に閣下に対し、将来の希望を開陳せざるを得ず、そは綜合中学校は淺野家教育事業の端緒にして、五年後には、高等工業学校か、工科大学、即ち米国の「テクノロジー」を建設せられん事是也。程度の低き、甲種工業学校を好まざるは将来を慮れば也。（以下、省略）

　　　大正八年六月廿五日　　　　　渡邊山の仮寓にて

　　　　　　　　　　　　　　　濃川学人　　水　崎　基　一

　淺　野　總　一　郎　閣　下

　この「呈するの書」の目的はまさしく教育事業の提言であった。そもそも事業というものの基本は人材の確保であり、その人材は一朝一夕には養成されるものではなく数１０年の歳月を要するものであると、水崎自身の説を述べ、淺野家において教育事業に着手することを薦めたのである。それが横浜という工業地帯に立地する工業教育に関する機関（学校）を設置することであり、水崎は

　　「学校に工場を置き、最新の機械を据付けて、工業の実習をなさしめ、単
　　に書物にて、頭脳の教育をなすのみならず、実地の運用を学ぶ手腕の人を
　　養成するは、最も賛成せらるゝを信ず、淺野家の事業に、最も要するは信
　　頼すべき学徳兼備の人材にあり」

と、浅野總一郎に重ねてゲーリーシステムという教育方法を据えた学校を設立するよう提言したのである（注⑨の１）。

　この提言を受けた浅野總一郎は、これまでゲーリーシステムに共鳴していたこともあり、「一言の下に設立断行を明言した」という（注⑨の２）。

　第一次世界大戦後は大戦中の好景気時代とは異なり、私立学校を設立

することは財政的に困難であったが、淺野は１９１９（大正８）年１１月２７日に文部大臣に設立願書を提出し、翌年１月２１日に設立の認可を得て、同年４月１０日に淺野綜合中学校を開校したのである。すなわち、「中学校令により、高等普通教育を施し、兼て実業に関する所謂商工業の芸能を授け、堅実なる国民を養成せんとする」綜合中学校が私立校としてここに誕生したのである（注⑨の３）。

第二項　地理歴史的環境

　１９３８（昭和１３）年、淺野綜合中学校が神奈川県に提出した『学校教育概況』《以降『概況』と略す》の「控え書」が学園資料として残されている。この『概況』は、創立以来１８年間の学校教育を取り巻く社会経済環境等々を、①自然的環境、②地方民の伝統気質の教育に対する関心、③地方の文化及産業と学校との相互の影響、協力並に適合の状況、④其の他等、４項目に分けて報告したものである（注⑩）。

１、校風及教育方針

　　「本校は、我国中等教育に勤労愛好の精神を熾にする必要を認めて創立されたるものにして、工場を建設し木工、金工、鍛工、機械工としての手芸を実習せしめ、又園芸、蔬菜栽培の実習をも加へて、労働精神を体験せしむる努め居れり。又徳操を高調し人格価値を識認して精神生活を楽しむ忠良の日本国民を養成するに傾意せり。目下上述の趣旨に添ひたる校風を樹立し得たりと信ず」

と、「綜合中学校」の教育方針の中にゲーリーシステムの真髄を明確に位置づけた報告をしている。

２、学校と地域との連関

　　「本校は、横浜市神奈川区子安台の高層地にあり。西に富嶽を望み、南方横浜港を下瞰し、又、本邦有数の工業地帯をへだて、東京湾に面し、遠く房総を眺む。付近住民の多くは、蔬菜自作農たりしが、近時工業の発展に伴ひ、所謂工業都市の出現を見るに及び、従来の自作農は地主の地位に立

ち、其子弟は日夜工場に勤務するの傾向にあり。為めに質朴の気風漸く失はれんとしつゝあるも、一方子弟の教育に対する関心はその度を高めつゝあり。付近の工場会社はよく見学の便を与へ、又喜んで卒業生を採用するの現状にあり。学校にありては運動場・運動具の貸与並に講堂の使用等につき、出来得る限り会社側の便宜を計り居れり」

と、淺野綜合中学校が設立された横濱市臨海部は明治末期から埋立てによる工業地帯が形成されて急激に都市化が進んだこと、さらに臨海部の埋め立てによって、学校は日本有数の工業地帯をへだてて東京湾に面することとなり、「付近住民の多くは、蔬菜自作農たりしが、近時工業の発展に伴ひ、所謂工業都市の出現を見る」と、内陸部農村と臨海部漁村を背景とした臨海工業地域の高台に立地したことを報告している。

　学校教育に関して、大正初期に都市人口の増加に伴う小学校児童数の増加や在学状況について、地元新聞『横浜貿易新報』が掲載している（注⑪）。《[表四の1]、[表四の2] 参照》。『概況』でも指摘したとおり、農民の「子弟は日夜工場に勤務するの傾向にあり」、一方、「子弟の教育に対する関心はその度を高めつゝあり」、「付近の工場会社はよく見学の便を与へ、又喜んで卒業生を採用するの現状にあり」と、工場勤務の様相や教育に対する「関心」と卒業生の就職先等が明治末期と比較して大きく変貌していることを指摘している。

　特に学校教育を工場との関係においても『概況』は、「学校にありては運動場・運動具の貸与並に講堂の使用等につき、出来得る限り会社側の便宜を計り居れり」と相互に関連した中で展開していたことを指摘している。学校教育において如何にして工業社会に結びついてゲーリーシステムが展開されていたかを報告したのである。

ゲーリーシステムの研究

[表四の1] 大正初期横浜市内各小学校在籍児童数・学級数の推移

年度	児童数（人）			学級数（学級）		
	人数	増減	増減比(%)	数	増減	増減比(%)
大正2（1913）年	34,369	―	―	600	―	―
3（1914）年	36,528	2,159	6.3	628	28	4.7
4（1915）年	37,680	1,152	3.2	642	14	2.2
5（1916）年	38,714	1,034	2.7	649	7	1.1
6（1917）年	41,612	2,898	7.5	661	12	1.8
7（1918）年	45,050	3,438	8.3	684	23	3.5
年 平 均	―	2,136	5.6	―	17	2.7

（注）1、『横浜貿易新報』；大正7（1918）年10月27日より作成。

[表四の2] 大正初期神奈川県下在学・不就学児童数 ；人

No	市郡	学齢児童数		在学児童数		不就学児童数		学級数	学級当在学児童数	教員数
		A	比率(%)	B	比率(%)	C	比率(%)	D	E＝B÷D	F
1	横浜市	52,790	26.6	37,855	23.2	14,935	42.0	686	55	768
2	横須賀市	10,724	5.4	8,680	5.3	2,044	5.7	139	62	160
3	久良岐郡	3,547	1.8	3,096	1.9	451	1.3	58	53	68
4	橘樹郡	18,528	9.3	16,496	10.1	2,032	5.7	293	56	317
5	都筑郡	7,726	3.9	6,498	4.0	1,228	3.4	92	70	141
6	三浦郡	16,934	8.5	14,486	8.9	2,448	6.9	254	57	287
7	鎌倉市	11,212	5.6	8,998	5.5	2,214	6.2	179	50	195
8	高座郡	19,667	9.9	17,001	10.4	2,666	7.5	314	54	340
9	中郡	21,183	10.7	18,472	11.3	2,711	7.6	360	51	393
10	足柄上郡	9,408	4.7	7,948	4.9	1,460	4.1	158	50	186
11	足柄下郡	14,850	7.5	13,301	8.1	1,549	4.3	233	57	253
12	愛甲郡	6,814	3.4	5,834	3.6	980	2.8	117	50	128
13	津久井郡	5,416	2.7	4,539	2.8	877	2.5	90	50	105
	計	198,799	100.0	163,204	100.0	35,595	100.0	2,973	平均 50～70	3,341

（注）1、『横浜貿易新報』；大正6（1917）年12月10日より作成。

第三節　淺野綜合中学校創立

第一項　施設と教員・生徒

1、淺野綜合中学校の設立認可

　淺野綜合中学校は、東神奈川「渡邊山」中腹にある水崎基一自宅を「創立事務所」として開校の準備を進められた。１９２０（大正９）年１月２１日付「官報」に掲示され、淺野綜合中学校設立が認可された（注⑫）。

　金１００万円を創立者である淺野總一郎が寄附することで「財団法人」として創立され、同年４月１０日に生徒１３６名（３組）、教諭１０名で開校したのである。創立に向けて水崎志げ（初代校長夫人）が当時を回想して次のように語っている（『回想』１４頁）。

　　「初め私共の住居は東神奈川渡辺山の中腹にありました。その宅を中学創立事務所として諸般の準備を始めたのは大正八年初めでございました。それから丸一年敷地の地ならしからはじめ校舎も出来まして翌九年四月十二日にはいよいよ開校の運びになりました。その時は流石に主人も嬉しそうでございました。先生も佐藤清五郎先生始め多数お揃いになり、生徒さんたちも嬉々として続々登校されました。しかるに黒板が未着であったりいろいろ不揃いのことがあって主人は申訳ないと、東京へ行ったり、横浜へ行ったり席暖まる暇もありませんでした」

と語る夫人の言葉から、当時の淺野綜合中学校設立に向けた初代校長水崎基一の積極的な取り組みを知ることが出来る。

○認可　　大正九年一月二十一日

◎文部省令告示第十六號

「淺野綜合中学校ヲ神奈川縣横濱市ニ設置シ大正九年四月ヨリ開校ノ件認可セリ

　大正九年一月二十一日

　　　　文部大臣　中橋徳五郎

　校舎は開校前年１２月に「仮校舎」を設計、年明けて１月から起工、
３月には竣工となった。
　開校準備から第１回卒業式を迎えた１９２５（大正１４）年４月頃迄
の施設状況を年表にした（注⑬）。その間「関東大震災」（１９２３年）
で被害を受けており、この年表から校舎の再建にどのように取り組んだ
かを垣間見ることが出来る。
２、施設建設推移状況（年表）
　この年表は『回想』（「沿革概要」）等々を参照して作成した。
　　　・１９１９（大正８）年
　　　　　　１１月２７日　　　文部大臣に淺野綜合中学校設立願書提出
　　　　　　１２月　　　　　　仮校舎の設計
　　　・１９２０（大正９）年
　　　　　　１月２１日　　　　中橋徳五郎文部大臣から『官報』（文部省
　　　　　　　　　　　　　　　令告示第１６号）で設置認可、４月開校
　　　　　　　　　　　　　　　認可。金１００万円浅野總一郎寄付（１
　　　　　　　　　　　　　　　９２３年末迄に）。
　　　　　　１月　　　　　　　校舎起工→３月竣工
　　　　　　　　　　　　　　　・木造２階建ての仮校舎。１階が職員室
　　　　　　　　　　　　　　　　（校長室も）と４教室。２階が寄宿舎
　　　　　　　　　　　　　　　　（寄宿生部屋）と招聘された動物担当
　　　　　　　　　　　　　　　　の向坂道治教授部屋。
　　　　　　４月１０日　　　　開校（学友会誌『学友』第２号参照）。開
　　　　　　　　　　　　　　　校日付が初代校長夫人の回想とは異なる。
　　　・１９２１（大正１０）年
　　　　　　３月末　　　　　　雨天体操場（６５坪）《柔道場・剣道場・
　　　　　　　　　　　　　　　音楽室等兼》
　　　・１９２２（大正１１）年
　　　　　　４月　　　　　　　中学一年から三年まで９学級編成となる。

仮校舎２階を改築して３教室を増加（寄
宿舎一部を教室）にして９教室となる。
「三年生の木工授業」が開始される。

・１９２３（大正１２）年

　　３月末　　　　３教室（１２８坪）と実習室《工場》（１
　　　　　　　　　２４坪）を増築。

　　４月　　　　　「実習工場」での授業は準備のため実施さ
　　　　　　　　　れなかった。

　　９月１日　　　関東大震災により、仮校舎が２度目の揺
　　　　　　　　　れ返しで全壊した。《残骸をさらす》
　　　　　　　　　震災のため「実習工場」での授業は実施
　　　　　　　　　されなかった。

　　１０月１日　　授業を再開。《急造バラックで数年間実
　　　　　　　　　施》半壊教室（２教室）の修理をする。
　　　　　　　　・雨天体操場を応急処理して「教室」に
　　　　　　　　　改築。
　　　　　　　　・実習室《工場》を間切りにして「五教
　　　　　　　　　室」に改築したが、床板がなく、萱を
　　　　　　　　　編んで敷く状況であった。

・１９２４（大正１３）年

　　３月末　　　　倒れた校舎の廃材を利用して２階建て校
　　　　　　　　　舎を平屋建てに改造して「四教室」（１６
　　　　　　　　　９坪）に改築。《外側から突支い棒で支え
　　　　　　　　　られた平屋建ての校舎》

・１９２５（大正１４）年

　　３月１２日　　第１回卒業生（雨天体操場で卒業式）
　　４月　　　　　「実習工場」では、四年生と五年生が「木
　　　　　　　　　工及び鍛冶、機械仕上げ」を実施した。

　関東大震災のあと、コンクリート技術者の必要性を痛感した横濱市の委託を受けて「コンクリート工法講習所」を学校敷地内に開設した。「コンクリート専修学校」の前身である。

　第1期生K・Mさんが、淺野綜合中学校が創立して5年間に校舎等をどのように建築したかについて次のように語っている。淺野綜合中学校校友会『校友』（昭和11年7月10日）16頁の「思ひ出すまゝに―（母校今昔）―」より抜粋した。

　「現在の木造平屋建の校舎は創立以来、唯一の記念物である。之は二階建であつたのだが関東大震災の時に倒壊したので其材料に依つて平屋建に改造したのである、雨天体操場（現在の道場）は大正十年、実習工場は大正十二年に建てられたのであつた。関東大震災の時は最高学年は四年であつて、校舎は倒壊してしまつたので、倒壊を免かれた今の実習工場の内部を仕切り仮教室とし、土間に茅を敷いて床の代りにして授業した有様だつた。然して第一回の卒業式は雨天体操場で行はれたのであつた」
と。設立当時の教育の実状を知る貴重な資料である。

　建築施設を見ると「仮校舎」（木造2階建て、1階に教室）で授業を開始し、翌年3月末に約65坪の「雨天体操場」（木造平屋建て・がらん堂）を建築し、体操、柔道、剣道、音楽などの授業に使用した。1922年4月に仮校舎2階（寄宿生、招聘教員部屋一部）を教室に改築して「中学三学年九学級」編成となった。当初、施設はこの木造2階建て（1階に職員室《校長室含む》と教室、2階には寄宿生8名部屋と招聘教員の部屋）だけであった。「黒板は未着、設備不揃い」と当時の学校施設状況を創立四十年記念誌『回想』に寄稿した水崎初代校長夫人、さらに創立2年目に就職したNT先生も同誌に次のように寄稿している（注⑭）。

　「一九二三年三月迄に三教室（一二八坪）と実習室（工場）《一二四坪》を建築して、入学した中学四年生までの授業を展開したが、同年九月一日『関東大震災』によって学校施設は壊滅状態となった。建築したばかりの仮校舎二階建て校舎は全壊した。しかし、半壊した教室を二教室に修理したり、

雨天体操場を教室に応急処置したり、さらには実習室（工場）を間切りにして五教室の『急造バラック』として授業を再開した。実習室には床板はなく土間に編んだ萱を敷いた教室での授業であった。その後しばらくは倒壊した校舎の廃材を利用して二階建て校舎を一階平屋建てに改造した外側から突支棒で支えられた校舎・四教室での授業となった」

と。この資料から、ゲーリースクールが展開する施設を経済的に運用するという教育方法を淺野綜合中学校で実証することは困難である。まず、水崎校長は自分の熱き思いを胸に抱きながら十分に施設を活用出来ない現実を悔やみ、さらに開校４年目にして関東大震災を経験するという逆境に直面して、第一義的には入学してくる生徒への「教室確保」に専念せざるを得なかったのである。この難局を如何にして乗り越えるかが課題であった。それは倒壊した廃材を利用した「教室」の再建築であった。第１期生を卒業させた水崎校長は、施設不十分との認識を持ちながら「学校は設備がなくとも、師弟の心交の存する所に現存する」との教育理念を語っている。

　［表四の３］は、昭和１３年現在淺野綜合中学校がどのように教育施設を整備していたかの状況をまとめたものである。「関東大震災」後、鉄筋コンクリートの「講堂」をはじめ「生徒図書閲覧室」（図書室）、運動場等々が整備されていたことを示している。

３、使用基本史資料

　本書で使用した基本的史資料を次に挙げる。

　　⑴　『教務日誌』
　　　・「昭和四年版」１月１日～１２月２７日
　　　・「昭和五年版」１月１日～１２月２６日
　　　・「昭和七年版」１月１日～１２月２６日
　　⑵　『淺野綜合中学校一覧』昭和１０年３月
　　⑶　『諸内規』昭和１１年改訂
　　⑷　『学校教育概況』昭和１３年６月１日

(5) 『学友』（淺野綜合中学校学友会）

- 第一号（発刊）大正１４年３月５日発行
- 第二号　　　　大正１５年３月５日発行
- 第三号　　　　昭和２年３月発行
- 第四号以下第七号まで、４冊は所在不明である。
- 第八号　　　　昭和７年発行
- 第九号　　　　昭和８年発行

［表四の３］　淺野綜合中学校施設状況（昭和１３年現在）

No	施　設	坪　数	備　　　　考
1	校地	13978.00	
2	運動場	6283.50	昭和１０年２月；「買収隣接地」を運動場に
3	講堂	130.00	大正１４年５月２４日；鉄筋コンクリート平屋建て「落成式」
4	屋内体操場	65.25	大正１０年３月、「雨天体操場」として　木造平屋建て
5	剣道場	65.25	
6	柔道場	24.00	
7	弓道場		
8	生徒図書閲覧室	24.00	昭和４年６月；「昭和館」木造２階建て 階上；校友集会所　　階下；図書室
9	実習工場	136.00	大正１２年３月；建設木造平屋建て　９月；大震災難を逃れる
10	農場	２反歩	園芸実習地（３００坪）含む
	記念館(本校舎)	311.00	鉄筋コンクリート２階建て
11	普通教室数	１６室	１年（４組）２年（３組）３年（３組）４年（３組）５年（３組）
12	特別教室数	２室	

（注） 1、『学校教育概況』（昭和１３年６月１日　現在）
　　　 2、『淺野綜合中学校一覧』（昭和１０年３月）
　　　 3、淺野綜合中学校校友会誌『校友』（昭和１１年７月）
　　　 4、浅野学園創立四十周年記念誌『回想』（昭和３５年）
　　　 5、大正９年４月「仮校舎にて授業開始・３組」　寄宿舎（８名収容）
　　　　　　→３年後、大正１１年４月仮校舎２階を改築、３学級増設計（３学年９学級となる）
　　　 6、「実習工場」；大正１１年４月「３年生　木工」の授業
　　　　　　　　　　　　大正１２年は準備および９月震災のため授業なし
　　　　　　　　　　　　大正１３年４月「４年生・５年生　木工及び鍛冶・機械仕上」の授業開始
　　　 7、関東大震災の惨状にコンクリート技術者の必要性を痛感した学校は、横浜市の委託を受け
　　　　　て大正１４年５月に「コンクリート工法講習所」を開設。今日の「浅野工学専門学校」の
　　　　　前身である。

- 第十号　　　　　昭和９年発行
- 第十一号　　　　　昭和１０年発行

(6)　『回想』（淺野学園創立四十周年記念誌）昭和３５年

(7)　『追悼』（故水崎基一先生）昭和１３年１１月２９日

(8)　『淺野總一郎』（淺野泰治郎・良三共著）大正１２年６月８日

(9)　『綜合中学の実現』（水崎基一著）昭和６年

4、教員構成

教員数は初代校長水崎基一を含めて１０名であった（注⑮）。

☆［資料］開校当初生徒数１３６名（内、寄宿生８名）、教員１０名。

☆教員名（大正９年４月１日付）

水崎基一	（校長、同志社普通学校）
佐藤清五郎	（生徒監、体操、砲兵少佐、経歴検定、陸軍士官学校）
中西大玄	（国語漢文）
大熊権平	（国語漢文）
近藤□□	（国語漢文）
増田市太郎	（数学、東京高等工業学校、無試験検定）
塩野叙光	（英語、同志社大学英文科選科）
西野好男	（英語）
向坂道治	（動物、東京帝国大学理学部選科生）
玉松交叙	（事務・植物）

担当教科はそれぞれ専門制を重視して教員を雇用したことが分かる。体操１名（砲兵少佐・陸軍士官学校卒）、国語漢文３名、数学１名（東京高等工業学校卒）、英語２名（１名が同志社大学英文科選科卒）、動物１名（東京帝国大学理学部選科生を招聘）、植物兼事務員１名である。

　［表四の４］は、最初に卒業生を出した大正１４年度と翌１５年の教員異動を示している。

　戦前の中等教育を担う教員は、高等師範学校、帝国大学、公私立専門学校、文部省教員検定試験合格など、多様な機関で養成されて教員資格

を獲得することが義務づけられていた。淺野綜合中学校では創立して数年間、高等師範学校卒が１人、その他帝国大学・陸軍士官学校卒２名、これ以外には教員検定による有資格者たちが採用されていた。「無試験検定」による東京高等工業学校・東京物理学校・東京音楽学校・早稲田大学・法政大学卒等の中等教員が多かったが、経歴が記載されない教員も数多く存在していたことも特徴である。

　専門制を重視するゲーリースクールにあって、淺野綜合中学校では三宅驥一（東京帝国大学農学部）との関わりが大きかった。三宅は既にゲーリーシステムに関する論文を発表してこのシステムを日本教育に導入することを推奨してきた研究者でもあった。東京帝国大学から三宅の愛弟子や研究者たちを淺野綜合中学校では招聘し、それ以外には水崎基一との関係が深い同志社大学卒等の教員たちを中心に採用していた。あるいは東京高等工業学校卒、東京物理学校卒等の「無試験検定」の教員たちで構成されていた。なお、参考として昭和１３年度における淺野綜合中学校教職員構成を［表四の５］にまとめて掲載した。出身学校のみならず経歴や「授業時数」・教科目等々を掌握する貴重な史料である。

5、県内中学校・高等女学校教職員

　県内の中学校、高等女学校の教職員数を出身校別にまとめた（出典は『各学校一覧表』《昭和３年度》）。［表四の６］・［表四の７］参照。

（1）　神奈川県立横浜第三中学校の事例

- 東京高等師範学校　　　　１０名
- 東京外国語学校　　　　　３名
- 東京帝国大学　　　　　　２名
- 国学院大學師範部　　　　２名
- これ以外１名（物理学校、体操校《のち日本体育大学》、東京音楽学校、陸軍士官学校）
- その他検定　　　　　　　３名
- 不記載　　　　　　　　　４名

［表四の４］　大正末期淺野綜合中学校教職員構成

| 教職員(No) | 大正14年度 | | | | 大正15年度 |
	役職	教授科目	経歴	資格	異動(◎継続　○就任)
1	校長	修身			◎
2		国語、漢文、修身			◎
3		体操	陸軍士官学校	経歴検定	◎
4		代数、物理	東京高等工業学校	無試験検定	◎
5		英語	同志社大学英文科選科		休職
6		図画			◎
7		英語			◎
8		物理、化学			横濱市共立女学校へ
9		数学	東京物理学校高等師範部	無試験検定	◎
10		体操、習字	陸軍戸山学校		◎
11		英語			休職
12		地理、化学			藤澤中学校へ
13		法政経済			都合退職、郷里和歌山県へ
14		国語、漢文、			◎
15		音楽	東京音楽学校	無試験検定	◎
16		博物	東京帝国大学農科大学実科	経歴検定	◎
17		国語、漢文、歴史			東京市日本大学中学校へ
18		英語			◎
19		数学	東京物理学校	試験検定	◎
20		国語、漢文	尋常小学校		◎
21		歴史	早稲田大学高等師範部	無試験検定	◎
22		商業			退職、実業へ
23		鍛工			◎
24		木工			◎
25		校医			◎
26	―				○剣道
27	―				○軍事教練
28	―		同志社大学		○法経
29	―		東北大学理学部卒業		○物理、化学
30	―		國學院大學文学部		○国語、漢文
31	―		法政大学校高等師範部卒業　本校第1期卒業	無試験検定	○事務
32	―		第一高等学校助教授		○地理
33	―		東京高等商業学校出身		○地理
34	―		明治大学出身		○英語、商業
35	―		広島高等師範出身		○英語

(注)　1、淺野綜合中学校学友会誌『学友第２号・第３号』（大正１５年３月・昭和２年３月発行）より作成。
　　　2、No１（水崎基一）、No２（中西大玄）、No３（佐藤清五郎）、No４（増田市太郎）、No５（塩野叙
　　　　光）は、設立当時より。

ゲーリーシステムの研究

［表四の５］　昭和初期淺野綜合中学校教職員構成

教職員(No)	担任	出身学校	経歴	就任年月日	本籍地	職名	年齢	受持時数
1	校長・修身	同志社普通学校 エデンバラ大学 ロンドン大学		大正9・4・1	長野			
2	実業・事務	同志社大学		大正15・2・11	京都	―		
3	歴史・地理	早稲田大学		昭和2・4・1	東京			
4	英語	早稲田専門学校		昭和2・4・23	神奈川	―		
5	英語	明治学院高等学部		5・9・1	東京	―		
6	校医	熊本医学専門学校		5・11・1	神奈川	―		
7	数学	東京物理学校		6・3・28	福岡			
8	国語・漢文	東京帝国大学		7・4・6	東京	―		
9	珠算	日本大学		8・4・1	東京	―		
10	事務	淺野綜合中学校		8・9・1	神奈川	―		
11	教練(教官)	陸軍士官学校		9・3・6	大分	―		
12	修身・実業	東京商科大学		9・4・1				
13	理科	東京帝国大学実科	経歴検定	大正13・4・10	広島	教諭	46	応用理科3 博物9
14	作業・体操	陸軍士官学校	経歴検定	大正9・4・1	宮城	教諭	62	作業科3 体操17
15	理科・数学	東京高等工業学校	無試験検定		神奈川	全	44	数学17
16	英語	同志社大学		々	東京	全	44	英語21
17	数学	東京物理学校	無試験検定	大正11・4・1	京都	全	47	数学22
18	教練・体操	陸軍戸山学校		大正12・5・7	岩手	全	53	教練7 体操9 剣道4 作業4
19	音楽	東京音楽学校	無試験検定	大正13・4・10	神奈川	全	43	音楽10
20	数学	東京物理学校	試験検定	大正14・4・1	新潟	全	62	数学18
21	国語・漢文	尋常小学校	検定試験	々	新潟	全	49	漢文6 国語13 作業科1
22	歴史	早稲田大学	無試験検定	大正14・5・7	千葉	全	56	歴史23
23	金工	高等小学校		昭和2・4・11	新潟	嘱託	47	作業科24
24	木工	神奈川県立工業学校		2・5・1	神奈川	嘱託	41	作業科24
25	国語・漢文	大東文化学院	無試験検定	3・4・8	東京	全	35	国語6 漢文9
26	々	東洋大学	無試験検定	3・4・9	神奈川	全	32	漢文2 国語17
27	剣道	尋常高等小学校		3・4・10	神奈川	嘱託	52	剣道6 柔道6
28	博物	宇都宮高等農林学校		3・4・10	茨城	全	33	地理3 一般理科8 博物6 作業科4
29	作法・公民・漢文	陸軍士官学校 東京高等師範学校国漢科 (臨時教員養成所)	無試験検定	6・4・1	長野	教諭	63	修身10 作法4
30	英語	法政大学	無試験検定	7・4・1	神奈川	全	32	英語21
31	理科	同上	無試験検定	7・5・1	島根	教諭	33	化学15
32	数学	東京物理学校	無試験検定	8・4・1	東京	全	32	数学22
33	習字・図画	東京美術学校	無試験検定	々	福井	全	49	習字9 図画14
34	柔道			8・9・1	岩手	嘱託	47	
35	英語・修身	東京帝国大学		8・9・1 5	神奈川	嘱託	29	修身6 公民科6
36	実業助手	淺野綜合中学校		9・4・1	神奈川			
37	英語・商業	台北高等商業学校	無試験検定	10・4	東京	教諭	29	英語11 実業7
38	出征中	尋常小学校		10・5	山梨	嘱託	40	
39	英語	早稲田大学文学部英文科	無試験検定	10・7	東京	教諭	34	英語21
40	修身・国漢文	國學院大學高等師範部	無試験検定	々	神奈川	全	29	漢文6 国語15
41	物理・化学	東京物理学校	無試験検定	11・4	神奈川	全	26	物理15 数学7 作業科1
42	地理	早稲田大学高等師範部	無試験検定	11・8	千葉	全	59	歴史6 作業科1 地理16
43	英語	東京帝国大学文学部	無試験検定	12・5	東京	全	53	英語14
44	教練(教官)	陸軍士官学校 (准尉候補者)		々	神奈川	嘱託	58	教練27
45	英語	青山学院文学部	無試験検定	々	東京	全	25	英語8
46	数学	世田谷商業学校		13・4	東京	全	25	珠算2
47	国漢文	國學院大學高等師範部	無試験検定	々	長野	全	22	国語12

（注）　1、教職員No1～12は『淺野綜合中学校一覧』（昭和10年3月）より、No13～47は『学校教育概況』（昭和13年6月1日）より作成。
　　　　2、年齢は、昭和13年6月1日現在。

168

[表四の６]　昭和初期神奈川県立横浜第三中学校教職員一覧

氏名(No)	職　名	担当学科	校務分掌		出身校	任　命	出身県
1	校長	修身			東京高師校	大正12・2・23	青森
2	教諭	物理	教務		同	同 14・9・30	神奈川
3	同	英語		5A主任	東京外国語校	同 12・4・20	同
4	同	国語・漢文・歴史	監督		東京高師校	同 12・3・31	同
5	同	数学	教務		同	同 12・4・11	香川
6	同	英語		4A主任	東京外国語校	同 13・3・31	山口
7	同	国語・漢文		4B主任	大東文化学院	昭和 2・4・9	宮城
8	同	体操、剣道	監督		体操校	大正12・3・31	長野
9	同	国語・漢文		3A担任	國學院	同 13・3・31	神奈川
10	同	数学		5B主任	東京高師校	同 13・3・31	岡山
11	同	英語		2A主任	東京帝大	同 15・4・5	東京
12	同	地理	教務	5C主任	検定	同 13・4・16	神奈川
13	同	歴史	教務	2B主任	国学院	同 14・3・31	福岡
14	同	国語・漢文	教務	1A主任	東京高師校	同 13・3・31	新潟
15	同	化学		4C主任	同	大正12・3・31	埼玉
16	同	国語・漢文		2B主任	検定	同 15・3・31	山口
17	同	英語		3C担任	東京高師校	昭和 2・3・31	島根
18	同	数学		1B主任	物理学校	同 13・3・31	長野
19	同	数学	監督		東京高師校	大正15・3・31	静岡
20	教授嘱託	英語				同 14・11・1	英国
21	同	博物		3C担任	東京帝大	昭和 2・4・20	岐阜
22	同	図画・習字			検定	大正15・4・5	宮城
23	兼・同	英語		1C主任	東京外国語校	同 14・3・31	神奈川
24	教授嘱託	体操、教練	監督			同 14・4・12	山梨
25	同	生理、衛生、柔道	同		東京高師校	同 15・4・10	愛知
26	同	音楽			東京音楽学校	昭和 2・3・31	東京
27	同	剣道			京都武専校	大正12・5・5	茨城
28	同	同				同 12・5・5	同
29	同	柔道				同 14・8・31	同
30	配属将校	教練	監督		陸軍士官学校	同 14・4・25	神奈川
31	書記	会計、体操				同 12・3・20	宮城
32	同	庶務				同 14・6・30	神奈川
33	学校医				千葉医専校	同 12・3・31	長野

（注）　1、「神奈川県立横浜第三中学校全図」（『神奈川県下男子中学校教務主任会議』
　　　　　配布資料《昭和２年１０月１０日》）より作成。
　　　　2、同中学校は、大正１２年４月７日横浜に開校。
　　　　3、氏名に関しては、「配布資料」には実名記載であるが番号（No）に変えた。

ゲーリーシステムの研究

［表四の7］　昭和初期神奈川県立川崎高等女学校教職員一覧

氏名(No)	職 名	担当学科	出身学校	就職年月	本 籍
1	校長	修身	東京高等師範学校	昭和 2・4・30	神奈川
2	教諭	国語、歴史	國學院大學師範部国語漢文科	大正12・5・29	仝
3	仝	国語、歴史	東京高等師範学校	同 15・5・31	千葉
4	仝	歴史、教育	同	昭和 2・4・30	仝
5	仝	数学、化学	秋田鉱山専門学校	大正13・9・25	茨城
6	仝	物理、博物	神奈川県師範学校文部省検定	同 13・3・31	神奈川
7	仝	地理、体操	京都師範学校	同 14・4・16	京都
8	仝	作法、家事	奈良女子高等師範学校家事科	同 12・8・31	富山
9	仝	英語	早稲田大学文学部英文科	同 15・5・31	新潟
10	仝	裁縫、手芸	東京女子職業学校高等師範科	同 12・8・31	長野
11	仝	音楽	東京音楽学校声楽部	同 13・4・1	東京
12	仝	国語	東京女子高等師範学校	昭和 3・3・31	鹿児島
13	仝	裁縫、手芸	戸板裁縫女学校文部省検定	同 3・5・19	熊本
14	仝	図画	東京美術学校図画師範科	大正15・4・13	大分
15	書記教授嘱託	数学	秋田師範学校	同 12・3・31	秋田
16	教授嘱託	体操、家事科	第六臨時教員養成所体操家事科	昭和 2・11・21	香川
17	仝	裁縫、手芸	女子共立職業学校	同 3・4・12	茨城
18	仝	習字	小学校正教員	同 2・4・7	神奈川
19	仝	英語	日本女子大学英文学部	同 2・3・31	宮城
20	仝	生花		大正13・5・15	神奈川
21	学校医		東京医科大学	同 14・5・18	長野

（注）　1、「川崎高等女学校一覧」（『縣下中等学校教務主任会議』配布資料《昭和
　　　　　3年6月5日》）より作成。
　　　2、神奈川県立川崎高等女学校は、大正12年4月1日川崎に開校。
　　　3、氏名に関しては、「配布資料」には実名記載であるが番号（No）に変えた。

（2）　神奈川県立川崎高等女学校の事例

- 東京高等師範学校　　　　　３名
- それ以外１名（主たる学校）

　　　（奈良女子高等師範学校、東京女子高等師範学校、神奈川県師範学
　　　校、京都師範学校、秋田師範学校、秋田鉱山専門学校、国學院大学
　　　師範部、早稲田大学、東京音楽学校、東京美術学校、東京女子職業
　　　学校、第六臨時教員養成所《１９０６年に東京女子高等師範学校に
　　　設置された臨時教員養成所》　日本女子大学、戸板裁縫女学校）

　県立横浜第三中学校（大正１２年４月開校）、県立川崎高等女学校（大
正１２年４月開校）が東京高等師範学校や公立の師範学校卒教員が多く
採用されているところが、私立淺野綜合中学校との大きな違いである。

第二項　入学生徒の特質

　第１回卒業生（１９２０年４月入学生）の居住地はほとんど神奈川県
内、なかでも横浜市内（全卒業生数５８名中１９名、３３％）で占めて
いて、とくに神奈川町・青木町・子安町という地元３地域１１名と隣町
の鶴見町１２名が突出している［表四の８］。関東大震災等々の影響で入
学者数（１３６名）の内、卒業生数が５８名（４２.６％）となり約６割
の生徒たちが卒業することができなかった（注⑯）。この実状をどう考え
るか大きな課題を呈している。

　［表四の９］は生徒異動を在校中そして卒業後の志望先を調べたもの
である。「関東大震災」の翌年、１９２４（大正１３）年度から入学者数
が増加傾向を示しているが、大正末から昭和初期に「中途退学者数」が
約３４％から４０％を超える高い比率を示していることは注目しなけれ
ばいけない（注⑰）。この「中途退学者」問題について次に検討する。

　［表四の１０］は、１９２９年度卒業生（第５期生）が入学した５年
前の入学試験状況であり、この表から昭和初期に淺野綜合中学校がどの
ような入学試験を実施していたかを知ることが出来る。その特徴を見る

[表四の８]　淺野綜合中学校第１回卒業生（大正１４年３月卒）居住地

1、神奈川県居住

No	横濱市	人数	橘樹郡	人数	都筑郡	人数	川崎市	人数
1	神奈川町	4	鶴見町	12	新治村	3	大師河原	3
2	青木町	4	潮田町	2	都岡村	1	榎木	2
3	子安町	3	田島町	2	計	4	計	5
4	浅間町		大綱町	2				
5	中村町	1	日吉町	1	鎌倉郡	人数	足柄上郡	人数
6	西戸部町	1	保土ヶ谷町	1	戸塚町	1	山田村	1
7	平沼町	1	旭村	1	計	1	計	1
8	宮崎町	1	計	21				
9	三吉町	1						
10	本牧町	1						
	計	19						

2、神奈川県以外居住

No	東京府下荏原郡	人数	他府県	人数
1	入新井町	1	兵庫県	2
2	蒲田町	1	茨城県	1
3	千駄ヶ谷	1	大連市	1
	計	3		

（注）　1　淺野綜合中学校学友誌『学友第２号』（大正１５年３月３日発行）より作成。

と、まず第１段階として、口頭試問を実施して受験者を絞込んでいる。そして、翌日、学科試験をする。「有試験」状況を見ると、受験者２３５名に対して合格者１３２名（倍率１．７８倍）とやや厳しい入学試験状況であったことが明らかである（「無試験」の合格条件は記載されてはいない）。合格者の「学歴」を見ると、「無試験・有試験」者合計で尋常小卒比率６０．１％、高等小一年卒３０．１％、同二年卒９．８％と、高等小学校卒の合格者が約４０％を占める状況である。年齢でいえば１３歳、１４歳で淺野綜合中学校の第一学年に入学してくることである。参考として翌年度入試状況もまとめておいた。［表四の１１］参照。

[表四の９]　昭和初期淺野綜合中学校卒業生調査（昭和４年～７年）

No	項目	昭和４年３月 第５回卒業生 (大正１３・４入学)	昭和５年３月 第６回卒業生 (大正１４・４入学)	昭和６年３月 第７回卒業生 (大正１５・４入学)	昭和７年３月 第８回卒業生 (昭和２・４入学)
1	受験者総数	183	176		248
2	入学者数	103	116		126
3	中途入学	21	13		14
4	中途退学	50	49		47
5	5年原級	1	0		0
6	卒業者数	73	80	101	93
7	同上累計	356	436	537	630
8	《現住所》				
	横濱市	53	51		69
	川崎市		6		9
	郡部	14	9		9
	県外	6	14		6
	計	73	80		93
9	《卒業後志望先》				
	官立高等学校	4	2		4
	私立高等学校		6		
	官立高等専門学校	17	13		21
	私立高等専門学校	12			22
	私立大学予科		11		11
	私立大学	6			
	教員養成所		14		
	師範2部				1
	実務	22	23		45
	小学校教師	8			
	未定	4			
	計	73	69		108

（注）１、各年度『教務日誌』（３月１０日）より作成。単位；人
　　　２、昭和６年度『教務日誌』は所在未確認。卒業者数等は累計を参照して算出。

[表四の１０] 昭和4年度淺野綜合中学校入学試験状況

１、口頭試問(3月27日)

	志願者	欠席	受験者
特甲(無試験)	74	53	21
普通(有試験)	327	92	235
計	401	145	256

２、学科考査(3月28日)

	受験者	合格	不合格
無試験	21	21	0
有試験	235	132	103
計	256	153	103

３、合格者学歴(3月29日)

	高等小2年	高等小1年	尋常小卒	計
無試験	2	5	14	21
有試験	13	41	78	132
計	15	46	92	153
		61		

※他に「無試験」で高等小２年１名が追加合格。
（注）１、淺野綜合中学校『教務日誌』（昭和４年度）より作成。

　[表四の１２]は転退学等調査である。入学した後の生徒異動を示している。

　当時の神奈川県立横浜第三中学校（現在の県立緑が丘高等学校）でも、１９２７年度入学試験状況を見ると許可者数は尋常小学校卒１１８名（８０.３％）、それ以外約２０％が高等小学校卒業であることを示している[表四の１３]《１７８ページ参照》。淺野綜合中学校との比較は入試年度が異なるとかあるいは私立と県立等の違いとかはあるが、尋常小学校卒業後、高等小学校に入学したあと中学校に入学して来る生徒が横浜第三中でも２０％を超える数値を現出していることが注目される。

［表四の11］昭和５年度淺野綜合中学校入学試験状況

1、口頭試問（期日不記載）

	志願者	欠席	受験者
特甲（無試験）			28
普通（有試験）			200
計	352	124	228

2、学科考査（3月28日）

	受験者	合格	不合格
無試験	28	28	0
有試験	200	125	75
計	228	153	75

3、合格者学歴（3月29日）

	高等小2年	高等小1年	尋常小卒	計
無試験				
有試験	5	40	108	153
計				

※「感想；前年度より志願者少きも、質は良好の様にて判定容易為めに、
　夕方迄に掲示を書き終る」（3月28日記載）

（注）１、淺野綜合中学校『教務日誌』（昭和５年度）より作成。

［表四の12］　昭和初期淺野綜合中学校生徒退学・転学等調査

（1）昭和4年度

	退学					除籍			転学			死去	休学	計
	家事都合	病気	無届欠席	不良成績	不記載	欠席日数	不良成績	不記載	不良成績	無届欠席	不記載			
1月												2		2
2月	1	1			2								1	5
3月	2	1						1			3			7
4月	8			5							14	1		28
5月	1	1						1			3			6
6月		3												3
7月	1				1									2
8月														
9月	3	2						2		1				8
10月														1
11月							3							5
12月	1				3									6
計	19	9		5	6	3		5			22	3	1	73
	39					8			22					

（注）　1、淺野綜合中学校『教務日誌』（昭和4年度）より作成。
　　　　2、転出；師範入学・1名（1年）、日大第二中学校へ1名（1年）、台湾中学校へ1名（1年）、東京府立第二中学校へ1名（1年）、上級学校へ2名（5年）・1名（4年）・1名（3年）、川崎中学校へ4名（1年）、藤澤中学校へ1名（4年）、福島県立福島中学校へ1名（4年）、桃山中学校へ1名（4年）、崇浜学園商業部へ1名（1年）、福井中学校へ1名（3年）、鳳中学校へ1名（2年）等々が転出先として記載されている。

（2）昭和5年度

	退学					除籍			転学			死去	休学	計
	家事都合	病気	無届欠席	不良成績	不記載	無届欠席	不良成績	不記載	不良成績	無届欠席	不記載			
1月		1			1								1	3
2月	1				1									2
3月	2				1			1						4
4月	3			8	5		2				1	1	1	21
5月				3				7					5	15
6月					2									2
7月														
8月														
9月	1	3						2			3	1	1	11
10月	1							1						2
11月	1	1												2
12月	3				2						2			7
計	12	5		11	12		2	11			6	2	8	69
	40					13			6					

（注）　1、淺野綜合中学校『教務日誌』（昭和5年度）より作成。
　　　　2、転出；今宮中学校へ1名（3年）、豊山中学校へ1名（1年）、日大第二中学校へ1名（3年）、尾張中学校へ1名（2年）等々が転校先として記載されている。

（3）昭和7年度

	退学					除籍			転学			死去	休学	計
	家事都合	病気	無届欠席	不良成績	不記載	無届欠席	不良成績	不記載	不良成績	無届欠席	不記載			
1月														
2月	1													1
3月	4			10			4		8					26
4月	1		5			4				1				11
5月								1			1			2
6月					1									1
7月	1	1			1									3
8月														
9月	2				1						1			4
10月	2	1			1			1						5
11月														
12月	1							1				1	2	5
計	12	2	5	10	4	4	4	3	8	1	2	1	2	58
	33					11			11					

（注）　1、淺野綜合中学校『教務日誌』（昭和7年度）より作成。
　　　　2、転出；村松中学校へ1名（1年）、東京府立第7中学校へ1名（2年）、
　　　　　転入；石川県立第一中学校より1名（1年）、神奈川県立第二中学校より1名
　　　　　　（2年）、岐阜県立第一中学校より1名（3年）、不記載・1名（4年）

　［表四の14］《179ページ参照》は、淺野綜合中学校を受験した出身別小学校児童数を示したものである。二ツ谷、青木、子安、浦島に代表される地元小学校（漁村、工業地域）が多い。4小学校で受験者数59名は全体の23.0％、同じく入学者数36名は全体の25.4％を占めているが、戸部や本町、横浜という市街地・商業地域や、さらには保土谷、神奈川という近郊農村地域へと広がりをもつ受験者・入学者層という受験環境をもつ私立中学校であった。県外からも16人の受験者数で10人が入学している。

ゲーリーシステムの研究

［表四の１３］　昭和初期神奈川県立横浜第三中学校教育状況

1、昭和2年度入学志願者状況

	尋常小卒	高等1年	高等2年	その他	計
志願者	267	78	13	0	358
受験者	151	75	13	0	239
許可者	118	28	1	0	147
計	536	181	27	0	744

2、学歴

	尋常小卒	高等1年	高等2年	その他	計
一年	123	27	1	3	154
二年	123	27	2	1	153
三年	113	23	7	0	143
四年	90	29	4	3	126
五年	63	25	1	2	91
計	512	131	15	9	667

3、年齢

	13歳	14歳	15歳	16歳	17歳	18歳	19歳	計
一年	109	39	4	0	0	0	0	152
二年	1	101	32	8	1	0	0	143
三年	0	1	94	30	14	0	0	139
四年	0	0	1	74	40	8	1	124
五年	0	0	0	0	59	20	8	87
計	110	141	131	112	114	28	9	645

4、現住所

	横浜	久良岐	橘樹	都筑	鎌倉	他郡市	他府県	支那	計
一年	147	2	1	1	2	0	0	0	153
二年	138	5	0	2	3	0	0	0	148
三年	139	1	0	1	1	0	1	0	143
四年	119	1	0	0	1	0	0	0	126
五年	90	0	0	0	0	0	1	0	91
計	633	9	4	4	6	0	5	0	661

5、父兄職業

	一年	二年	三年	四年	五年	計
官公吏	14	14	12	9	5	54
教員	12	7	7	3	6	35
教導職	2	0	2	3	3	10
医師	8	7	6	6	1	28
弁護士	1	0	0	1	0	2
商業	35	40	34	33	29	171
工業	4	2	5	7	3	21
会社員	36	32	36	34	23	161
請負業	3	2	2	3	3	13
運送業	2	4	0	1	0	7
船員	5	2	8	3	1	19
貸家業	5	15	4	1	1	26
農業	5	6	3	3	1	18
雑業	14	5	8	4	5	36
無職	7	9	19	13	10	58
計	153	148	143	124	91	659

（注）　1、資料；「神奈川県立横浜第三中学校一覧」（昭和2年4月末日現在）より作成。
　　　　2、横浜第三中学校は、大正12年4月開校。同年9月1日の「関東大震災により事務所大破す。
　　　　　職員家屋全焼一、生徒死亡者一名」（同上『一覧』）より。

［表四の１４］　昭和４年度淺野綜合中学校入学試験出身小学校一覧

No	小学校名	合格入学者数				合格不入学者数	不合格者数				受験者数
		尋常6	高等1	高等2	計		尋常6	高等1	高等0	計	
1	二　　谷	9	……	?	11	2	4		2	6	19
2	青　　木	9	1		10	1	3	3		6	17
3	浦　　島	9	1		10						11
4	戸　　部	1	5	1	7		3	1		4	11
5	三ツ留		5	1	6			1	1		7
6	子　　安	4	1				3		4	7	12
7	横　　濱	2	1				2	1		3	8
8	幸ケ谷	1	4		5		1			1	6
9	保土ヶ谷	2	2		4			3	1	4	8
10	神奈川	4			4		3			3	7
11	田　　島		3		3						6
12	豊　　岡	3			3		3			3	6
13	川　　崎	3			3						3
14	横・旭	2	1		3						3
15	宮　　前	3			3						6
16	本　　町	2			2		2		2	4	10
17	日枝第一		2		2						2
18	磯　　子	2			2						2
19	一本松						1	4		5	7
20	根　　岸	1			2						2
21	西平沼								3	3	3
22	寿				2						2
23	南吉田										2
24	大　　綱		2		2						2
25	鶴　　見		2		2				2		4
26	日枝第二	1									2
27	太　　田		2			1					3
28	城　　郷			1					3		5
29	大山・				2						2
30	生　　麦	1	1		2						2
31	市　　場						2			2	3
32	大　　和	1			2						2
33	鎌　　倉	1									1
34	峯			1				3		3	4
35	星　　川	1			1						1
36	北　　方	1			1						1
37	女　　師	1			1						1
38	西　　前		1								1
39	川・大島	1									1
40	滝　　頭	1			1						1
41	稲荷台										1
42	御　　幸										2
43	吉　　田										1
44	西戸部										1
45	中　　山				1						1
46	都築旭	1			1						1
47	新田(県外)						1			1	2
48	浜　　町	1			1						2
49	立　　野	1			1			2		2	3
50	玉　　川										2
51	老　　松										1
52	本　　牧			1							2
53	潮　　田										1
54	富　　谷						3		1	4	4
55	神　　橋						2			2	2
56	下野谷						2			2	2
57	中　　野						2			2	2
58	三　　吉							2		2	2
59	大　　鳥						2			2	2
60	川・旭						2			2	2
61	樽　　岡										1
62	元　　街						2		3	3	3
63	渡　　田										1
64	岡　　野										1
65	県　　外	5	2	3	10		3	1	2	6	16
	合　計	83	43	16	142	12	51	25	26	102	256

（注）　１、昭和４年度『教務日誌』より作成。昭和４年４月９日「入学式」時に調査したもの。

第四節　学校教育の展開

第一項　教育課程の特質

　淺野綜合中学校では、具体的にどのような教育が展開されていたか、教育課程表を検討することとする。［表四の15］は、昭和初期の淺野綜合中学校教育課程表である（注⑱）。

　まず、中学一・二・三年の基本科目時間数（週３０〜３２時）の維持と四・五年での増設科目の設置に特徴をもつ教育課程を組んでいる。この教育課程表は、昭和初期に実施されていた教育を示していて、創立当時の大正９年に入学した生徒の５ヶ年間の教育実態ではないことをあらかじめ断っておく。［表四の１６］は、実業組の教育課程表である。

　その特徴を述べるとまず第１点として、中学３年間は「普通中学」と同じ課程を、つまり他の公立中学校と基本的には変わりない教育課程を設定していることが挙げらえる。しかし、異なる点が１つある。それが中学一年から「作業科」を導入していることである。一年で「校庭の手入れ・園芸」（２時間）、二年で「木工及塗仕上」（２時間）、三年で「鍛工」（１時間）、次に進級すると、四年で「木・金工、旋盤」（１時間）、最終学年の五年で「園芸・測量」（２時間）を「基本科目」として課しているところである。第二学年からは工場実習が開始される。

　第２点は、第四学年から第一種（実業組）と第二種（受験組）とを併設して、「増設科目」（選択科目）を１週間に１４から１５時間を設定して教育内容を併存していることである。この基本科目と選択科目とを併存させて教育課程を組織化したことこそ、まさしく淺野綜合中学校がゲーリーシステムを導入した特質の一つであった。１週間の授業時数を３４時間とすると全体の４０％以上に選択科目を配置していることである。「第一種組」に「基本科目」に加えて実際的な「商事要領・簿記」を１週間に４時間ほど増課し、「第二種組」に「国語講読」、「代数・幾何・三角」及び「外国語（英語）」を増課している。

[表四の15]　昭和初期淺野綜合中学校教育課程表

学科目		第一学年	毎週時数	第二学年	毎週時数	第三学年	毎週時数	第四学年	毎週時数	第五学年	毎週時数
基本科目	修身	道徳の要領	1	同左	1	同左	1	同左	1	同左	1
	公民科							立憲自治社会生活の要領	1		1
	国語漢文	国語講読作文文法習字	7	国漢講読作文習字	6	国漢講読作文文法	6	同左	4	国漢講読作文	4
	歴史	歴史	3	東洋史	3	東洋史	3	西洋史国史	3	国史	3
	地理	日本地理	3	日本地理		外国地理		外国地理		地理概説	
	外国語（英語）	発音綴字語方解釈審査習字	5	読方解釈会話作文書取習字	5	読方解釈会話作文書取文法	6	同左	5		
	数学	算術代数幾何	3	代数幾何	3	算術代数幾何	5	代数幾何三角	5	代数幾何三角	4
	理科	物理化学動物植物	2	同左	2	物理化学生理及衛生	3	物理化学鉱物	5	物理化学	4
	図画	自在画	1	同左	1	自在画用器画	1	自在画用器画			
	音楽	歌曲楽典	1	同左	1						
	作業科	校庭の手入園芸	2	木工及塗仕上	2	鍛工	1	木、金工旋盤	1	園芸測量	2
	体操		5		5		5		5		5
基本科目総時数			30		30		32		20		20

増設科目（第四学年・第五学年）

増設科目	第四学年 第一種	毎週時数	第二種	毎週時数	第五学年 第一種	毎週時数	第二種	毎週時数	第三種	毎週時数
国語漢文			国語講読	2	習字	1	国漢講読	1	国語講読	1
外国語	読方解釈会話作文文法	5	同左	7	同左	6	同左	6	同左	
数学	代数幾何珠算	4	代数幾何	4	三角算術珠算	3	代数幾何	3	代数幾何三角	
理科	生物通論	4	同左	4	同左	4	同左	4		
実業	商事要領簿記	4	同左	4	同左		同左			
図画	自在画用器画	0	同左		同左		同左			
増設科目に充つべき総時数		2		2		14		15		1
合計		31		32		34		35		3

（注）1、1935（昭和10）年3月『淺野綜合中学校一覧』より作成。原典は、1931（昭和6）年4月に改正施行された『淺野綜合中学校学則』である。

[表四の１６]　昭和初期淺野綜合中学校「実業組」教育課程・教科別週授
業時間表

学科目	1学年	2学年	3学年	4学年	5学年
修　身				1	1
公　民				1	1
国語漢文				4	3
習　字				1	1
歴　史				2	2
地　理		普		1	1
英　語		通		4	5
代　数		中		3	
幾　何		学		2	
商　算		の			1
三　角		課			2
珠　算		程		1	1
博　物		を		1	
物　理		課		2	2
化　学		す		2	2
図　画				1	
体操教練				4	5
商　業				2	2
商　作					1
商　英					1
簿　記				2	2
作　業		1学年より課す		1	1
工　場		2学年より課す		2	3
合　計				37	37

（注）　１、淺野綜合中学校校友会誌『校友』（昭和１１年７月）より作成。
　　　　２、工場実習は、木工・板金・鍛冶・旋盤・電気・自動車・コンク
　　　　　リート・化学・製図部門に。

　つまり、淺野綜合中学校の教育課程を検討した結果、「基本科目」のなかに中学一年に「作業科」、そして二年生に「工場実習」を導入した「普通教育と職業教育との併存した教育」を展開し、さらに、上級学年に進むと生徒の将来を考えた多様な「選択科目」を設定した「綜合中等教育」（コンプリヘンシブ）を実施していたことが明らかとなった。

第二項　夏休み校舎利用の「夏期講習」

　次に、「夏期講習」の実態を検討することとする。

　この教育課程に組まれた科目を見ると、入学してから３年間は、基本科目の「国語漢文」と外国語（英語）を中心に配分し、上級学年になるにつれて第二種（受験組）は数学と英語の受験科目を多く設定して、さらに夏休みには授業料等を徴収して、かつ校舎を利用して７月下旬と８月下旬に集中して「夏期講習」を実施している。［表四の１７］は昭和初期における「夏期講習」の状況である。

　第１学期を７月２３日（土）に終了すると、翌週明けの月曜日から五年生（卒業学年）３０人を「受験補充」目的で毎日４時間を組んで、４日間の日程で「英語」の講習を実施している。高等学校への受験を準備した「夏期講習」が夏休み後半の８月２８日から８日間、「数学」を対象として１０人の受講者を指導している。このように受験生を対象にした夏期講習以外にも、入学したばかりの中学一年生には「劣等補充」として３７人を対象に「英語」を実施している。科目的には各学年とも英語を中心とした外国語の講習であることが特徴である。

　このように検討すると、淺野綜合中学校では受験に向けた学力向上を目指す「夏期講習」だけではなく、学力が不足している生徒にも夏休み期間（ゲーリースクールでは「夏期学校」という）に、学校施設（教室）を有効的に利用して、つまり「施設を遊ばすことなく」利用して学校教育が実施されていたのであった。

[表四の１７] 昭和初期淺野綜合中学校夏期講習実施状況

◎第２期（８月）

担当教員	英語					数学		
	市倉	越川	塩野	片山	日下部	伊藤	日下部	桜庭
科目	英語	英語	英語	英語	幾何	代数	数学	数学
学年	1年	2年	3年	4年	3年	3年	4年	5年
人数	37人	35人	22人	25人	22人	40人	15人	10人
内容	劣等補充	補充	劣等補充	補充	劣等補充	優等補充	受験補充	受験補充
期間	7日	14日	9日	6日	9日	8日	6日	8日
曜日								
8月20日　土		○開始						
21日　日		↓						
22日　月		↓						
23日　火		↓						
24日　水		↓	○開始	○開始	○開始			
25日　木		↓	↓	↓	↓			
26日　金		↓	↓	↓	↓	○開始		
27日　土		↓	↓	△終了	↓	↓		○開始
28日　日	○開始	↓	↓		↓	↓	○開始	↓
29日　月	↓	↓	↓		↓	↓	↓	↓
30日　火	↓	↓	↓		↓	↓	↓	↓
31日　水	↓	↓	△終了		↓	↓	↓	↓
9月1日　木	↓	↓			△終了	↓	↓	↓
2日　金	↓	△終了				△終了	△終了	↓
3日　土	△終了							△終了
4日　日								

◎第１期（７月）

担当教員	淺野	森田
科目	英語	物理
学年	5年	4年
人数	30人	20人
内容	受験補充	受験補充
期間	4日	5日
曜日		
7月25日　月	○開始	
26日　火	↓	○開始
27日　水	↓	↓
28日　木	△終了	↓
29日　金		↓
30日　土		△終了
31日　日		

毎日４時間

(注)　1、昭和７年度『教務日誌』より作成。
　　　2、７月２３日（土）；第１学期終業式。 ９月６日（火）；第２学期始業式。
　　　3、日下部の場合、８月２９日～３１日の３日間は重複しているが『教務日誌』の主記載。

第三項　作業「工場実習」の実施

　この項では、ゲーリーシステムの大きな特徴である「作業」教育の実態を検討する。次に示す［表四の１８］は、創立して１０年後、１９３０（昭和５）年６月２７日（金）の全学級の授業時間割表である。

　中学一年と五年とを除いて「工場実習」に教員を当日１０人前後割り当てて、７時間目に作業を実施した。金工・佐藤松吉、木工・田中福松教員以外にも体操・国漢・博物・物理化学等々の作業担当教員が配置されている（前述の［表四の５］）。履修学年は「作業科」として、「木工」を第二学年と第四学年に課し、「金工」を第四学年、「手仕上工（鍛工）」を第三学年、「機械仕上工（旋盤）」を第四学年にそれぞれ課している。

　『学校教育概況』や『教務日誌』によると、工場等で製作された製品は展覧会を開催して即売されることがあった。販売目的に生徒たちは作業に従事する（労働する）わけではないが、年額４００円を超える販売収入が記録されている。第２学期１０月、１１月に「工場製作品展覧会」として実習工場内で展覧会が開催された。この展覧会に関しては学校行事として位置づけて、学校長名で保護者に作業奨励のために来観してほしい旨が通知されていた（注⑲）。

１、工場製作品展覧及び即売会

　工場製作品がどのように展覧され、そして即売会が実施されていたかの資料である。各年度『教務日誌』から抜粋したものである。工場での生徒製作品の展覧と即売の実状を知ることができる。工場での製品だけではなく、科学、図画、博物等の授業成果の展覧、あるいは園芸展覧等々を含めて多方面にわたる「実習教育」を公開している。

　☆略年表
- 昭和７年　１月２２日　　　今明両日、講堂にて混凝土展覧会を開く
- 昭和７年１１月１８日　　　本日より混凝土、工場、科学の各展覧会
- 昭和８年１０月１５日　　　本日より３日間、工場製作品展覧会、科学、図画、博物展覧会開催

[表四の18] 昭和初期浅野綜合中学校「1日授業時間割表」

学年	組	1時間目	2時間目	3時間目	4時間目	5時間目	6時間目	7時間目 工場（作業担当教員人数）			
								木工	金工	手仕上工（鍛工）	機械仕上工（旋盤）
第1学年	A	体操	国副	唱歌	算術	国正	英語				
	B	地理	国正	英語	唱歌	算術	教練				
	C	唱歌	地理	教練	国副	英語	国正				
第2学年	A	国正	英正	代数	図画	代数	地理				
	B	図画	教練	英正	地理	教練	国正	11人			
	C	英正	図画	国正	教練	地理	代数				
第3学年	A	幾何	体操	漢文	博物	英正	物理				
	B	英正	博物	体操	幾何	物理	漢文			10人	
	C	博物	幾何	物理	漢文	体操	英正				
第4学年	A	英正	歴史	博物	幾何	漢文	図画				
	B	歴史	幾何	漢文	英正	図画	博物	3人	3人		4人
	C	幾何	英正	図画	歴史	博物	漢文				
第5学年	A	国正	修身	英正	幾何	英作	教練				
	B	英正	国正	修身	英作	幾何	教練				
	C	英作	英正	幾何	修身	国正	教練				

（注） 1、昭和5年度『教務日誌』より作成。
2、「昭和5年6月27日（金曜日）時間割表」には、授業担当教員名が記載されているが省略。
3、第1学年、第5学年には工場での作業が実施されていない（[表四の15]参照）。

- 昭和９年１０月２０日　　　今明両日、科学、博物、歴史、図画展覧
  会及び工場製作品展覧即売会
- 昭和１２年１１月１３日　　今明日、作業品展覧即売会、絵画部展覧
  会開催
- 昭和１５年１０月２６日　　本日午後より明日にかけて、科学、図画、
  博物、園芸展覧会及び工場作品展覧即売
  会開催

　「混凝土展覧会」とは、大正１４年に設立した「混凝土専修学校」の
生徒たちによる製作品展覧会である。

２、製作品展覧会の通知

　この資料は、昭和７年１１月１４日に保護者あてに展覧会の開催を通
知したものである。主として「中学校工場」で製作製品の展覧と即売、
「中学校講堂」や「図書館」で科学授業の成果発表、そして同日開催と
して混凝土専修学校の製作品展覧会開催の通知もされている。

　☆資料

　　粛啓　弊校生徒製作品展覧会幷に混凝土専修学校製作品展覧会を左の日
　　　割を以て挙行致候間、作業奨励の為め御来観被下度、此段御案内申
　　　上候也

　　十一月十八日（金）、十九日（土）、廿日（日）の三日間

　　　一、中学校生徒製作品展覧会

　　　　　（中学校工場に於て　但十八、十九両日の午後及廿日の終
　　　　　日は即売す）

　　　二、中学校科学展覧会（中学校講堂幷に図書館）

　　　三、混凝土専修学校製作品展覧会（中学校講堂）

　　昭和七年十一月十四日

　　　　　　　　　　淺野綜合中学校長　水　崎　基　一

　　　殿

3、工場製作品即売収入

　販売された工場製作品の実状を検討する。各製品等の価格は蒐集・聞き取り調査した資料から掌握出来ないが、学校会計での収入からその全体的な推移を検討することとする。《［表四の３２］２３１ページ参照》

　昭和１３年６月『学校教育概況』に「昭和十二年度収入内訳」が記載されている。とくに、「工場収入四〇八円十六銭」（年間）が注目される。淺野綜合中学校の全収入７万７，９１２円１９銭に占める工場収入４０８円１６銭の割合が０.５％であり、学校収入全体の中では大きい地位を占めているわけではないが、当時、淺野綜合中学校教員俸給平均額１００円（月額）、学校長の場合、同２００円（月額）、生徒授業料が４円５０銭（昭和５年度・８月除く「月額」）、年額にして４９円５０銭（昭和１２年度））を相対的に比較すると、工場からの収入金額４０８円１６銭は相当額に上っていたことが指摘される。生徒の年額授業料の8.2倍の高さである。

　なお新入生には、あらかじめ入学当初、配布書類の中で保護者宛に具体的な作業内容が通知される（注⑳）。

　次に掲載した資料は、１９３０（昭和５）年４月９日に入学を迎えた新入生に配布された「書類」の一部である。入学手続、納金、服装、その他、始業・終業時等の他、注目される点として「工場作業」の説明がある。木工部、鍛工部、板金部、旋盤部について学年別に説明されている。第四学年の旋盤部は志願者としているが、それ以外は「全員交互ニ課ス」とその授業方法を説明している。

　☆資料

　一、入学手続並諸経費　　　　　　　　　　　淺野綜合中学校

　　・入学手続書

　　　　一、在学証書　　保証人ハ親権者若クハ近親保護者ニシテ、生徒通学区域内ニ居住スルモノ（提出スミ）

• 納金

 一、入学金　　　　金貳円（納入スミ）

 一、授業料　　　　一ヶ月金四円五拾銭、但シ八月ヲ除ク

      毎月一日（休日ニ当ル時ハ其翌日）ニ納入ス

      ルコト（四月分納入スミ）

 一、学友会費　　　金五拾銭、毎月授業料ト同時ニ納入スルコト

      （四月分納入スミ）

• 服装

 一、夏洋服　　　　（霜降リ綾小倉地）金六円

      右ハ五月二十日ヨリ夏服着用セシムル予定ニ

      付当分ハ適宜ノ洋服又ハ和服袴ニテ登校ノコ

      ト、指定服屋ハ横濱市不老町湊橋際筒井洋服

      店新子安町山田洋服店ニ注文スルヲ便宜トス

 一、冬服　　　　　十月一日ヨリ着用、価格ハ追而通知ス（夏服

      ト同店）

 一、制帽　　　　　普通学生形　約金貳円五拾銭、指定店吉田橋

      通リ都橋際安岡帽子店

 一、靴　　　　　　黒色編上　金八円、指定靴屋神奈川洲崎神社

      中村靴店、但シ五月二十日制服着用マデハ適

      宜ノ靴ヲ穿クコト

 一、巻脚絆　　　　茶色サーヂ地　約八拾銭、指定服屋ヨリ購入

      ヲ便宜トス

 一、一定上履　　　金壱円靴屋ヨリ購入スベシ

 一、鞄　　　　　　ヅック製普通学生用　約金貳円五拾銭　小学

      校時代ノモノデ間ニ合ワセ差支ナシ

二、始業・終業時

 一、四月十日ヨリ十月三十一日マデ　午前八時始業、午後二時

  三十分終業

　　　　一、十一月一日ヨリ三月三十一日マデ　午前八時三十分始業、
　　　　午後二時三十分終業

三、工場作業

　　　　一、木工部　第二学年　全員交互ニ課ス

　　　　一、鍛工部　第三学年　全員交互ニ課ス

　　　　一、板金部　第三学年　全員交互ニ課ス

　　　　一、旋盤部　第四学年　第四学年志願者ニ課ス

四、修学旅行費

　　　　一、第一、二学年　一回金壱円位　年二回

　　　　一、第三学年　　　一回金壱円位　一回金参円位　年二回

　　　　一、第四学年　　　一回金壱円位　一回金十円位　年二回

　　　　一、第五学年　　　一回金壱円位　一回金弐拾五円位　年二回

五、学友会各部

　　　　一、弁論部　一、庭球部　一、籠球部　一、雑誌部

　　　　一、蹴球部　一、剣道部　一、音楽部　一、競技部

　　　　一、野球部　一、絵画部　一、科学部　一、園芸部

　　　右、各部員ハ本人ノ技倆ト家庭及本人ノ希望トヲ参酌シテ決定ス

六、届書様式

欠席（遅刻）（欠課）（早退）届

　　　　　　　　第　学年　　組（氏名　　　　　　　　）

右者　　月　　日第　　時限病気（家事ノ都合）ノ為メ欠席（遅刻）
（欠課）（早退）致サセ候間、此段御届申上候也

　　　　　　　右保証人　　　　（氏名　　　　　　）㊞

淺野綜合中学校長　水崎基一殿

4、卒業生が語る工場実習

　大正末期から昭和初期に淺野綜合中学校で教育を受けた卒業生たちは、当時の工場実習の授業についてどのように回想しているのであろうか、寄稿文等から考察することとする。淺野学園創立四十周年記念誌『回想』（昭和３５年）から卒業生達が語っている、当時の「工場実習」の様子を次に掲載する（注㉑）。

　⑴　Ａさん（第６期生）（大正１４年４月入学）

　まず、Ａさんは

　　「先生（校長水崎基一）の理想の一つにゲーリーシステムがあり、この一端を実現したものが校内工場実習であり、綜合中学の名の起りもこの辺にあったと聞く」

と、「校内工場実習」をゲーリーシステムのなかに明確に位置付けて、次のように語っている。

　　「私達は放課後の二時間ずつ二年生で木工、三年生で板金工作、四年生で鍛造（火造り）と旋盤加工を習った。これらの実習は皆喜んでやったものである。さて考えてみるとこれらは今頃になってやっと文部省から実施を通達されて来た中学校における技術教育である。私達は既に卅五年も前に当時の普通中学としては類のない教育を一応受けてきたのであった。水崎先生は経済学出の教育者であったが、科学・技術には深い敬意を払っておられ、先生の眼はすでにこの国の半世紀先を見つめていたようだ」

と、文部省のゲーリーシステムによる教育は、戦後教育に導入した中学校「技術」に類するとした。そして自分たちはすでに３５年前に教育を受けてきたと語り、教育者・水崎基一初代校長の「科学技術教育」への敬意を示すとともに綜合中学の歴史的評価を与えている。

　そして、Ａさんは、続けて

　　「私達の卒業後、校内工場実習がいつごろまで続いたか知らない。太平洋戦争の末期のこの実習工場が空襲で焼失した跡を見た。私はその

　　　　後この復活を聞いていない。私は、この学園で新しい時代のための実
　　　　習工場の復活を提唱する。それは青少年学徒に作業（生産実習）を通
　　　　して科学・技術を体で受けとめるだけでなく勤労の三昧境と生産の喜
　　　　びに浸る好機を与えたいからである（昭和卅五・七・卅一記）」

と、横浜大空襲で焼失した工場跡地を目の当たりにし、実習工場の再興
を願って、その様子を寄稿したのである。

　(2)　Bさん（第6期生）（大正14年4月入学）

　　　　「小使いの小川さんは今どうしておられるかわかりませんが、よく
　　　　世話をやかせて怒られたものです。学校の隣の畑でいちごを取り見つ
　　　　かって叱られたこともあります。工場の田中先生は木工や板金を習い
　　　　ましたが、不器用なのでよい作品が出来ませんでした」

と、担当先生を思い出しながら、工場実習での製作品が思うように出来
なかったことを回想している。

　(3)　Cさん（第13期生）（昭和7年4月入学）

　入学した時期が昭和初期となるが、Cさんの「回想」の中に学問と実
習とが相互に規定している関係を述べた点があり、ゲーリーシステムの
教育的評価をどのようにするかを考察する貴重な史資料であると考える。
その回想を記載する。

　　　　「今でも工場で実習をしているのだろうか。三年で木工、本立を作
　　　　った。四年で金工バケツ等作り、五年ではフォードの古い自動車であ
　　　　ったと思うが、自動車の構造、運転方法など指導を受けた。水崎校長
　　　　先生の綜合中学としてのことだと思うが、先生は学問と同時に実習と
　　　　いうことにも力を入れられ、非常にわれわれには興味があり楽しい授
　　　　業をして下さった」

と、具体的な製作品（本立、バケツ）以外に昭和初期におけるアメリカ
の自動車（フォード）の構造・運転方法までの実習を受けたことを回想
している。機械のメカニズムの学習である。

　以上、検討したように、淺野綜合中学校では「職業を持たない人間は

社会に生きて行けない」という教育理念のもと、機械や道具等を準備して実地の運用を学び、手腕の人間を養成するゲーリーシステムによる教育を展開していたのである。そのことは、どこまでも自分の腕を頼りにした「セルフレライアンス」観念を持った学校教育の展開であったと評価することができる。

　学校内における工場での作業（労働）を経験させる「綜合中等教育」は、第二次世界大戦末期の横浜大空襲で実習工場が焼失する１９４５（昭和２０）年５月頃まで継続していた。「普通教育」のなかで「実習教育」を実施する「綜合中等教育」を終えて、恒職恒心ある人間に育った卒業生たちが語るゲーリーシステムの実状であった。

第四項　講堂の利用

　この項では、淺野綜合中学校の施設・設備がどのように利用されているか、その実状を検討することとする。しかし、資料の散逸状態、所在不明の現状から「講堂」を利用した教育に限定した考察しかできないことを断っておく。

　講堂の落成式は、関東大震災の２年後、１９２５（大正１４）年５月２４日に行われた。淺野綜合中学校学友会が発行した『学友』第２号（１９２６年３月）、第３号（１９２７年３月）に記載された「講堂」の利用状況を一覧表にして検討する。

　［表四の１９］は、落成後３ヶ年間の「講堂」利用状況をまとめたものである。

　大正１４年度には、「落成式」が挙行された翌月に海軍中将を招聘しての講演会、それ以外にも神奈川県行政官や工学博士、そして「矯風会」幹事等の講演会に利用されていた。２年目からは、「活動写真」の映写会や学校長の講話、大正天皇崩御に関しての「遙拝式」、「朝見式詔書奉読式」等の学校行事を目的として利用されている。「落成」５年目の昭和４年には拝賀式や校長講話、「活動写真」映写会等々に加えて、２月１１日

[表四の１９] 大正末期・昭和初期淺野綜合中学校「講堂」利用状況

◎講堂「落成式」大正14年5月24日

1、大正14年度

No	月日	使 用 目 的
1	6月9日	海軍中将斉藤七五郎閣下による講演
		「旅順港閉塞の実験談」
2	6月18日	神奈川県社会課大竹十郎氏による講演
		「勤倹に就て」
3	7月9日	工学博士田中龍夫氏による講演
		「青年の意気」
4	10月21日	①矯風会幹事による講演
		久布白落実女史「矯風事業に就て」
		②横浜家庭学校長黒川氏による講演
		「不良青年に就て」

2、大正15年度

No	月日	使 用 目 的
1	7月2日	放課後、講堂に於て
		活動写真の映写
2	7月9日	講堂に於て
		千葉神学博士の講演あり
3	11月3日	校長より
		体育に関する講和あり
4	12月25日	先帝陛下崩御につき、
		遥拝式を行う
5	12月27日	新帝陛下御還幸及び御霊柩車御通過につき
		東神奈川駅に奉送迎す
6	1月8日	第3学期始業式
		朝見式、詔書奉読式

（注）１、淺野総合中学校学友会誌『学友２号・３号』（大正１４年度版・
　　　　昭和２年版）より作成。

3、昭和4年度

No	月	日	曜日	天気	生徒数	利 用 状 況
1		1	火	快晴	574	午前9時講堂にて拝賀式を挙ぐ。
2	1	8	火	曇寒し	573	午前9時講堂にて始業式を挙ぐ。塩野先・田中先生就任披露。校長訓話　新時間割達しを行う。
3		25	金	晴	572	第6限より約1時間半、講堂にて世界の進化なる活動写真をなし、一同観覧せしむ。
4	2	11	月	晴	571	午前8時紀元節奉祝式挙行。本日普通、始業時30分早かりしは、8時30分より淺野造船所修養団大会に講堂を貸与のため。
5	3	10	日	晴　風なし	567	本日卒業式（第5回）
6	4	29	月	曇	615	午前8時天長節拝賀式を講堂にて挙行。
7		15	水	曇	611	第5限より講堂にて、全校にてリコール祭及び昨年12月陛下御親閲の活動撮影を観覧せしむ（3時頃終了）。
8	5	25	土	晴時々曇り	612	放課後、別紙プログラムによる音楽大会あり。 　　　主催　淺野中学校音楽部 　　　後援　日本コロンビア蓄音器株式会社 　　　　　　城田楽器店(神奈川洲崎神社前) 　○ 音楽大演奏会(電気蓄音器によるレコード音楽鑑賞)吹奏楽　合唱　俚謡 　　　オーケストラ　バスソロ　長唄　ピアノ独奏 　　　ヴァイオリン独奏　映画説明
9	6	22	土	晴	611	放課後講堂にて弁論大会。
10	7	24	水	晴暑し	606	午前8時より講堂にて終業式　成績発表。不成績者べ校長訓戒をなす。
11	9	10	火	大雨時々小雨	613	午前8時より講堂にて始業式あり。
12	10	20	土	終日大雨	605	放課後雄弁大会あり。
13	11	3	日	快晴	605	午前8時30分より講堂にて明治節奉祝式挙行。式後、運動場にて「体育デー」として合動体操をなし、解散。
14	12	24	火	晴	595	午前9時より講堂にて終業式を挙げ、後各教室にて組主任より注意をなして、成績を各人に渡す。

（注）　1、昭和4年度『教務日誌』より作成。

には、地元臨海工業地域に立地する淺野系列企業のひとつ「淺野造船所」
に講堂を貸与し、「修養団大会」が開催されている。５月２５日には、
「淺野中学校音楽部」主催の「音楽大会」を実施している。そして、こ
の「音楽大会」後援には「淺野造船所」と同じ工業地域に立地する「日
本コロンビア蓄音器社」及び神奈川地区の楽器店等々が名をそろえた。
音楽会は「電気蓄音器によるレコード音楽鑑賞」であって、吹奏楽や合
唱等々を始めピアノ独奏、ヴァイオリン独奏まで多方面にわたる音楽鑑
賞会に使用されている。

　その他「弁論大会」（［表四の２０］）も６月と１０月の年２回、講堂を
利用して実施されている。

　講堂落成後の５年間の利用状況をまとめると、講演会、活動写真映写
会、講話、始業式・終業式・卒業式等以外にも、「弁論大会」「音楽会」
等生徒達の課外活動、地元「淺野造船所」の修養大会への貸与、「コロン
ビア、コルスター電気蓄音器レコード音楽鑑賞会」等々、学校教育と企
業等とを結びつけた幅広い教育活動に、学校施設が開かれて利用されて
いたことが明らかである（注㉒）。教室のみで展開していた従来の学校教
育とは異なり、生徒全体を集めての講演会や講話等々に学校施設を有効
に使用し、かつ施設利用の拡大を目指したゲーリーシステムの実状であ
ったということができる。

第五項　学校教練の導入

1、「学校教練」年間実施状況

　［表四の２１］は、１９２９（昭和４）年１月から淺野綜合中学校が
実施した「学校教練」の記録である。１月２６日、卒業間近の五年生が
当年度最後となる「終日野外教練」を実施した記録から、次年度、１２
月５日午前１０時開催の「横浜公園に於ける招魂祭参列」及び午後１時
の「教化講演聴講」までの「学校教練」実施記録である（注㉓）。

［表四の２０］　昭和５年度淺野綜合中学校「創立第１０周年記念」近縣中等学校弁論大会

主催；淺野綜合中学校弁論部
日時；昭和5年10月18日（土曜日）正午より
会場；淺野綜合中学校大講堂

○第1部

No	演　　目	学　校　名
1	精神修養の必要	本校
2	奮起せよ若人	横濱2中
3	未定	高輪中
4	現代日本青年に対する一考察	実習
5	勤勉	本校
6	心の完成	工業
7	真剣の力	本校
8	醒めよ若人、醒めよ若人と我は絶叫す	本中
9	現代社会は斯の如き人を要求す	逗中
10	境遇にめげず一路向上に	本校
11	古代偉人を鑑みて	関東学院
12	二部合唱　ソプラノ、テノール、ピアノ	

○第2部

No	演　　目	学　校　名
1	新理想に猛進せよ	本校
2	日米未来戦を予想して国民の自覚を促す	日大中
3	土の科学へ	本校
4	時と人生	鎌中
5	知れる青年現代の日本を	本校
6	踏止まれ面して惰性生活より脱せよ	横商
7	希臘文明に省みて我はかく叫ぶ	本校
8	雄弁にて	麻中
9	亜細亜大同団結を起せ	本校
10	国本産業は斯くして甦る	明治学院
11	時局に鑑みて青年諸氏の衷心より欲求を望む	荏中
12	総ては自己にかえる	藤中
―	開会・閉会の辞	本校
―	挨拶	本校（水崎校長）
―	挨拶	本校（○○部長）
―	挨拶	長者町青年団長

（注）　1、パンフレットより作成（昭和5年10月18日付）。
　　　　2、生徒実名を伏せて、Noとして作成。又は、○○で表示した。

　１年間の「学校教練」日程を検討する。

「野外教練」（演習）が第３学期の１月から開始された。当時の中学一年から五年までの全学年で、午前中４時間目の授業を終了すると、午後から各学年ごと教官の指導で実施する。新学期の５月・６月には１泊２日で「野営野外演習」（新四年生）が加わり、第２学期の１０月には五年生を引率した３泊４日の「富士裾野野外演習」が実施する。上級生には「狭窄射撃」教練が加わる。そして１１月末に現役将校（甲府聯隊）を迎えての「査閲」へと「学校教練」は展開している。

　［表四の２１］で明らかなように学年全体で「学校教練」を実施する場合、他の教科・科目の授業を削除して、午後及び終日にわたる「野外教練」を実施する。また３泊４日甲府聯隊での宿泊野外演習は横浜を離れて実施する。実地体験目的の兵営宿泊に最終学年の第五年生９４名が参加した場合、さらに１１月２６日の現役将校（甲府聯隊）による全校生を対象とした終日「査閲」の場合も学校の授業は削除される。補習授業を実施した記録は『教務日誌』等からは実証されていない。

　［表四の１８］《１８６ページ参照》で考察したように、１９３０（昭和５）年６月２７日「時間割」には、２限目「中２Ｂ」、３限目「中１Ｃ」、４限目「中２Ｃ」、５限目「中２Ａ」、６限目「中１Ｂ」及び「中５Ａ〜５Ｃ合同」と、１限目から６限目まで連続して授業時間割の中に組み入れて「学校教練」を実施している。

　［表四の５］《１６８ページ参照》によると、昭和初期、「学校教練」担当者には、陸軍士官学校及び准尉候補者が嘱託として週２７時間の「教練」授業が教育課程に配置されており、それ以外にも陸軍戸山学校を卒業した「教練・体操」教員も、「野外教練」（演習）等を引率している。

　後述するが、「軍事教練」は１９２５（大正１４）年の「陸軍現役将校配属令」によって官公立中学校以上には「正課」として導入が義務づけられている。私立中学校である淺野綜合中学校では実施は「任意」であるが、これまでの体操科（大正２年以降、体操・教練・遊戯・撃剣柔術

[表四の２１]　昭和初期「学校教練」年間実施状況（昭和４年１月～１２月）

No	月	日	曜日	生徒数	天気	実施内容 第１学年	第２学年	第３学年	第４学年	第５学年
1	1	26	土	572	曇					午後終日野外教練（教官引率）
2	2	6	水	571	晴				午後終日野外演習（教官引率）	
3		16	土	570	晴			午後終日野外演習（教官引率）		
4		23	土	570	晴暖				午後終日野外演習（教官引率）	
5	5	9	木	612	曇			午後終日野外演習（教官引率）		
6		13	月	612	曇		午後終日野外演習(教官引率)			
7		17	金	611	曇後晴				午前授業、午後野営外演習（矢後先生引率）	
8		18	土	611	曇				演習、午前7時過ぎ帰校	
9		24	金	612	快晴	終日野外演習（鈴木先生引率）				
10	6	7	金	611	曇					午前中授業 午後 野外泊演習に出発（矢後先生引率）
11		8	土	611	曇後晴					野外演習（矢後先生引率）
12		27	木	611	雨後曇			午後終日野外演習（教官引率）		
13		29	土	611	晴		終日野外演習（矢後先生引率）			
14	9	27	金	606	晴			野外演習（矢後教官引率）		
15	10	9	水	605	曇					58名 富士裾野3泊4日間野外演習出発（矢後・佐藤両先生引率）
16		12	土	605	雨後曇					午後5時10分横浜駅着解散　雨になやまされたれども、予定の演習には差支なかりし。
17		16	水	605	曇	野外演習（矢後、鈴木両先生引率）				午後、狭穿射撃
18		24	木	605	晴				野外演習（矢後先生引率）	
19	11	1	金	605	曇			野外演習（矢後先生引率）		
20		12	火	601	終日曇				午後、狭穿射撃	
21		26	火	601	快晴	終日に渡りて安岡中佐（甲府４９聯隊）の査察あり。県よりは中島属立合う。講評して可、特に助教、助手の動作可。　《計画講評　別紙》				
22		30	土	600	曇後雨				終日野外演習（矢後先生引率）	
23	12	4	水	599	曇		終日野外演習（矢後、鈴木両先生引率）			
24		5	木	599	快晴					午前１０時横浜公園招魂祭参列（矢後先生引率）午後１時、教化講演聴講（佐藤先生引率）《記念会館》

（注）　１、昭和４年度『教務日誌』より作成。

の４科目の一つ）として実施されていた「学校教練」をさらに強化する
目的で、「軍事教練」を導入したのである。『教務日誌』には「学校教練」
と記載されているので「軍事教練」と記載はしないが、この「学校教練」
は実質的には学校教育の一部として行う「軍事教練」であったと考える。
大正４年から体育科主任には配属将校を担当させなければならないこと
が決められ、淺野綜合中学校では陸軍士官学校を卒業した体操科教員が
その任に当たり生徒たちを指導したのである。

２、学校教練査閲受閲

　昭和４年１１月２６日、現役将校（甲府聯隊）による全校生を対象と
した終日「査閲」が行われた。その実状を検討する。

　「査閲」は、午前８時３０分から校長室で配属将校による『現況報告
と書類』の「査閲」から始まる。９時３５分から運動場で学年ごとに教
練内容の査閲が実施された。休憩、昼食を入れて、午後２時３０分に終
了したのち、配属将校から今回の教練実施の講評や軍事講話・試問等の
「所見」が校長室で職員が参列するもとで発表された。

　「査閲」内容を［表四の２２］に作成した。学年ごとに教材内容は異
なっている。学年が上級になるにつれて「学校教練」を「軍事教練」へ
と発展させていることが明らかである。

　低学年（中学一・二年）では、整列、各個教練、分隊密集教練、手旗
信号、軍基講話等を中心とした教練内容であるが、中学三年になると、
歩哨敵発見を想定した陣中勤務が加わり、四年生には執銃各個教練、五
年生には攻撃防御戦闘へと、より実践に近づく「軍事教練」へと展開す
る。肱射、棒銃、駈歩発進停止等の「執銃各個教練」までが実施された。
その間、中学三年以上には指揮法が上級生の「助教」や「分小隊長」か
ら行われる。計画表の「実施要領」にその内容が詳細に書かれている。
最高学年の五年生にいたっては「疎開教練」として海岸埋め立て地で教
練が実施されている。

　「査閲」を終了すると、現役将校から当日の教練実施状況の講評や軍

[表四の２２]　昭和４年度淺野綜合中学校教練査閲受閲実施要項

	受閲者	教材	時間	課目	実施要領	場所
前 8.30 ～9.30	配属将校	現　況　報　告　並　書　類　ノ　査　閲				校長室
9.35 10.05	第壱学年	一、整列	3'	服装整列検査	一、整列ハ三組ヲ縦隊ノ如ク集合 二、其他ノ教材ハ一組宛ニ実施 三、助教ハ第四学年生ヲ充ツ	学校運動場
		二、各個教練	10'	停止間ノ右（左）向後進歩、発進停止		
		三、分隊密集教練	7'	集合解散、整頓、停止中ノ右（左）向、側面行進		
		四、手旗信号	10'	原画文単文ノ通信		
10.10 10.45	第貳学年	一、整列	3'	服装整列検査	一、整列全右 二、其他ノ教材ハ一組宛ニ実施 三、試問ハ全員 四、助教ハ第五学年生ヲ充ツ	
		二、各個教練	10'	速歩行進中ノ右（左）向、駈歩発進停止及行進中ノ折敷		
		三、分隊密集教練	10'	停止中ノ方向、隊形変換行進及右（左）向		
		四、軍基講話ノ諮問	10'	兵役兵種軍艦ノ種類		
10.45 10.55	休　　憩					
10.55 11.35	第参学年	一、整列	3'	服装整列検査	一、整列ハ中隊縦隊トス 二、其他ハ一組宛ニ実施 三、陣中勤務ハ歩哨付候ヨリ抽出ニテ実施セシム 四、幹部ハ生徒ヲ充ツ	学校運動場
		二、各個教練	10'	駈歩ヨリ速歩ヘ転移立射		
		三、小隊密集教練	10'	整頓、行進、停止間ノ方向隊形　変換		
		四、陣中勤務	17'	歩哨敵発見、歩哨通過ノ付候		
		五、指揮法		助教・分小隊長付候長		
11.40 後12.25	第四学年	一、整列	3'	服装整列検査	一、整列ハ中隊縦隊トス 二、各個小隊ノ教練ハ一組宛ニ行フ 三、中隊教練ハ全員 四、中隊長以外ノ幹部ハ生徒ヲ以テ充ツ	学校運動場
		二、執銃各個教練	15'	擲銃立銃立射、速歩発信停止		
		三、執銃小隊密集教練	15'	整頓行進、停止間ノ方向隊形変換		
		四、全中隊密集教練	12'	全　右		
		五、指揮法		助教・分小隊長		
12.25 1.10	昼　　食					校長室
1.10 2.30	第五学年	一、小隊疎開教練	30'	攻撃防御戦闘	一、全員実施 二、中隊長以下ノ幹部ハ生徒相互ニ行フ	疎開教練ハ海岸埋立地其他運動場
		二、整列	3'	服装整列検査		
		三、執銃各個教練	10'	肱射、棒銃、駈歩発進停止速歩中右（左）向		
		四、執銃中隊密集教練	15'	整頓行進、方向隊形変換		
		五、閲兵分裂	10'			
		六、軍事講和ノ試問	12'	兵役法、国防		
		七、指揮法		分小中隊長		
2.30 2.50	配属将校	所　見　開　示　（　校　長　立　会、職　員　参　列　）				校長室
備　考	一、本表ハ屋外ニテ行フ場合ヲ示ス。屋内ノ場合ハ別ニ計画スルモ概ネ之ニ準ズ。 二、服装其他ハ配属将校ニ於テ決定ス。 三、本表外、午前八．二五朝礼ノ際、校長ヨリ査察官ヲ生徒職員一同ニ紹介セラル。					

（注）１、昭和４年度『教務日誌』より作成。

事講話・試問等の発表が行われ、「良好ト認ムルモ、尚ホ一層ノ努力ヲ希望」と結んでいる。このような「軍事教練」はまさに陸軍による教育干渉、教育の軍国主義化の道を歩み出した歴史的な意義をもつと考える。

３、教練査閲の講評

　安岡中佐による教練査閲の講評が具体的にどのように行なわれたか、「計画講評」を検討することとする。

　昭和４年度『教務日誌』（昭和４年１１月２６日《火》）には次のように記載されている。

　　「終日ニ渡リテ安岡中佐《甲府４９聯隊》ノ査閲アリ　県ヨリハ中島属立
　　合ヲ講評概シテ可　特ニ助教助手ノ動作可　計画講評『別紙』」（下線筆者）
と。学年ごとに実施した課目に関して、「別紙・講評」が詳細に記録されている。以下、その内容を考察する。

　☆資料　教練査閲と「講評」

　　一、前批評　　大不評ナキシモ　想像不当

　　二、本日批評　成績良好　一年ヨリ準次上級程良好　各年共緊張ヲ認ム

　　　１、配属将校ヘ参考トシテ

　　　　・教育諸計画

　　　　　　適当計画実施ト認ム　但五年級後ル取返シニ努力ヲ要ス　予定
　　　　　　ノ実施ヲ記録シ置クヲ要ス　五年ニ射撃ヲ今一度要ス

　　　２、教練ニツキテ

　　　　・各年級共進度実施良好

　　　　・各個教練、姿勢概子良好　併学生ノ通弊腹出、アゴ出姿勢アリ

　　　　・退歩行進ノ諸動作概子確実

　　　　・四、五年銃操作法　尚一層節度ヲ希望

　　　　・射撃姿勢概子確実

　　　　・密集教練　隊形変換確実

　　　　・行進ニ節制、団結力ヲ要ス

　　　　・三年陣中勤務歩哨導　一般工場セルモノト認ム

- 一年手旗進歩セルヲ認ム
- 二年以上ニモ通信等ヲナサシムルヲ可トス
- 指揮法

    特ニ良好ト認ム　助教助手ノ動作復唱等特ニ可　助教助手着眼
    点概子良好
3、軍事講和試問ニツキテ
- 三年ハ概子適当
- 五年ハ国防、兵役ノ智識一層ノ指導ヲ要ス　答解ノ言話明瞭ヲ欠
  ク　姿勢モ又然リ
- 見学班ノ行儀体度可
- 五年戦闘教練署ボエ　得ト認ム
- 各カ隊長号令指揮共可
三、最後ニ、当校教練ヲ校長其他諸先生ノ尽力ニヨリ、良好ト認ムルモ、
　尚ホ一層ノ努力ヲ希望

　最終学年である中学五年には「銃操作法」における「一層節度ヲ希望」
との講評から、「国防、兵役ノ智識」に関しても「一層ノ指導ヲ要ス」、
「答解ノ言話」には「明瞭ヲ欠ク」、「姿勢モ又然リ」と続き、実践訓練
においては「戦闘教練署ボエ　得ト認ム」と大変厳しい講評を甲府聯隊
の現役将校が語っている。最後に「尚ホ一層ノ努力ヲ希望」で終了した。
4、兵営宿泊教練
　最後に、昭和4年度には10月9日から3泊4日の日程で卒業学年で
ある五年生58人が「野外演習」を実施した。資料の制約からこの実態
を詳細に分析することが出来ないので、代わって6年後の昭和10年に
実施した「兵営宿泊」教練の実状を検討する（注㉓　資料一）。
　☆資料「兵営宿泊」教練の実態
- 兵営宿泊
　軍事研究並ニ兵営生活実地体験ノ目的ヲ以テ、第五学年生ハ甲府歩

　　　　兵第四十九聯隊ニ左記ノ如ク兵営宿泊ヲ為シ、心身鍛練ニ多大ノ効

　　　果ヲ得タ。

・参加生徒　　第五学年生徒　　九十四名

・職　　　員　　田崎少佐　古屋先生　増田先生

・期　　　間　　自　九月二十五日　至　同二十八日

・重要行事

　　1、実弾射撃

　　2、対抗演習遭遇戦（於和田峠）

　　3、夜間演習（於練兵場）

　　4、武田古城趾見学

　　5、武田信玄公墓所及恵林寺参拝

　この資料からも明らかなように「兵営宿泊」の目的は２つあった。一つが軍事研究、もう一つが兵営生活を実地で体験することである。具体的な教練内容として<u>実弾射撃</u>、和田峠での<u>遭遇戦</u>、練兵場での<u>夜間演習</u>等々であることを考察すると、心身鍛練に効果をもたらすことは間違いないが兵営体験を主としたまさしく「軍事教練」であったことを実証している。引率指導には、田崎繁亀少佐（昭和９年３月就任・陸軍士官学校卒教練教官）、古屋剛嘱託（昭和１０年５月就任・教練教官、昭和１２年８月応召）、増田市太郎教師（大正９年４月就任・数学・主任）の３人があたっている。

　　［表四の２３］は、吉葉愛「学校教練における教育方針の変遷」《５８頁》（［注㉓　資料五］を参照した「教材内容」（程度）を示している。師範学校、中学校、実業学校に限定したものを表にまとめたが、大学や専門学校もほぼ同様な教練課目であるので省略した。いかに「学校教練」が「軍事教練」と同種であるかを示した資料である。

5、学校教練の研究

⑴　川口智久の研究

　ゲーリーシステムにおける教育の真髄を考察することを課題とすると、

［表四の２３］　中学校「学校教練」実施課目別程度表

	課目	実施課目程度内容
1	各個部隊教授	・徒手各個教練ハ略完全ニ修得セシメ、執銃各個教練ハ銃ヲ確実ニ使用シ得シムルヲ度トス。 ・但射撃ニ於テハ、各姿勢ノ基礎ヲ作ルヲ以テ主トシ、地形、地物ヲ利用シテ行フ。 ・射撃ハ其概要ヲ理解セシムルニ止ム。・部隊ヲ以テスル教練ハ、密集ノ動作ヲ略々確実ニ実施セシメ、且疎開ノ概要ヲ会得セシム。
2	射撃	・射撃ハ、其要領ヲ会得セシメ、且ツ狭窄射撃ヲ行ハシム。 ・実包射撃ハ設備ノ許ス場合ニ限リ、之ヲ行フ。
3	指揮法	・指揮法ニ於テハ、助教、助手ノ動作ノ要領ヲ会得セシメ、中隊長以下ノ動作ハ密集ニ於ケル平易ナル指揮ヲナシ得ルヲ主トシ、併セテ簡単ナル状況ト地形トニ於ケル小隊長以下ノ戦闘指揮ノ概念ヲ与フ。
4	陣中勤務	・陣中勤務ハ、歩哨、斥候、伝令、連絡兵、通伝等、各個ノ動作並天幕又ハ所在ノ簡易ナル材料ヲ応用スル。 ・露営設備、飯盒炊事等ハ略々其要領ヲ会得セシメ、部隊ヲ以テスル捜索、警戒、宿営等ニ関シテハ、其大要ヲ知ラシム。
5	旗信号	・旗信号ハ、手旗及単旗ヲ以テ簡単ナル通信ノ要領ヲ修得セシム。
6	距離測量	・距離測量ハ、歩測、目測並音響測量ノ要領ヲ会得セシム。 ・器械測量ハ、状況之ヲ許ス場合ニ限リ、歩兵携帯測遠器ヲ以テスルカ如キ、簡易ナルモノヲ教ユ。
7	測図	・測図ハ、実地ニ就キ地図ノ見解ニ習熟セシメ、且略測図一般ノ要領ヲ会得セシムルヲ以テ度トス。
8	軍事講話	・軍事講話ニ於テハ、各兵種ノ職能及戦闘一般ノ要領、各種火器ノ構造、機能、兵器、軍用器材ノ趨勢、築城及軍事交通等ハ其概要ヲ会得セシメ、軍隊教育ノ目的、国防ノ真義、国軍建設ノ本義並帝国軍制ノ綱要、列国軍事ノ趨勢等ニ就テハ稍々深刻ニ理解セシム。
9	其他	・兵器取扱手入保存法、衛生法、救急法、結縄、手榴弾投擲法等ノ概要ヲ会得セシム。

(注)　1、吉葉愛「学校教練における教育方針の変遷―１９３０年代以降における教授要目改正を中心に―」
　　　　（紀要『昭和のくらし研究』《昭和館学芸部》No１５　２０１７年３月刊　５８ページ）より作成。
　　　2、資料原典は、『陸軍省一大日記甲輯』・『教練上ノ注意』『附表』、であることを吉葉は〈注〉で記している。
　　　3、この課目は、中学校の他「師範学校」・「実業学校」にも適用されている。
　　　4、下線部及び句読点は筆者。

「運動」が大きな地位をしめることに異論はない。川口智久は

　「イリノイ州シカゴ市の近郊、インディアナ州ゲーリー市においてスポーツ教材による一定の目的を企画した体育実践が行われていた」（下線筆者）

と、この「体育」に視点をおいたゲーリー・プランを研究している（注㉓　資料二）。その中で、川口は、ゲーリー市のコミュニティー（共同社会）システム論を主張した宮本健市郎説を紹介して、

　「体育と遊戯も友愛精神を育成することを目的の一つにし」、「子どもたちは『自己統制、協力、勇気、自尊心、他人への配慮、正義感』を培う。そのために特にチームプレイが重視された」（注㉓　資料二　５５３頁）

と、ゲーリーシステムにおいて正常な人間関係を培う体育方法を川口は論じたのである。

　しかし、実態は

　「個々の大衆の身体を、個別の存在として位置づけその身体と健康のみを
　対象とし、しかも自主性・主体性を無視した命令＝服従というプロセスを
　とる形式運動によって『教育』が展開された」（注㉓　資料二　５５４頁）

と、個々人の身体と健康だけを教育の対象とし、命令・服従形式を手段として、自主性・主体性を無視した古い形式運動に頼る体育がアメリカで展開していたことを川口は指摘した。この川口説は特記に値する。

　ゲーリー市での学校教育には、共同意識の養成という課題を包摂しているが、ゲーリー市の体育実践は、

　「盲目的で無思考なタイプの人間、独裁的な専制に対して適応する命令＝
　服従型の人間を育ててきた」（注㉓　資料二　５５５頁）

と、古い形式的運動が実施されていて、この方法はアメリカ社会に適応する国民育成が目的であったと川口は批判する。

　したがって、次に検討する日本の「学校教練」、否すでに「軍事訓練」化した実態から、果たしてゲーリーシステムの本質を実証することが可能かどうかの課題を含んでいるものと考える。

　⑵　正規科目の「学校教練」

　学校教練に具体化された『学校體操教授要目』は、文部省が１９１３（大正２）年１月２８日の「文部省訓令　第１号」として文部大臣が発令したものである。

　それによると、①體操　②教練　③遊戯　④撃劍及柔術の４項目で構成されていて、「教練」が正規科目に位置づけられているところに大きな歴史的意義がある。具体的に、體操科の教材を検討すると次のようになる（注㉓　資料三）。

　①　體操には、下肢、平均、上肢、頭、呼吸、胸、背、腹、軀幹側方、
　　　懸垂、跳躍、の１１の運動を含んでいる。

②　教練には、「教練ハ歩兵操典ノ定ムル所ニ準拠ス」（傍線筆者）と
　　規定して、「気ヲ付ケ、休メ、集マレ」等々から「進行、停止、足
　　踏」さらに、「側面縦隊、徒手小隊教練、執銃各個教練」等々にい
　　たるまで、「教練事項」を含んでいる。

③　遊戯には、鬼遊・徒競走等の競争を主とする遊戯、桃太郎・渦巻
　　等の発表動作を主とする遊戯、十字行進・「スケーチング」歩法等
　　の行進を主とする遊戯等々を含んでいる。

④　撃劔及柔術には、「撃劔及柔術ニ関シテハ別ニ一定ノ方式ヲ示サス
　　従来ノ方法ニ依リ適宜之ヲ授クヘシ」と記し、詳細な教材内容は
　　省略している。しかし、精神的訓練に重きを置くようにと注意し
　　ていることは、大いに検討する余地を残していると考える。

　この『学校體操教授要目』に関する研究として木村吉次の業績がある
（注㉓　資料四）。特に、日本体育史において

「普通体操中心の時代が去り、スウェーデン体操中心の時代が展開される
ようになった、とかあるいは普通・兵式体操２本立てが解消され、学校体
育の方針をスウェーデン式に転換することになった、とみられている。い
ずれにせよ、これは一つの画期的出来事であり、大きな転換点であったこ
とは確かである」（注㉓　資料四　４７頁）

と、普通体操が去って、スウェーデン体操に体育教育が移行する「画期
的出来事」と木村吉次は指摘している。

　学校教練を正規の教科目に参入させて、「気ヲ付ケ、休メ、集マレ」と
いう「歩兵操典」を基礎とした教練内容を実施することが果たしてゲー
リーシステムにおける教育の真髄を意味するものなのか、今後の研究課
題となると考える。

⑶　陸軍現役将校の学校配属

　１９２５（大正１４）年４月、現役将校を中等学校以上（中学校、実
業学校、師範学校、さらに専門学校程度の学校、大学）に配属させて、
「学校教練」を実施する「陸軍現役将校学校配属令」が公布されたこと

はすでに検討したことである。吉葉の研究によると、同年１２月時点で全国の中等学校以上に配属された将校数は合計１，１１４名中、大佐２０名、中佐４７名、少佐２４１名、大尉６８２名、中尉１２４名であったという（注㉓　資料五　５７頁）。

　次に、昭和初期の将校が配属された学校数と将校の階級別推移を吉葉の研究から抜粋して掲載する。［表四の２４］及び［表四の２５］参照。

　１９４５年１１月にこの「配属令」が廃止されるまで「学校教練」は基本的には配属将校によって実施されていた。昭和６年の満州事変、昭和１２年の日中戦争以降に配属将校数が減少するものの、全国で１４００人を越える配属将校が各学校で「学校教練」を実施しており、［表四の５］で考察したとおり、淺野綜合中学校でも年度こそ違うが１人又は２人の陸軍将校が配属されて「学校教練」を実施していたのである。

　吉葉はこの「陸軍現役将校学校配属令」を「軍事の教育界への介入を促す大きな契機となった」と歴史的評価を下したことは注目される（注㉓　資料五　５５頁）。

［表四の２４］　昭和初期配属将校数推移　　（人）

年	公立校	私立校	合計
1927(昭和　2)年	1,043	281	1,324
28（　同　3）	1,058	248	1,306
29（　同　4）	1,098	302	1,400
30（　同　5）	1,151	335	1,486
31（　同　6）	1,169	346	1,515
32（　同　7）	1,170	347	1,517
33（　同　8）	1,170	339	1,509
34（　同　9）	1,190	347	1,537
35（　同10）	1,212	357	1,569
36（　同11）	1,226	359	1,585

（注）１、資料は、吉葉『前掲書』６８頁より作成。

[表四の2 5]　昭和初期配属将校数階級別推移

(人、%)

年	大佐		中佐		少佐		大尉		中尉		合計	
	人数	比率	人数	比率	人数	比率	人数	比率	人数	比率	人数	比率
1927(昭和 2)年	52	3.8	94	6.9	287	21.1	859	63.3	67	4.9	1359	100.0
28(同 3)	38	2.9	119	9.0	365	27.6	759	57.4	41	3.1	1322	100.0
29(同 4)	39	2.9	124	9.2	406	30.2	753	56.1	22	1.6	1344	100.0
30(同 5)	40	2.8	149	10.5	439	31.2	772	54.9	6	0.4	1406	100.0
31(同 6)	45	3.2	151	10.7	441	31.1	764	53.9	15	1.1	1416	100.0
32(同 7)	50	3.6	174	12.4	484	34.6	656	46.9	35	2.5	1399	100.0
33(同 8)	45	3.4	227	17.4	501	38.4	489	37.4	44	3.4	1306	100.0
34(同 9)	46	3.7	257	20.8	531	43.0	391	31.7	10	0.8	1235	100.0
35(同10)	46	5.5	231	27.7	375	44.9	173	20.7	10	1.2	835	100.0
36(同11)	65	13.5	149	30.8	201	41.6	65	13.5	3	0.6	483	100.0

(注)　1、資料は、吉葉『前掲書』同頁より作成。
　　　2、配属将校数には、兼務人数を含む。

（4）　臨時教育会議での「体育」審議

　『臨時教育会議』の成立、歴史的性格、研究史等に関しては第五章で考察する。この項ではこの会議で審議された体育が抱える問題を検討する（大正６年１２月６日「小学教育ニ関スル件　答申《二》」《海後宗臣編『臨時教育会議の研究』東京大学出版会　７１頁～１７６頁》を参照）。

　その中で、なぜ『臨時教育会議』で体育のあり方が審議されなければならなかったかという理由を、高木兼寛委員（海軍軍人、東京慈恵会医科大学創設者）が次の２点にまとめている（海後同書１７２頁）。

①　徴兵検査で指摘されている体格の低下へを憂慮して、一般的に健康・体力を増進しなければならないとのこと。

②　軍事教育との関連で兵式体操のあり方を審議しなければならなかったとのこと。

高木委員の発言は次の通りである。

「国家ノ干城トシテ居ル<u>軍隊ハ健康デアル国民ヲ以テ編成スルコトニナッ</u>テ居ルガ、《省略》壮丁検査、其成績ヲ見レバ<u>年々体力ガ衰ヘテ行クト云フ</u><u>コト</u>ガ明カナル事実デアリマス。(省略) 都会ノ者ハ弱イガ、田舎ニ於ケル所ノ者ハ健康デアル云フ想像ヲ大体ニ有ッテ居ルコトガ国民一般ニ於ケルモノデアリマスケレドモ、今ヤサウデハシ」（下線筆者）

と、都会のみならず田舎出身の兵士であっても年々体格が劣ってきているとの見解を示し、健康な国民によって構成されなければならない軍隊の側面から体力低下の克服を高木委員は提起したのである。

　これに対して、嘉納治五郎委員（東京高等師範学校長、柔道家）は、具体的に体育改善策を提言して次のように４点を指摘している。

①　「私ハ一ツハ体育を重ンズルト云フ国民ノ気風ニ欠ケテ居ル所ガアラウト思フ」

②　「モウ一ツハ衛生ノ知識ガマダ普及シテ居リマセヌ」

③　「モウ一ツハ国民ガ労働ヲスルト云フコトヲ卑ムト云フ気風ガアリマス、(省略) 社会ノ中流以上ニ居ル者デモ、(省略) <u>頭を働カセルト同</u>

　　時ニ身体ヲ働カスト云フ気風ヲ養ハナケレバナラヌ」
① 「モウ一ツハ体育、体操、体育法ニ於テ欠陥ガアル。（省略）今日の小
　　学校ニ於テ又は中学校ニ於テモ（省略）余リ学校体操ヲ万能ニ考ヘテ
　　居ル。（省略）号令ヲ掛ケラレテモ足ヲ動カスコトハソンナニ面白イコ
　　トデナイ（省略）国民ノ身体ノ発達スルト云フコトハ尋常小学校ヲ卒
　　業シテ後ニ主ニアル。（省略）自カラ進ンデ面白ガッテヤルヤウナ運動
　　ヲ相当ノ期間サセテ、ソレガ即チ学校ヲ卒業シタ後ニ自分等ガ自発的
　　ニサウ云フ運動ヲシヨウト云フヤウナ風ヲ養ッテ行カナケレバナラヌ
　　カト思フ」（下線筆者）

と、国民の体育に関する意識の低さと衛生が普及していない現状、さら
に国民の労働に対する忌避の思想を指摘して、頭脳と身体との相互機能
を養うことを提案した。とくに兵式体操を想定しての「命令」による学
校体操の問題を指摘し、最後に、児童・生徒の発達段階に応じた運動を
自発的に取り組むことなど、嘉納は積極的に体育・体操・体育方法の改
善策を提言したのである。

　それ以外には、早川千吉郎委員（三井合名会社副理事長、実業家）や
阪谷芳郎委員（大蔵大臣、東京市長を経て貴族院男爵議員）からは、小
学校に於ける過重な課業が児童の健康を害していると指摘され、無理に
勉強をさせないよう配慮して、科目の負担を軽くして身体を丈夫にする
ことが大切であると審議会で主張されたのである。

　兵式体操の是非に関しても、早川委員等々から意見が述べられて、兵
式体操は「国民に尚武の気象或は服従心を養う上に効果があるといった
精神教育的見地に立つものであった」と、この兵式体操がもたらす効果
を指摘したが、そもそも「兵式体操は小学校の児童には未だ無理で彼等
の体力を増進させることにはならない」と否定的な意見を述べてまとめ
ている（海後同書１７４頁）。

第五節　卒業生の進路

第一項　「第1回・第2回」卒業生進路先

　［表四の２６］及び［表四の２７］は、第１回、第２回卒業生の進路先一覧である。史料的に不記載が多いが第１回卒業生５８名の中で浅野系列会社に限定した就職先等であったとはいえない。第２回目卒業となると７３名卒業生の進学先、就職先は多方面に拡大している。

　このことから、ゲーリーシステムによって教育を実施した淺野綜合中学校の卒業生たちは、淺野系列会社への就職を目的としたものではなかったことが明らかとなった。

［表四の２６］　淺野綜合中学校 第１回卒業生（大正１４年３月卒）進路先

No	進路先	人数（人）	備　考
1	法政大学豫科	1	
2	物理学校	1	
3	横濱高等商業	3	
4	早稲田大学専門部	2	
5	慶應大学豫科	2	
6	東京高等工業	1	
7	早稲田高等学院	1	
8	横濱高等工業	1	
9	淺野セメント会社	1	就職
10	淺野造船所	1	〃
11	布引炭酸会社	1	〃
12	逓信官吏養成所	1	〃
13	不記載	42	
	合計	58	

　（注）　１、淺野綜合中学学友会誌『学友第２号』（大正１５年３月）より作成。
　　　　　２、卒業生５８名の氏名は削除。

[表四の２７]　淺野綜合中学校第２回卒業生（大正１５年３月卒）進路先

No	進路先	人数（人）	備　　考
1	静岡師範二部	1	進学
2	川端美術学校	1	〃
3	第一外国語学校	4	〃
4	横浜市臨時教員養成所	1	〃
5	青山農業大学	1	〃
6	早大専門部	2	〃
7	横浜高商	1	〃
8	東京薬学専門学校	1	〃
9	東京高等工芸	1	〃
10	日本歯科専門学校	1	〃
11	鉄道学校	1	〃
12	早大高等学院	1	〃
13	法政大学	1	〃
14	拓殖大学	1	〃
15	文化学院	1	〃
16	立教大学	2	〃
17	物理学校	1	〃
18	日大高等師範科	1	〃
19	タイピスト学校	1	〃
20	秋田鉱業専門学校	1	〃
21	安部合資会社	1	就職
22	ゴールドミッド氏遺伝研究所	1	〃　（助手として）
23	僧侶	1	〃
24	日本製粉株式会社	1	〃
25	日土講習所・講習会	3	〃
26	東京電気株式会社	1	〃
27	淺野セメント会社	2	〃
28	内務省雇員	1	〃
29	小学校教員	1	〃
30	横濱市役所土木課	1	〃
31	淺中	1	淺野綜合中学校に就職
32	中央證券	1	就職
33	富士電機株式会社	1	〃
34	一年志願兵	2	〃
35	鉄道省	1	〃
36	横濱探偵社	1	〃
37	高等予備校	7	
38	実業	14	就職
39	不記載	7	
	合計	73	

（注）　１、淺野綜合中学学友会誌『学友第３号』（昭和２年３月）より作成。卒業生名は削除。

　その後の卒業生たちの進路先は、［表四の９］（１７３ページ参照）によると、昭和初期、第５回卒業生では高等専門学校（私立・官立）２９名、実務２２名、第６回卒業生では実務２３名、その他教員養成所１４名、官立高等専門学校１３名、私立大学予科１１名と、卒業生たちの進路先がそれ以前と大きく変化することなく多方面に拡大していることが指摘される。

　第８回卒業生になると実務４５名、高等専門学校（官立・私立）４３名、私立大学予科１１名とその実数を増やし、引き続いて高等学校（官立・私立）８名を記録している。

　［表四の２８］は、創立後１０ヶ年間の卒業生「進学先等」（在学生含む）一覧表である。私立大学、混凝土専修学校等の他、少数ではあるが東京帝国大３名も記録されている。

　以上のように、上級学校への進学に限定されることなく淺野綜合中学校の卒業生たちは広く進路先・進学先を選んでいることに特質がある。いわゆる「綜合中学」教育がもつ本来の姿であったということが出来る。

第二項　職業別進路先

　同様に進学先の大学等を卒業又は在学生たちの人数をまとめたものを［表四の２９］に記した。創立以来１７年間で卒業生がおよそ１千人を占めた。昭和１０年度に卒業生『会員名簿』を作成し、校友会誌『校友』に進路先を掲載して会員に配布している。

　淺野綜合中学校を卒業して勤務した先の「報告なし」、「受験準備中」が約２０％を占め、その他上級学校在学者、各会社・諸官庁・家業等合計約５０％である。淺野系諸会社が２.６％と少ないことが特徴的である。

第三項　校長が語る１７年間

　水崎校長が１７年間を振返り『学友会』誌にその教育の軌跡を語っている（注㉔）。要約して次に述べる。

[表四の28]　昭和初期淺野綜合中学校「進学先等」一覧（創立以降10年間合計）

	進学先(卒業 在校生)	人数(人)	備　考			
1	早稲田大学	50				
2	混凝土専修学校	40				
3	日本大学	37				
4	明治大学	32				
5	文部省令に依らざる専修学校	21	（混凝土を除く）			
6	横濱商業専門学校	20				
7	中央大学	20				
8	法政大学	18				
9	慶應大学	18				
10	横濱高等商業	13				
11	國學院大學	12				
12	明治学院高等部	11				
13	関東学院高等部	11				
14	横濱高等工業	10				
15	専修大学	10				
16	農業大学	8				
17	以下、5名校	物理学校	師範学校(二部、含専攻科)	電気学校	官庁各講習所	
		東京歯科医専	日本大学歯科	東京薬専		
18	以下、4名校	拓殖大学	大正大学	東洋大学	立教大学	青山学院高等部
		明治薬専				
19	以下、3名校	東京帝国大学	高等農林(宇都宮2、盛岡1)	駒澤大学	大倉高等商業	
		教員養成所	桐生高等工業	美術学校	（文部省令に依らざるを含む）	
20	以下、2名校	帝大実科	商科大学	文理科大学	立正大学	二松学舎
		東京高等工業(卒業)	東京高等工芸	文化学院	医学専門	音楽学校
		鉄道学校	高等学校(在学中)	商船学校	千葉高園	無線講習所
21	以下、1名校	同志社大学	攻玉社高工	山梨高工	満州工業専門	日本歯科
		水産講習所	陸軍工科	写真専門	兵学校	東京高等歯専
		満州工専	大森高商	福島高工	巣鴨高工	岐阜薬専
		千葉医薬				

（注）　1、淺野綜合中学校校友会誌『校友』（昭和11年7月）より作成。
　　　　2、原資料は昭和10年度『会員名簿』。進学校を卒業した人数、及び在学数を合計したものを示す。

1、この頃私の念頭に往来するは、どうか淺野中学の卒業生は世界に通用する人間たる様に、致したいとの事である。我国の教育殊に中等教育は近来幾分勤労愛好の精神を唱導するに至りたれども、大體受験準備教育にて智識偏重に傾き、我校の如く「綜合大観」とか「身通六藝」と謂ふ事を閑却しつゝある様に見える。

[表四の29] 淺野綜合中学校職業別進路先調査（創立以降 17年間合計）

	職業別進路先		人数（人）	備　　考
1	上級学校在学者（含補習学校在学者）		198	19.9%
2	各会社		108	10.9%
3	諸官庁		103	10.4%
	内	郵便局	19	
		市役所	17	
		区役所	11	
		府県庁	6	
		村役場	3	
4	家業（実業に従事するもの）		97	9.7%
5	淺野系諸会社		26	2.6%
	内	淺野セメント	15	
		淺野物産	3	
		淺野造船	8	
6	各商店		29	2.9%
7	学校教職員		42	4.2%
	内	淺野綜合中学校混凝土専修学校	12	
		小学校	19	
		師範・中・商・女学校	8	
		其他	3	
8	母校実業組		44	4.4%
	内	古河電気	8	
		日産自動車	6	
		芝浦製作所	14	
		程ケ谷曹達	4	
		横濱ドック	7	
		日本鋼管	5	
9	鉄道関係諸会社		13	1.3%
10	船舶関係		9	0.9%
11	医歯病院（含開業）		14	1.4%
12	工場勤務者		29	2.9%
13	入営並軍籍にあるもの		23	2.3%
14	警察勤務者		9	0.9%
15	其他		50	5.0%
	内	外人経営会社工場	4	
		土木関係	16	
		農業関係	7	
		新聞雑誌	5	
		僧侶、神官	7	
		陸海軍工廠	3	
		雑務	8	
16	勤務先報告なし、受験準備中		202	20.3%
	合計		996	

（注）　1、淺野綜合中学校校友会誌『校友』（昭和11年7月）より作成。
　　　　2、原資料は、昭和10年度『会員名簿』である。
　　　　3、「諸官庁103名」と「内56名」とは数値に違いがあるが資料数値をそのまま記載した。
　　　　　　記載された諸官庁以外の就職先「47名」が記載不明と思われる。

2、中庸道失脚者の出づるは畢竟教育の欠陥に依るにあらざるかと思ふ。校友諸君に御尋ねしたいのは、社会に出でゝ後、我校にて初歩ながら園芸、手工、珠算等を、たとひ淺くとも幅廣く実習せられたる事は、どれ丈御役に立ちしやと云ふ事である。

3、百年後に、「光は東より」と申し我国民が一大覚醒をなす非常時に當り、我校の卒業生は、願はくば武力よりも、人格の力にて世界到る處に青山ありの気分にて活躍し、文化的に萬国に通用する人格を養成せしめたいものである。

と、当時の日本教育の知識偏重という欠陥を指摘したあと、淺野綜合中学校が求める「綜合大観」とか「身通六藝」という「綜合中学」教育・コンプリヘンシブの成果を評価して、<u>武力ではなく人格の力で活躍する</u>する卒業生であって欲しいことを願っている水崎校長であった。

第四項　実業組担当教員が語るゲーリーシステム

実業組を担当した高宮昇教員も資料を掲示して、実証的に実業組の状況を次のように語っている（注㉕）。

現在、「中学校」卒業生で上級学校に進まない生徒は、就職が非常に困難な境遇にある。その実状を昭和１０年３月資料から語っている。

1、横浜市内公私立「中学校７校」の実状
- 卒業生総数　　　　７３８名
- 就職希望者　　　　１８８名
- 就職者　　　　　　　８８名
- 未就職者　　　　　１００名

　　※「中学校７校」とは、神奈川県立横浜第一中学校、同第二中学校、同第三中学校、私立関東学院中学校、本牧中学校、日大第四中学校、淺野綜合中学校。

2、横浜市内公私立「商工業・実業校４校」の実状
- 卒業生総数　　　　４５５名
- 就職希望者　　　　３３７名

- 就職者　　　　　　　３１５名
- 未就職者　　　　　　３２名

※「商工業・実業校４校」とは、神奈川県立工業学校、同商工実習
学校、横浜市立横浜商業学校、私立日大第四商業学校。

（「学校名」の出典は「県下男子中等学校教務主任会議類」《昭和７
年１１月》。なお実数値は、記載そのまま。）

　すなわち、昭和１０年３月における市内公私立「中学校７校」の就職
率が１１.９％、市内公私立「商工業・実業校４校」の就職率が６９.２
％の結果であることを踏まえて、高宮は

「殊に工業学校に於ては、就職希望者の全部が就職している。中学出身の
就職は、如何に恵まれないか」

と指摘している。

　また、綜合中学教育に関して淺野綜合中学校では、

「既に昭和六年（八期生）より上級学校に進まざる者の為に、特に一学級
を編成して実業組を作り、商工業に関する教育を施し、将来実務に練達す
る素地を教養し、且つ就職上の便宜を得しめているのである。実業組は、
当初は一ヶ年であったが、現在二ヶ年」

とし、その結果、

「我が校の出身者は他の普通の中学出身者よりも、遙かに商工業の常識を
有し、実直な働ける人物となって居る。実業学校に劣らない」

現状を捉えて、卒業生達の進路状況を担当教員高宮は高く評価した。

　［表四の３０］及び［表四の３１］は昭和６年度から導入された「実
業組」（第一種）に所属した生徒たちがどのような進路を選択したかを示
す資料である。上級学校に進学した生徒も存在するが、ほとんどが工場・
会社勤務であり、その他銀行、商店、百貨店という商業分野、そして「家
事」つまり自営業に従事したり、官公庁を含めると各方面にその途を選
んでいたことが明らかである。単年度であるが昭和１１年３月に卒業し
た生徒たちの就職先を見ると、淺野財閥に所属する淺野造船、淺野セメ

[表四の30]　昭和初期淺野綜合中学校「実業組」(1クラス) 就職状況 (昭和7年〜11年)　　　　(人)

No	勤務先	昭和7年3月卒 (8期生)	8年3月卒 (9期生)	9年3月卒 (10期生)	10年3月卒 (11期生)	11年3月卒 (12期生)	合計
	卒業人数	46	34	43	36	35	194
1	工場	11	4	10	9	18	52
2	会社	6	5	4	8	4	27
3	銀行		2	2		2	6
4	商店	3	1	5	1	2	12
5	学校	1	1				2
6	官公署	7	2	2	3	3	17
7	百貨店		1	1	2		4
8	上級学校	2	11	7	4	2	26
9	家事	11	3	6	8	2	30
10	入営其他	4	2	4	1	2	14
11	死亡	1	2	2			5

(注) 1、淺野綜合中学校校友会誌『校友』 (昭和11年7月) より作成。

[表四の31] 浅野綜合中学校「実業組」就職先（昭和11年3月卒）

(人)

就職先	人数	就職先	人数	就職先	人数	就職先	人数
通信省	7	浅野セメント	2	浅野物産	1	森永製菓	1
横須賀船渠	4	安田貯蓄	2	保土ヶ谷曹達	1	川崎窯業	1
浅野造船	3	古河電気	2	日本鋼管	1		
芝浦製作所	3	横須賀工廠	1	富士電機	1		
日産自動車	3	日本鋳造	1	石川島造船	1		

(注) 1、 資料は、同上。

2、 「実業組35名」の主な就職先を記載。「受験組」で就職した5名は不記載。

3、 ［表四の30］の「勤務先」と、具体的な「就職先」とに数値上の違いがあるが、
原資料に記載された数値をそのまま抜粋した。

220

ント、日本鋳造、淺野物産、日本鋼管等々への就職が８名、実業組３５人は１７の会社、官公庁（逓信省）に就職先を選んでいる実状である。

そして、実業組担当教員の髙宮昇は

「先輩と後輩との関係は恰も車の両輪の様に相互扶助の間柄である。学校としても十分注意して善良の後輩を送るに努力いたします」

と、これからの「綜合中学教育」（コンプリヘンシブ）に臨む決意を校友たちに発信したのである。

第六節　淺野綜合中学校の紹介と評価

第一項　村田勤（明治中学校前教頭）が語る淺野綜合中学校と私立学校の実状

１、『帝都中学入学之栞　全』での紹介

淺野綜合中学校が首都圏でどのように紹介されたかということを考察する。淺野綜合中学校が開校した翌年２月に、村田勤（私立明治中学校前教頭）が次のように６項目に分けて紹介している。抜粋してその内容を記す（注㉖）。

☆資料

(1)　府下でなく、隣縣であるが、通学の便利からいへば、二中以上かも知れないから、御紹介しようと思ふのである。

(2)　本年四月始めて開校した神奈川縣子安町（字打越）の淺野綜合中学校がそれである。京濱電車の新子安驛から四五町の處にある。敷地一萬二千坪に近く、淺野總一郎氏の発案丈けに、創立費も潤澤であるやうである。

(3)　校務一切は水崎基一氏が處理して居られる。氏は同志社出身で多年英国に学ばれた人であるが、この学校を興す為めに、態々渡米され、ゲーリイ学校の組織を調査され、その式で中学を経営しようとするので、我邦では全く新しい試みである。その特徴は四五年級になつて著しく顕はれるやうだ。

(4) 即ち実習科として機械、木工、電気、鋳物、鍛冶等の工業科を設け、後には商業科をも加へる考へらしい。素人側から考へると、中学校の中に工手学校若くは商業学校を加味したものヽやうにも思はれる。

(5) 高等学校や専門学校に入る豫備校そのまヽの現今の中学校とは、よほど違ふやうであるが、これが抑も文部省が中学令を発布した本来の趣旨に適ふのでなからうか。

(6) 兎に角現今の社会の要求に應じやうとする新計画として、私はこの校の成功を祈る次第である。

　まず、第1点は京浜電車の新子安駅から4、5町のところにあり、「通学の便利からいへば、二中以上かも知れない」とその便利さを挙げている。第2点は敷地1万2千坪を有し浅野總一郎氏の発案だけに創立費も潤沢であると経費面の豊かさを指摘し、第3点は校務を同志社出身で多年英国に学ばれた水崎基一氏がわざわざ渡米してゲーリー学校の組織を調査し、その方法で中学を経営する、日本で初めてのゲーリーシステムによる試みであると紹介した。

　そして、そのゲーリシステムによる教育を実習科として機械、木工、電気、鋳物、鍛冶等の工業科を設け、後には商業科をも加えるらしく、4、5年生になって著しくその内容が顕れるようだと紹介している。中学校の中に工手学校、若しくは商業学校を加味したもののように思われ、高等学校や専門学校に入る予備校そのままの現今の中学校とはよほど違い、これがそもそも文部省が中学令を発布した本来の趣旨に遭うものではなかろうかと、村田は受験生向けの栞の中で紹介したのである。

2、『東京日日新聞』での評価

　なお、村田は『帝都中学入学之栞　全』を出版する前に、「府下中等教育重要問題」との論文を『東京日日新聞』（1920年12月18日〜27日）に6回掲載し、設立維持の難に陥る私立中学の現状を論述している（注㉗）。私立校を取り巻く厳しい環境の中で、同年4月に開校した淺野綜合中学校の「新しい試み」を「兎に角現今の社会の要求に應じやう

222

とする新計画として、私はこの校の成功を祈る次第である」と村田が大きな期待をもって淺野綜合中学校に期待を寄せる前に、「府下中等教育重要問題」と題して『東京日日新聞』誌上で展開した中等教育に拘わる課題を次に検討することとする。

⑴　苦境に立てる府下の私立中学（上）（下）

当時、私立中学校が抱える課題として村田はまず、１９１８（大正７）年以降の物価騰貴と労賃の激増によって中等階級（俸給生活者）が生活難に直面しており、私立中学校は非常に苦境に立たされている実態を指摘した。その現状は、今や東京府下３１校の私立中学校の「死活問題」であると、１８日（土）と２０日（月）の同新聞にその窮状を連載した。

村田は、この危機に瀕した現状で私立中学校が採るべき方針は何だと、問題を投げかけた。特に、東京府３００万人の子弟を前提とした場合、５校の府立中学校には、在学生徒数３,３００人位しかいない。３１校で在学生徒数１万７千人以上を収容する私立中学校と比較して、府立中５校に年間２０万円、私立中３１校に年間６万円の補助金の支出という現実を、数値を上げて具体的にその矛盾を次のように指摘した。

「府立中学では授業料三圓五十銭を徴収するが、府税の中から生徒一人につき四圓五十銭足らず補助して居る。納税者から見れば、一種の割戻しともいへよう。私中在学一万七千人の父兄は五圓の授業料を納めた上に府から何等の恩典を受けない結果になる」（下線筆者）

と、公立・私立とは設立者の違いはあろうが、在学者多数は公民権を有する者の子弟であって、私立中学校在学生徒も「公中在学者と同様の恩恵に浴し、保護を受くべき権利を有つて居る筈である」と、村田は私立中学校に通学する生徒の校納金、補助金の公立校との格差を指摘した。

⑵　私立中学の自助改善の必要

しかし、村田は、東京府の補助金を受けるより先に私立中学校は自ら助けなければならないことがあるとした。それは私学自らが自己の力で、収入の全部を設備改善と教員待遇に提供しなければいけないと２２日

（水）に同新聞で次のように主張した。

　「定員八百名の中学であれば、私中では平均卅名の教員を用ゐて居る。授
　業料月五圓、十一箇月分として年収四万四千圓になる。教員の平均俸給を
　八十圓として十二箇月で二万八千八百圓、平均九十圓とすれば同三万二千
　四百圓になる。残額一万一千六百圓あれば優に校長事務員その他一切の雑
　費を支辨することができる筈である」

と。すなわち村田は私立中学校の「自助」を奨めたのである。そして、
生徒負担の授業料を増額することよりも、これに代わる有志による寄付
金、利子使用の目的で基本金を募集することを奨めて、「府下の私立中学
中最も信用ある開成、麻布、早稲田の三中学」を事例にあげた。しかし、
寄付金を募集することによって収入を増加するには、「社会の信用を得る
こと」、つまり、教育事業において好成績を上げなければならないと、村
田は強調したのである。

　(3)　府下中学の収容力の調査と考究（上）（中）（下）

　このように、(1)、(2)では中学校の現状と改善方法（自助経営）を３日
間に亘って村田は述べたが、(3)では、府立中学校の増設問題にふれて具
体的に数値を挙げて村田は論究している。

　まず、府下中学校では収容力不足のため志願者が入学できない現状を
認識した上で、

　「希望者中に餘儀なく方針を変へたり各種学校に入つたりするものがある
　から、中学で二部教授を行るか夜間中学校を設ける必要があるやうに説く
　人がゐる。更に奇抜な論者は夏休その他の休日を廃し、二百廿日の授業日
　を三百日に増して中学五年の科程を四箇年で終了せしめよと論じて居る」

と、いわゆる、「中学入学難」解決策として中学校の増設、中学校での二
部授業、夜間中学校の創設等々の必要性にはやや消極的な意見を述べて
いる。そして、府下中学校の生徒収容力を数値を挙げて村田は試論を次
のように展開した。

224

☆試論

① 府下中学校数の確定

　府下中学校３７校（官立１、公立５、私立３１）を確定して論を進めた。したがって、純粋な中学ではない「準中学」（学習院中等科、慶應普通部、青山学院、明治学院、仏教派中学校３）は省いて村田は考察することとした。

② 仮説（前提）

ⅰ、府下中学校３７校で、一年級だけの学級数が１０８、一学級定員（５０人）を最大限で充たすと、合計５,４００人の入学者が可能となる。

ⅱ、二学年に進級できない生徒数を平均して５％と仮定して２７０人を引いて考える。一学級定員を４０人とする学校（３０人は成蹊中のみ）もあるので、まず１０％減じて４,８６０人の収容力と見積ることができる。

※前記の「準中学」７校の収容力は概ね５００名以上であるがこの試論では省略されている。

③ 実態（実際の入試）

ⅰ、大正７年度の場合

・入学志望者　　　　　１３,３０８名
・入学者数　　　　　　４,５４５名

　志望者数を実数の約３倍（複数回受験）と仮定すると、実際の入学志望者数は４４３６人となる。「飛んだ誤解を生じる。門外漢の中にはこの統計をそのまゝに信じて立論する人がないとも限らない」と村田は注意を喚起する。それは、

ⅱ、大正９年度の場合

　府下には、小学校が約２８０校ある。

・卒業生男子　　　　　２６,５０８名
・中学志望者数　　　　５,３４１名

- 入学者数　　　　　　　　４，４４２名
- 入学出来ない卒業生数　　　　８９９名

※他府県より上京した者、高等小学校卒業生、在学生は加算していない。

④　考察

　中学志望者数５，３４１名と府下中学収容力者数４，８６０人との差、つまり４８１名、「これ丈けの少年が中学に入り得なかつた譯になるのである」と村田は算出した。この算出を基準とし、仮に「準中学」に収容される人数を加えると、村田は「毫も中学校の不足を感じない譯である」と、中学校の不足を問題視するに及びないとの見解を主張する。

　最後に、普通学務局統計によると、大正７年度高等小学校その他の者が１，９９８名であり、「仮りに一歩を譲つて中学増設の必要を見出さうとすれば、先づこの人員に対して立論することができ」るが、「公中を増設せずに容易く解決し得るように思ふ」と村田はまとめて、「夏休み廃止論や休暇短縮論にも賛成しない」、「府立中学の増設を賛成しない」と主張したのである。

　「私立中学の改善を奨励し優秀な私中を補助して公中同様の効果を挙げしめることである」ことが村田の究極の提言、つまり私立中学校のうち優秀な私立中学校への補助金を増額せよ、と主張したのである。

（4）　夜間中学と二部教授に対する「私」（村田）の意見

　中学校で二部教授を実施するか夜間中学校を設置するというが、府立中学５校、官立１校、私立３１校では入学志望者全員を入学させようとしても収容力不足を解決出来ないと村田はいう。

　夜間中学と二部教授を論ずる人は、学校を工場と同一視して、人間を機械と同じもののように取り扱っていると村田は批判した。

　すなわち、教師も生徒も人間である以上、絶えず精神の緊張を要していて、教えるもの、教えられるもの、共に疲労しやすい。また、午前と午後

とのちがい、昼と夜とには大差があることも考えなければならない。このことは実験心理学の上から試論すれば容易に知ることが出来る事柄である。1日6、7時間教える人があるがそれはもはや学者でも教育者でもない、すでに職工化している状態で、1ヶ年も過ぎれば精神衰弱に陥る。こういう教師を集めて学校を工場化する教育では善いことはない、との理由から「私は府立中学の増設を賛成しない」と重ねて村田は強調した。

　⑸　結論（少数の私立学校で検証を）

　最後に、大正9年度から府立中学校では定員を増加する（800名を1,000名に、さらには1,200名に）という提案を受けて、広い敷地を持つ私立中学校等（たとえば麻布中学）で校舎を増設して定員を増加した教育を実施することを村田は提案した。私立31校で仮に2,000名の生徒を収容すれば非常に経済的であるという。このことによって、志望者の増減を柔軟に対応していけば、夜間中学とか二部教授とかの問題は自然消滅し、公立中学校の増設も延期することが出来る。公立中学校を2つ増設するものとして、ここに経常費10萬円を加えて年々16万円を私立31校に分配すると私立中学校の改善にもつながる。すなわち、府立中学校を増設する経費を私立中学校に配分した補助金政策をとること、これが村田の結論であった。

　6日間にわたって新聞紙上で大正期における中等教育がかかえる問題を、「私立中学校」の存続と発展に結びつけて具体的に論じた貴重な資料である。なかでも生徒急増対策として問題化されている「夜間中学」増設と「二部教授」実施との論議、夏休み廃止論や休暇短縮論を真っ向から批判して、「私立中学校」がどう対応すべきかという論点を提起した村田説、即ち私立中学校への補助金増額による私学経営のあり方論を展開したところに歴史的な意義をもつと考える。

　以上検討してきたように、私立中学校の設立維持が非常に困難な現状にあって、「新しい試み」として淺野綜合中学校が創立されて綜合中等教育が展開されたことを村田は『入学之栞』の中で紹介したのである。

第二項　創立後5年の淺野綜合中学校

1、創立後5年を振返る水崎校長

　第1回卒業生が社会に巣立つ1925（大正14）年3月、水崎基一校長は5年間の「綜合教育」を次のように語っている（注㉘）。

　まず、第一に淺野綜合中学校は「中学校令」を遵由する学校であるとはいえ、法令の違反しない範囲において、なるべく自由の内に逍遙したいと主張していた。

　第二に、「英雄の起る處地勢良し」というが、学校は教育環境においては実に、「天恵を飽喫する」といっても差支えない条件に恵まれていることを指摘している。しかし今、学校教育において重要視しなければならない設備らしい設備はない。しかし、永久の建物として漸く講堂の建築に着手し、いずれ学生数相応の設備を備えることを示した。

　水崎の計画には、「運動」面におけるスイミングプール（水浴場）さへも存在していた。また綜合中学校として、「作業」に関しては現在の実習工場ばかりでなく商業実習室も農事試験場のような施設も備えることが念頭にあったという。昔の漢学塾のように治国平天下主義のみが全ての人を養成する所以ではないとし、

　　「新学風としてどれだけ薫風萬里と称すべきものがあるか。自由の内に裁
　　制あり、自治の内に秩序あり。団體生活としては、一絲紊れざる公徳を養
　　成し来り」

と、「綜合教育」の本旨を胸に、たとえ「学校は設備がなくとも、師弟の心交の存する所に現存するのである」と、水崎は5年間の淺野綜合中学校での教育を確信して今後の教育の方向性を語ったのである。しかし、関東大震災（1923年）によって校舎が破壊されたばかりではなく、又自分たちの精神的雰囲気を弛頽しようとしたと語り、水崎は校舎崩壊と精神弛頽を嘆からざるを得なかったのである。『学友』誌上で語った創立以来、5ヶ年間の水崎基一校長が語る綜合中学校教育についての見解を次に抜粋する（『学友』第1号　1～3頁）。

⑴　自分は此の機会に、学校創立の精神といふ様な事を認めたいと思ふたのである。(省略) 開校當時我か心に浮んだ一端や、感しの儘を述へたいと思ふのである。それはどうか我が校は、あかるい、快い、のびのびした学校としたいと考へたのである。

⑵　人に言はれずとも、足自ら進んで学校に往かねば、安んずる事も出来ず、又学校を以て地上に於ける神聖の楽園と信じ、心と心との共鳴する、真友の團體と思ふ様になつたならば、何たる仕合せだと思ふた事もある。

⑶　中学校令に遵由する学校であるとはいへ、法令の違反せざる範囲に於ては、成るべく自由の内に逍遙したいと思ふた。

⑷　英雄の起る處地勢良しといふが、我が校は実に環境に於ては、天恵を飽喫するといふても差支ない。若し此の間に人材出づるなくんば、それは誰の罪であるか、語らずとも明かである。

⑸　学校のあらゆる設備に於て、(省略) 設備らしい設備はないかも知れぬ。今や永久の建物としては、漸く講堂の建築を始めたに過ぎない。学校に学生を収容するには、相應の設備は必要である。初の計画中には、スウイミングプール（水浴場）さへも存在したのである。殊に綜合中学校としては、現在の工場ばかりでなく、商業の実習室も、農事の試験場の如きも欲しいのである。

⑹　此の天然の好地位を占め、最早五個年の歴史を有するに至りたる事なれば、新学風としてどれだけ薫風萬里と称すべきものがあるか。自由の内に裁制あり、自治の内に秩序あり。団體生活としては、一絲紊れざる公徳を養成し来りたるか。此等の事を省顧し来るときは、安んずる能はざるものがある。学校は設備がなくとも、師弟の心交の存する所に現存するのである。

⑺　一昨秋の大震災は、啻に我が校舎の破壊をなし、のみならず、又我等の精神的雰囲気をも弛頽せしめんとしたのである。

学校設立時の熱き想い、恵まれた教育環境、施設拡充の展望、教育に取組む姿勢、関東大震災への対応等々を水崎は語ったのである。

2、「収入決算」及び「支出予算」

　[表四の３２]は、淺野綜合中学校の経営状況を単年度であるが昭和１２年度の資料を掲載したものである。

「工場収入４０８円１６銭」については既述したが、ここでは「基本金株券配当金」４万円、全収入額の約５１.３％を占めていることを指摘しておく。全収入の約半分が株券配当金が占める淺野財閥総師が創立した財団法人であったのである。２番目が「授業料」、つまり生徒による校納金が約３万５千円弱、全収入の約４４.２％を占めている。

　支出項目（予算）では、「俸給」、つまり教職員人件費が約４万１千円強、全支出額に占める割合が約５７.１％である。教員の１ヶ月「俸給」平均額が１００円との記載を考慮した場合、施設・設備の拡充を目指す学校経営はここで示した経営状況では困難であると考える。

　第三項で検討するが、１９３８（昭和１３）年４月から「淺野綜合中学校整備計画」の審議が開始されるが、淺野会社系列からの「寄付金」に依存した教育環境整備計画であったことを述べておく。

3、新聞報道によるゲーリーシステム

　[表四の３３]は、１９１４（大正３）年から１０ヶ年にわたる「ゲーリーシステム」を中心として教育課題が新聞紙上でどのように報道されていたかをまとめたものである。ひとつの新聞に限定することなく、また中央の大新聞に限らず地方におてもこの教育課題が掲載されて、ゲーリーシステムという教育方法が注目を浴びていたことが明らかである。

　「ゲーリーシステム」を導入した淺野綜合中学校が将来の姿を展望したときに提起された課題が「高等工業学校」の併設案であったが、次項でこの問題が果たしてどのように進展したか検討する。

[表四の３２]　昭和１２年度淺野綜合中学校「収入決算」及び「支出予算」状況

収入	項　　目	円　銭	比率(%)	備　考
1	収入総額	77,912.19	100.0	実質額で計上
	内訳　1、授　業　料	34,449.75	44.2	
	2、受　験　料	1,183.00	1.6	
	内訳（ア）入学試験料	753.00		
	（イ）入学料	430.00		
	3、その他	42,279.44	54.2	
	内訳（ア）基本金株券配当金	40,000.00		※
	（イ）受入利子	1,566.17		
	（ウ）雑収入	305.11		
	（エ）工場収入	408.16		※

支出	項　　目	円　銭	比率(%)	
2	経常費総額	72,620.00	100.0	概算額で計上
	内訳　1、俸給	41,460.00	57.1	
	2、雑給	10,820.00	14.9	
	3、旅費	600.00	0.8	
	4、雑費	11,240.00	15.5	
	内訳（ア）図書	500.00		
	（イ）備品	2,000.00		
	（ウ）実験	300.00		
	（エ）消耗品	1,000.00		
	（オ）その他	6,440.00		
	（カ）修繕費	1,000.00		
	5、臨時費	8,500.00	11.7	
	内訳（ア）退職資金積立金	2,500.00		
	（イ）建築費減価償却金	2,500.00		
	（ウ）別途支出金	3,500.00		

3　収入決算－経常費総額予算
　　・７７，９１２円１９銭－７２，６２０円００銭＝５，２９２円１９銭

（注）1、淺野綜合中学校『学校教育概況』（昭和１３年６月）より作成。
　　　2、教員俸給平均金額；１００円（月）

231

［表四の３３］　新聞報道によるゲーリーシステム導入掲載状況（夜間中学・二部授業問題）

・1914（大正3）年度

No	月　日	新聞名	見　出　し	内　容
1	7月19日	大阪朝日	職工徒弟教育（法学博士　岡村　司）	大阪職工学校・職工慰安会にて「徒弟の教育」講演

・1915（大正4）年度

No	月　日	新聞名	見　出　し	内　容
1	1月5〜9日	読売	［大正三］昨年の教育問題（一〜四）	潜測生
2	11月3日	大阪朝日	中学校長会議（社説）	中学校長会議　其一
3	12月2日	東京日日	中学校長会議（社説）道徳の頽廃と教育者の責任	中学校長会議　其二
4	5日	〃	教育尊重に関する建議	中学校長会議　其三
5	〃	〃	教育者の内観（社説）文相の言明と中学校長会議の決議	中学校長会議　其四
6	10日	読売	中学校長会議を評す（社説）	中学校長会議　其五
7	26日	東京日日	教育者の優遇（社説）国民の人格を向上せしむる所以	中学校長会議　其六

・1916（大正5）年度

No	月　日	新聞名	見　出　し	内　容
1	1月1〜2日	読売	大正四年教育言論界（上・下）	
2	4月16日	読売	米国の職工教育（上・下）	秋保職工学校長　視察談
3	5月15日	☆国民新聞	戦後の小学教育　文学博士沢柳政太郎	論を提起
4	8月7日	〃	国民教育の刷新を論ず　嘉納治五郎	
5	17日	中外商業新報	実業専門学校（社説）増設の急務	
6	25日〜10月3日	法律新聞	官学と私学（一〜十三）	
7	9月7日	大阪毎日	米国鋼鉄王の日米親交論（社説）其言甚だ美なり,其実果して如何	来日したゲーリー氏講演について
8	12日	東京日日	米国の教育法　二校長の視察談	文部相視察派遣　浅賀辰二郎と山内佐太郎
9	10月8日	京都日日	教育と実際の関係（上・中・下）	
10	22日	大阪毎日	欧米諸国に於ける幼稚園視察談（上・下）	京大文科助教授　野上俊夫氏講演
11	11月19日	東京朝日	岡田文相の訓示	実業教育改善　欧州大戦と産業　教授法改善
12	21日	河北新報	実業教育の改善（社説）戦後貿易の根底	

・1917（大正6）年度

No	月　日	新聞名	見　出　し	内　容
1	1月20日	大阪朝日	学生改革論（一〜二十七）	京都府第一中学校長　森外三郎寄
2	5月10日	時事新報	小学教育問題（社説）入学の準備教育	
3	6月13〜14日	萬朝報	戦後教育論（上・下）	
4	19日〜20日	時事新報	補習教育改革（一・二）	補習教育の必要　我が国の現況
5	9月10日	☆国民新聞	戦後の教育　法学博士戸水寛人	
6	10月1日	〃	民主的教育施設　貴族院議員江木千之	
7	11日	〃	戦後経営	
8	14日	〃	欧州に於ける交戦諸国の戦後教育施設	戦後教育問題（一）
9	21日	〃	我国に於ける戦後教育施設	戦後教育問題（二）
10	24日	〃	戦後教育方針　岡田文部大臣談	戦後教育問題（三）
11	25日	〃	小学校の改善（上・下）東京高等師範学校教授　乙武岩造氏談	戦後教育問題（四）
12	28日	〃	戦後の医学機関　文部省督学官　横山栄次氏談	戦後教育問題（五）
13	11月10日	〃	中学教育の延長（上・下）文学博士沢柳政太郎氏談	戦後教育問題（六）
14	12月10日	☆横浜貿易新報	［神奈川県に於ける］不就学児童	

No	月日	新聞名	見出し	内容
15	27日	☆国民新聞	戦後教育大勢　懸賞論文に現われたる結論　内容統計に示せる教育主潮	懸賞論文当選13編の内容について
16	29日	〃	学制改革案の骨子　惣花的不徹底案＝中学予備科不可	高等普通教育問題について

・1918(大正7)年度

No	月日	新聞名	見出し	内容
1	1月1日	萬朝報	教育界	臨時教育会議について
2	2日	報知	大戦の教訓と国民教育問題　大隈重信侯談	臨時教育会議について
3	3日	報知	教育我観　松岡康毅男談	臨時教育会議について
4	〃	大阪毎日	教育界の急要問題　中等学校の不足を如何にすべきか＝速に可憐なる少年少女の苦悩を救え	
5	5日	報知	現代教育欠陥　医学博士文学博士　富士川游	第一次世界大戦の影響
6	〃	大阪新報	戦後の教育の目的　京大文科教授野上俊夫	本邦の教育について
7	〃	☆横浜貿易新報	重要なる補習教育　工学博士手島精一	実業補習の必要性
8	7日	大阪毎日	秀才教育と早教育（一～三）　京大文科教授野上俊夫	戦後教育問題について　早教育の必要性
9	8日	☆国民新聞	中等教科整理　重複や不必要の部分を削除せよ	
10	4月14日	大阪新報	学齢児童と工業主	児童を雇用する場合の手続き法簡易に改訂
11	9月7日	☆横浜貿易新報	工業主対職工	
12	10月27日	☆横浜貿易新報	学童逐年激増	市内小学校児童数の増加
13	11月4日	☆横浜貿易新報	民学興隆の機	中橋文相、私学奨励論を早稲田大学にて
14	27日	時事新報	米国産業状態　久原房之助氏談	米国視察報告
15	12月4日	時事新報	補習教育実況　教員供給の困難	
16	9日	☆国民新聞	戦時米国教育（月曜論壇）　在米国水崎基一	ゲリー市にて11月20日稿

・1919(大正8)年度

No	月日	新聞名	見出し	内容
1	1月7日	読売	世界の趨勢と日本の教育	第一次世界大戦後の日本の教育について
2	10日	☆国民新聞	高校試験準備　校長会議繰上げ	
3	20日	〃	高等教育機関増設と其位置（月曜論壇）　理学博士　三宅驥一	
4	25日	東京朝日	中学五年の処置　新学令と共に起る難問題　今年の高校志望は二万人　依然として犠牲者が多い　川田一中校長の談	※府立第一中学校長川田正澂
5	2月2日	萬朝報	戦後の職業教育　学校は何故に社会の他の教育力より隔離し居るや	
6	3月3日	☆国民新聞	普通教育の改善（月曜論壇）嘉納治五郎	普通教育の拡充と改善
7	7日	読売	学校教育と実社会	現実社会と縁遠い学校教育
8	4月11日	東京日日	義務教育の欠陥　校舎の不足＝東京市の事例に鑑みよ	
9	15日	読売	二部教授撤廃の声　神田児童保護会の蹶起　憂うべき国民教育の欠陥	増加する学齢児童の収容困難について
10	17日	中外商業新聞	二部教授の弊害　国民教育上の問題	
11	20日	京都日出新聞	教育講演会	朝刊　前日「京都講演」実施記事
12	〃	〃	社会教育に就いて（上）　米国コロンビア大学教授 ジョン・リウ井博士述	夕刊　前日「京都講演」・水崎訳述
13	〃	大阪朝日	米教授講演	祇園中村楼での祝宴記事
14	21日	京都日出新聞	社会教育に就いて（下）	夕刊　前々日「京都講演」・水崎訳述

15	〃	大阪朝日	戦いに勝つ教育法 自動的精神、個人的責任の鼓吹 米国コロンビア大学教授デューエー博士講演	19日京都市公会堂にて
16	22日	萬朝報	貧弱な待遇では欠乏が補い切れぬ小学教員	
17	24日	報知	府立一中生徒の独語志望激減 大部分は英語に変更した　川田校長原因を語る	
18	25日	大阪毎日	デ博士の講演　中之島公会堂に於て	24日大阪ホテルにて 水崎同志社大学前英文科長通訳（原文・水野）
19	27日	東京日日	教育の社会化 神戸高等女学校に於けるデュイー博士の講演	26日神戸市立高等女学校にて
20	28日～30日	大阪朝日	社会化したる教育（上・中・下） コロンビア大学教授デューイ博士	ゲーリー学校について
21	6月9日	萬朝報	高等教育の危機　画一主義の行詰り	
22	19日	〃	入学生の雪崩	
23	〃	報知	全国高校志願者　文部省調査	本年度入学志望状況
24	30日	☆国民新聞	月曜論壇・綜合中学の提唱	※水崎基一
25	7月2～3日	萬朝報	教育家の覚醒（上・下）	
26	15～16日	〃	ゲーリー式教育法の調査（上・下）	アメリカ「一般教育研究会」報告書第一編
27	8月6日	新愛知	労働に対する無理解　労働者に実物教育を施せ	
28	13日	報知	学年短縮と中学教育	中学四年修了者に高等学校入学受験資格を付与する
29	9月11日	〃	私立中学校と其救済策	
30	10月12日	☆国民新聞	人物養成　中学校長に対する文相の演説	
31	20日	〃	物心共調教育　中橋文相訓示	学校不足、設備
32	11月1日	東京朝日	工商中学校案	アメリカのゲーリーシステムを連想
33	16日	東京朝日	海外教育視察	文部省、欧米へ視察員5名派遣
34	12月6日	☆国民新聞	国民新聞一万号　蘇峰生	一万号記念事業　12月8日まで

・1920（大正9）年度

No	月 日	新聞名	見 出 し	内 容
1	1月1日	中外商業新報	新文化の建設　各国民の使命と大責任 三井合名会社理事長　団琢磨氏談	
2	1月3日	新愛知	二種に扱われるる工業教育の刷新 一は職工に二は技師に　但し共に人格が第一義	工学博士阪田貞一
3	5日	東京日日	教育改造論（一～二十）湯原元一	
4	13日	中外商業新報	実業教育現状　志願者と収容力	実業教育に関する文部省調査
5	2月20日	大阪毎日	驚くべき中等学校入学難 志願者の二割弱しか収容出来ぬ　近く新学期を迎えて 県当局はこれが救済策に頭痛鉢巻　学校増設要望の声	兵庫県の事例
6	〃	大正日日	職工の教育程度　尋常卒業最多　中等卒業不少	青年職工の教育程度調査
7	27日	〃	少年工教育程度	少年工の教育程度調査
8	4月10日	東京朝日	生計に余裕が出来て入学志望者激増 中等学校で選抜を行為る高等小学に入る者も多い	
9	18日	萬朝報	画一主義の教育	
10	5月26日	東京日日	中学学年問題　慎重の考慮を要す	臨時教育会議の学年短縮に関して
11	30日	〃	少年労働者の為め夜間中学を創設せん 公私の中学は収容し切れぬのと昼間労働者の便を図って新計画　東京府の新事業	
12	6月6日	〃	夜間正規中学	東京府における事例
13	8日	時事新報	十四万の職工中無教育者五千人 中学程度卒業は二千四名　先ず労働者の教育が必要	
14	7月31日	時事新報	労使協調意見　米国ゲーリー氏所論	
15	8月10日	大阪時事新報	中等二部教授と社会教育　本庄調長帰神談	神戸市教育課長
16	9月5日	☆国民新聞	社会改造と教育の革新（日曜論壇）文部事務官乗杉嘉寿	
17	10月27～30日	萬朝報	実業教育の改革議案（一～三・完）	
18	11月10日	神戸又新日報	文相の訓示　実科教育の奨励	
19	13日	大阪毎日	中学志望者の増加に鑑みて収容定員を増加する 八百人台を千二百人台に改正	
20	11月17日	東京朝日	少年学生を傷う試験弊害の調査	文部当局と中等学校入学 府立一中川田校長

234

No	月　日	新聞名	見　出　し	内　容
21	21日	東京日日	中等学校校舎動員 二部教授決定で更に高等諸学校にも適用せん	エマーソン学校の事例　文部省の方針
22	24日	大阪毎日	中等学校一部制廃は大革断だが大早計 現状の儘では到底行われぬ　京大教授小西重直博士談	ゲーリシステムとり違え
23	25日	〃	中等学校の二部教授は教員、訓練、監督などの点から 考慮を要す　京大教授藤井健治郎博士談	
24	26日	大阪朝日	中等教育の拡張と夜間中学	外延的拡張と内容的改善
25	〃	神戸又新日報	文相の英断　中学校二部教授	エマーソン学校の事例　文部省の方針
26	27日	東京日日	中学教育の悩み　五学年の存廃	
27	28日	大阪毎日	ゲーリーシステムによる校舎の利用案は愈々十年度 から実施　文部省の具体案	
28	12月2日	新愛知	中学二部教育制　不便不合理は忍んで可	ゲーリーシステム参照、中学校二部制度決定
29	18日	☆東京日日	府下中等教育重要問題(一)～(六) 前明治中学校教頭マスター・オブ・アーツ　村田勤	※村田勤　27日まで6回連載 (六)「夜間中学と二部教授に対する私の意見」

・1921(大正10)年度

No	月　日	新聞名	見　出　し	内　容
1	1月5日	大阪時事新報	経済生活と教育の革新(上・下)　文学博士小西重直	
2	7日	報知	ゲーリー制度是非　教育者間における意見	
3	9日	大阪毎日	職業教育の刷新　天職発見の捷径　米国の新教育法	
4	13日	東京日日	新規程を設けて職業教育の奨励 簿記、速記術等の学校を職業学校の中に総括す 本日文部省令で発表	
5	3月6日	☆東京朝日	入学難に泣く生徒に同情して府立四中が募集増員 日本で最初にゲーリー制式を採用する	
6	3月10日	大阪朝日	米国の徳育(一)～(六)　紐育にて　山本良吉	大正3年度民族調査
7	17日	東京日日	小学から中学へ 帝大教授大島正徳、山川菊栄、理学博士大幸勇吉	入学試験は青年の創造性を滅ぼす 教育の機会均等を ・真の学力試験を
8	4月14日	〃	教育の実際化　米国を見よ	
9	18日	読売	中等教育の拡張 二部教授廠行と生徒収容倍加　中橋文相の大抱負	
10	5月8日	大阪毎日	中等学校の不足で教室の利用が議せられた	※地方長官会議
11	10日	大阪朝日	中等教育機関の不備不足　姑息なる二部教授	ゲーリ式二部教授批判
12	17日	☆東京朝日	ゲリー式採用の賛否　米国で失敗の実例 未だ批判の時期に達せず	東京府立第一中学校長　川田正徴氏談 東京府立第四中学校長　深井鑑一郎氏談
13	23日	時事新報	都下中学の入学難	※川田正徴
14	30日	〃	入学難に就て考えられる諸問題(一)～(三)	※阿部重孝 (帝大文学部教育学教室)
15	6月3日～4日	〃	中等実業学校の不足(一)～(二)	※山崎達之輔(文部省実業学務局長)
16	5日～7日	〃	現下の入学難に就て(一)～(三)	※伊藤長七(東京府立第五中学校長)
17	7月27日	大阪時事新報	実業教育の振興	※横井時敬
18	8月7日	時事新報	夜間中学計画　大体実現可能	
19	12月14日	萬朝報	新らしき試みのゲーリー式教授法	※深井鑑一郎

・1927(昭和2)年度

No	月　日	新聞名	見　出　し	内　容
1	8月17日	大阪毎日	鉄鋼王赴く　エルバート・ゲーリ氏　市場に影響なし	
2	10月8日	中外商業新報	この偉大さ(一～二十八)　巨人ゲーリーとその事業を見よ	8月15日死去　ゲーリーの事業

・1931(昭和6)年度

No	月　日	新聞名	見　出　し	内　容
1	6月7日～ 12日	☆横浜貿易新報	綜合中学の実現(1)～(6)　淺野綜合中学校長水崎基一	※水崎基一

(注)　1、上記「新聞資料」は、朝日新聞東京支社、神奈川近代文学館、神奈川県立古文書館、京都大学図書館、京都府立総合資料館、
　　　神戸大学経済経営研究所「新聞記事文庫」等々より作成。

第三項　淺野綜合中學校整備計画（昭和１３年４月１８日）

　初代校長水崎基一が逝去した翌年、１９３８（昭和１３）年４月、２代目校長として就任した神名勉聰が中心となり、将来に向かう淺野綜合中學校の整備計画に取り組むこととなった。この項では整備計画の推移を検討し、計画に携わった教員たちが求める淺野綜合中學校の教育とは如何なるものであったかを考察する。

　基礎資料として、淺野綜合中學校『中學校整備委員会議事録』（昭和１３年４月１８日）を使用する。

１、学校整備計画の提示

　⑴　整備委員会の発足

　４月１８日に整備計画に携わる整備委員会が組織され、校長事務管掌清宮岳壽（顧問）からその委員たち９名が発表されて、早速、委員会が開かれた。

　《資料一》

　学校整備ニ関シ清宮先生ヨリ左記命下サル。

　○淺野綜合中學校整備委員会ニ関シ。

　　委員長　　神名校長

　　委　員　　三輪、佐藤、伊藤、高宮、石田、増田、久保、濱野、奥村ノ九先生。

　　顧　問　　清宮先生

　○現在ノ備品ヲ調査シテ学校資産表ヲ作ルコト。

　神名勉聰校長を委員長として、顧問清宮岳壽以下９名で構成されて、備品調査を初め「学校資産表」の作成を任務とした。その過程で委員会は、学校整備に関する「第二案」を立案することとなった。すでに「第一案」は存在しており、学校長から第二案立案の理由が次のように述べられた。

(2)　校長提案

《資料二》

　・委員会　学校整備第二案立案ニ関シ。

　　既提出第一案ノ外ニ第二案ヲ準備シタイ。<u>中学校ノミノ整備デナク時</u><u>代ノ要求スル技術工ヲ養成スル工業専門学校ヲ併立</u>スレバ通過ハ間違ニ

ナイ。就テハ専門校創設ノ発端ハ<u>淺野翁御七年忌記念事業</u>トシテニ在

リ。当初水﨑校長ヨリ増田先生ニ計画樹立ノ御下命ガアリタル由ナレバ

増田先生ノ腹案ヲ承ハリタシ（下線筆者）。

すなわち、すでに提案されていた学校整備に関しての骨子は、

　・中学校だけの整備ではなく、時代の技術工の養成を目的とした「<u>工業</u>
　　<u>専門学校</u>」を併設する

ことであった。この発端は創立者淺野總一郎「７年忌」記念事業の一環
であって、計画の立案として初代校長から増田委員が任されていた。そ
の概要が増田委員から第一案として、次のように発表されたのである。

(3)　増田案・工業専門学校の概要

《資料三》

　・製図工　４０名
　・鑿盤工　４０名　　　　　　　　計８０名
　・中学卒　　　　　　　　　１ヶ年修了
　・建築整備費　　　　５萬４，８９０円
　・経常費　　　　　約１萬５，０００円

　この案の示すとおり、「製図工」と「鑿盤工」の養成を目的として、中
学校卒８０名を募集する在学１年間の「工業専門学校」を併設するもの
であった。この案に、早速、各委員から意見が出された。先ず、清宮顧
問からは、

　「設備建築費等ハ問題ニ非ザレ共、経常費壱萬五千円ヲ産ムニハ五、六十
　萬円ノ募金ヲ要スベク、実際問題トシテコノ点ニテ望ミ薄ナリ。」

と、建築費は問題ではないが、経常費「約１萬５０００円」を生むには

「5、60萬円の募金」が必要となり、この「第一案」は無理であるとのことであった。そこで、髙宮昇委員から、

　「中学校ノミデ工場ヲ拡充シテ実業組教育ヲ徹底セシメテハ如何。」

と、「工業専門学校」を併設する案ではなく、綜合中学校だけで工場を拡張して実業組（第一種）の教育を徹底することを望むとの意見が出された。続けて、髙宮委員からその理由が次のように述べられた。

　⑷　髙宮案・工場の拡張整備案

　《資料四》

　　現在ハ工場手狭ノ為、五年実業組ハ商業ノミヲ実施シ居ル状況也。依ツテ、

　①　工場ヲ拡張整備シテ毎週工場実習ヲセシムルコト。

　②　商、工業方面ニ大別シ工業方面希望者ヒハ更ニ鑿盤、電気、冶金等、時代ノ求ムル部科門ニ小別シテ各分科ヲ徹底的ニ仕込ミ実力ヲツケル。

　この髙宮案は、毎週工場実習を実施して、時代の要請に応じた「鑿盤、電気、冶金」等の実習を徹底しようとするところであった。

　このように工場を拡張する「髙宮案」が提案された後、校長から、もし会社重役からの「高等工業学校」を併設する要望が無理となったら、「髙宮案」を第二案とする旨の決裁を次のように下した。

　⑸　校長の決済

　《資料五》

　　コノ案ガ通レバ之ニ越シタルモノハ無イト思フ。（コノ点ハ前ノ重役トノ会談ニモ力説シタ所デアルガ、ソノ時ニハ兎モ角モ中学丈デハイケナイ様デアツタガ）専門校ノ方ハ建テルナラバ学校百年ノ為、高等工業デアルベキデ、ソレガ出来ナイトナラバ暫ラク時勢ヲ観望シテカラガヨカラウト思フ。兎ニ角、高宮案ヲ第二案トシヨウ。寧ロ之ガ第一案デアツタラウ。三年ヨリ一種二種ニ区別シ受験組モ実業組モミッチリトヤツテ本校ノ特色ヲ表ハシタイ」（下線筆者）

と、以前は中学校だけではなく「工業専門学校」を併設した「学校百年」の計画で、高等工業を併設するものであったが、できなければ工場を拡張整備する「髙宮案」にするというものであった。第二案がむしろ第一案であり、受験組も実業組も徹底した教育を実施することによって、淺野綜合中学校の特色を表したいと、新校長は決済したのである。

(6)　清宮顧問のまとめ

《資料六》

　淺野綜合中学ハ初メヨリ、然ウアル可キデハナカツタカ。コノ案ヲ理事会ニ附議シヨウ。通過ノ見込アリ。工場ハ五、六萬位ニシテモ可也。総額三十萬円位トシ、実力ヲ天下ガ認ムル底ノ卒業生ヲ出シ、又逓信省規程ノ技術者資格試験ニ有試合格出来得ル迄ニ仕込メバヨロシ。(閉会五時十分)

　学校長も述べているが「三年ヨリ一種二種ニ区別シ受験組モ実業組モミッチリトヤツテ本校ノ特色ヲ表ハシタイ」とすることに、また清宮顧問のまとめにも「淺野綜合中学ハ初メヨリ、然ウアル可キデハナカツタカ(省略)実力ヲ天下ガ認ムル底ノ卒業生ヲ出シ、又逓信省規程ノ技術者資格試験ニ有試合格出来得ル迄ニ仕込メバヨロシ」と述べているとおり、委員会は「綜合中学」の真髄を見失うことなく、創立以来求めていた綜合教育(コンプリヘンシブ)を遂行しようとしたのである。

2、予算・経費

　昭和１３年４月２２日(金)放課後に予算と経費に関する詳細な項目が発表された。

(1)　学校整備第二案提示(委員長)

《資料七》

　① 　内容　総経費　　　　　　　　　金３６萬３,８６６円８１銭

　② 　内訳

　　一、金２０萬９,２６６円８１銭　　　中学校舎新築設備費

　　一、金３萬円也　　　　　　　　　　工場３００坪新築

　　一、金１萬９,６００円也　　　　　　工場設備費

　　　　一、金５,０００円也　　　　　　　　　　　　　施設費
　　　　一、金１０萬円也　　　　工場経常費金４,５００円ニ対スル基金
　(2)　第二案立案の基礎
《資料八》
　①　第一種希望　　　　　　　９０名
　　　内、工場希望７０名ト推定シ、３年ヨリ種別ケスバ合計２１０名
　　　以上ガ同時ニ作業出来ル丈ノ設備トス
　②　二年及二種ニハ基礎的ナ木工及農業ヲモ課ス
　３００坪の工場を新築する整備計画であって、第一種・実業組生徒の
教育ばかりでなく、二年生や第二種・進学組生徒においても「木工や農
業」を授業に取り入れた「綜合教育」を目指すものであった。すなわち、
ゲーリーシステムによる教育をより拡大する案であったのである。
３、理事会報告
　６月２１日（火）零時半から１０分間ではあるが、「整備計画提案」が
理事会で決定されたことが清宮顧問から次のように報告された
　「学校整備案モ無事通過シ、其ノ資金ニツイテモ具体化シマシタ。中学校
　ヲ完全ナモノニスルニハ八、九十萬円ハ必要デアラウガ、最低限度トシテ
　三十六萬円カラ四十萬円ニシ、尚コノ際、混凝土学校モ完備シタク都合五
　十萬円ヲ調ベルコトニ社長、良三氏始メ淺野御一族及橋本梅太郎氏ヤ安田
　銀行ヨリ二名御出席ノ会合ニテ賛成決定ヲ見タ次第デス。先ツ（淺野造船）
　鶴見製鉄造船所ヨリ弐拾萬円、日本鋳造五萬円、シェアリング会社ヨリ五
　萬円、合計参拾萬円ハ出来マシタカラ着手スル様ニ御願ヒシタヒ。差シ当
　リ文部当局へ建築許可申請ヲ急ギ、一方土地地均シハ早ク始メル様ニ致シ
　タヒ。工費（費用）ハ月割等デ出シテ貰フ様ニスルガ宜シイト思ヒマス。
　一切ハ藤堂氏ガ御世話下サル事ニナッテイマス。尚、工事ノ関係ニツイテ
　ハ淺野家ヨリ心棒ニナッテ頂ク方ヲ御依頼致シタ処、理事長ガオヤリ下サ
　ル由デス。必要ニ応ジテハ理事会ヲ開クナリ金子氏ヤ良三氏其ノ他個別ニ
　御相談ヲナス様ニ致シマセウ。因ミニ良三氏ハ淺野中学ヲ人後ニ落チナイ

立派ナモノニシタイ意気込デ居リマス。ドウカ皆様デ着々オ運ビ下サル様ニオ願ヒ致シマス」

と、淺野綜合中学校を完全なものにするために、さらに混凝土学校も完備するために必要となる経費を含めて５０萬円を想定して、とりあえず次の３０万円で着手することとなった。

- （淺野造船）鶴見製鉄造船所　　　　　２０萬円
- 日本鋳造　　　　　　　　　　　　　　　５萬円
- シェアリング会社　　　　　　　　　　　５萬円

淺野家は「淺野中学ヲ人後ニ落チナイ立派ナモノニシタイ意気込デ居リマス」と述べて、清宮顧問は理事会報告をまとめた。そして最後に、神名勉總校長は次のように決済した。

「此ノ度コノ大キナ問題ガ無事通過シマシタ事ハ、故水崎先生ガ其ノ礎ヲオ創リ下サッタコトニ依ル事デハアルガ、偏ニ清宮先生ノ御尽力御骨折ノ賜ト信ジ深ク御礼ヲ申上ゲマス。ドウカ今後共ニ宜シク御力添ヘヲ御願ヒ致シタウゴザイマス」

と、この学校整備計画は水崎初代校長が基礎を創り、その後清宮校長事務管掌が労を尽くしたことを述べている。

４、学校長報告

昭和１３年８月４日午前１０時半から委員会が開かれ、工事開始の報告が学校長からなされた。

校長の報告によれば、

「不取致<u>木造二階建校舎十教室</u>ヲ低鉄棒ノアル位置ニ新築スルコトニシ、来週早々頃出願ノ手筈ナリ。尚今日午後小柴氏ガ測量地図ヲ持ツテ御来校ノ由、電話アリ。十分御話スル積リナリ。去月二十九日付ニテ校長ノ認可アリタリ。御了知アリタシ」（下線筆者）

と、木造２階建校舎（１０教室）の新築が予定され、測量が開始されることとなったのである。

また、清宮顧問からは

「中学校長ノ認可ガオリマシタカラ混凝土専修学校長モ兼ネテ御願ヒスル
様今日同族会社ノ方ニテ話アリ。御承知願ヒタシ」

と、混凝土専修学校長も兼務する等、淺野綜合中学校の拡張整備計画が
いよいよ着手することとなってきた。

さて、この学校整備計画を淺野綜合中学校が実施する意義はどこにあ
ったのであろうか。

第1点は、同族会社が求める「高等工業学校併設」（案）に対する淺野
綜合中学校の教員たちが委員会を組織して、将来にわたる淺野綜合中学
校が求める教育のあり方について審議したことである。第２点は、その
結果「綜合中学教育」・コンプリヘンシブを継続して、これまで以上に充
実した教育方針を提言して確認したことである。

すなわち、初代校長逝去の翌年に就任した新校長のもとでその教育方
針に取り組むことになったのである。とくに、中学校舎新築と共にゲー
リーシステムの真髄の一つである「作業」教育に関しては、４月２２日
委員会で論議した工場（実習場）を新築することとなり、工場設備や施
設への予算を計上して工場を拡張する実業教育の徹底を確認したことで
ある。その工場（実習場）規模は作業希望者が全員、そして同時に作業
が出来る工場規模であったのである。

【注釈】

注①　水崎基一はアメリカから帰国して半年後に、論文「ゲリーシステムに就
　　て」（日本鉄鋼協会々誌『鐵と鋼』第６号　１９１９年６月２５日）で、
　　米国教育視察内容を報告した。

　　　渡米動機については、淺野学園創立四十周年記念誌『回想』（１９６
　　０年）の３３頁で語っている。以下、『回想』と略す。

　１、和田八重造の研究歴に関しては、服部直樹・八田明夫「鹿児島県域
　　で行われていた低学年理科について〜明治期から昭和期に注目して
　　〜」（『科教研報』Vol・２５　NO２《広南会機関誌『こゝに帰る』

　　　第11号　平成17年4月》）参照。

2、淺野綜合中学校学友会『学友』（第2号）参照。

3、早稲田大学生物同好会機関誌『早稲田生物』（第14号　1965
　　年）22頁。

4、三宅驥一理学博士が『国民新聞』に掲載した学校教育に関する主な
　　論文を次に示す。

　　・1915（大正4）年10月11日「学制改革問題」

　　・1918（大正7）年3月11日「大学教授の待遇に就て」

　　・1919（大正8）年1月20日「高等教育機関増設と其位置」

　　・1919（大正8）年9月1日「朝鮮大学設立の急務」

　　・1920（大正9）年9月12日「加州問題」

　　・1921（大正10）年4月24日「軍備制限と軍費節約」

　　・1925（大正14）年12月23日～25日「完備した博物館
　　　設立の急務（1～3）」

注②　浜野駿吉（淺野綜合中学校第1期生・3代目校長）が学校創立の歴史を
　　語る（前掲『回想』33頁）。なお、ゲーリー市の所在を浜野は「米国
　　オハイオ州」と表記したがインディアナ州の誤りである。また、浜野の
　　記述からゲーリーシステムを導入する動機を水崎に直接伝えた人物が和
　　田八重造であることが判明されている。

注③　水崎前掲論文「ゲリーシステムに就て」609頁。

　　1、水崎の同志社大学「入社」については、松井七郎「水崎先生と同志
　　　社大学」（『新島研究』73号　1988年11月29日）5頁。

　　2、松井前掲『新島研究』14頁。

注④　水崎前掲論文「ゲリーシステムに就て」622頁。

注⑤　「戦時の米国教育　月曜論壇・在米国　水崎基一」（『国民新聞』191
　　8年12月9日）。

注⑥　水崎前掲論文「ゲリーシステムに就て」（609頁～620頁）。なお、
　　1919年4月以降、デューイ来日の際における水崎の活動に関して

は、第三章で考察した。

注⑦　東京工業倶楽部講演は、水崎『綜合中学の実現』「ゲリー・システムの
　　　学校に就て」（東京工業倶楽部講演　１９１９年６月２５日）４９頁。

　　１、水崎前掲書『綜合中学の実現』４９頁〜８１頁。

　　２、ダヴィド・クルック「コンプリヘンシブスクールの歴史」（第１７
　　　　回研究会報告『日英教育研究フォーラム』《Voll　１３》　２０１０
　　　　年３月発行）。

　　３、荒木宏子「論文Today」（『日本労働研究雑誌』No６３８　２０１
　　　　３年１０月》

注⑧　水崎は、１９１９（大正８）年６月３０日『国民新聞』に「月曜論壇・
　　　綜合中学の提唱」を掲載した。この論文を水崎は『綜合中学の実現』
　　　（１９３１年　１７頁から２４頁）に「綜合中学の提唱」として所収し
　　　たのである。

　　１、水崎著『綜合中学の実現』の構成は次のとおりである。

　　　　•綜合中学の実現（『横浜貿易新報』が初出）

　　　　•綜合中学の提唱（『国民新聞　月曜論壇』が初出）

　　　　•国民綜合中学校

　　　　•昭和の御代を迎へて

　　　　•校運の前途

　　　　•我思ふところ

　　　　•拾年の跡を顧みて

　　　　•ゲリー・システムの学校に就て

　　　　•淺野綜合中学校設立趣意書

　　２、留岡幸助主筆『人道』に掲載した水崎の論文に関しては、『人道』
　　　　（１９１９年９月１５日・１７１号と同年１０月１５日・１７２号
　　　　の両号「働かすが根本義　救済事業に応用の新教育法　ゲリー・シ
　　　　ステムに就て」。

注⑨　「淺野總一郎氏に呈するの書」《淺野總一郎（２代目）・淺野良三共著『淺

野總一郎』（淺野文庫１９２３年６月８日）５９２頁より抜粋。

　１、『淺野總一郎』５９３頁

　２、『淺野總一郎』５９８頁

　３、『淺野總一郎』５９９頁

注⑩　『学校教育概況』（昭和１３年６月１日）。

注⑪　「横浜貿易新報」（大正７年１０月２７日付、及び同年１２月１０日付）。

注⑫　『官報』（大正９年１月２１日）。

注⑬　施設状況については、「年表」（『回想』「沿革概要」等々）を参照して作成。

注⑭　浅野学園創立四十年記念誌『回想』。

注⑮　１９２０（大正９）年４月１０日に開校した（学友会誌『学友』第２号・３号）。

注⑯　『学友第２号』（「第１回卒業生名簿」）。

注⑰　中途退学者の歴史的研究に関して、寺崎里水・吉田文「落第と『半途退学』にみる旧制中学校の社会的機能―山形県鶴岡中学校を事例として―」（『教育社会学研究』第６６集　２０００年）。この研究で、大正中期から昭和初期にかけての旧制中学校において、入学者が落第等の経験をしないで無事卒業した比率を「サバイバル率」と規定して、当時、鶴岡中学校ではその率が６５．７％であったという。このことから「中学入学後順調に５年間で卒業することが容易であったとはいいがたい値である」と指摘した（同１９９頁）。

注⑱　淺野綜合中学校の教育課程の特質に関しては、拙著『私学中等教育の研究―戦時下浅野綜合中学校の事例―』（筑波書房　２００１年３月）。

注⑲　製作品展覧会の実状（各年度『教務日誌』）より抜粋。

注⑳　入学式配布書類（昭和５年度『教務日誌』）より抜粋。

注㉑　「卒業生が語る『浅野綜合中学』」（『回想』）。

注㉒　講堂利用の実態に関しては、昭和４年度『教務日誌』。

注㉓　軍事教練の実施について考察した基本的資料を次に掲載する。

- 資料一、昭和１０年度「学校教練の展開」(学友会誌『学友』《昭和１１年３月発行》)。
- 資料二、川口智久「スポーツとアメリカ化運動：新体育論の登場」『一橋論叢』１０５（４）号　１９９１年４月)。
- 資料三、文部省制定『学校體操教授要目』(大正２年２月２２日　開発社)。
- 資料四、木村吉次「学校体操教授要目《大正２年》の制定過程に関する一考察」(『中京体育学論叢』第６巻１号　１９６４年１２月５日)。
- 資料五、吉葉愛「学校教練における教育方針の変遷――一九三〇年代以降における教授要目改正を中心に―」(紀要『昭和のくらし研究』昭和館　第１５号　２０１７年３月刊)。

注㉔　卒業生の進路については「水崎基一　創立後十七年目を語る」(校友会誌『校友』２頁《昭和１１年７月》)より。

注㉕　「実業組主任・高宮昇が語る」(前掲『校友』) ８頁より。

注㉖　淺野綜合中学校の評価と紹介については、江原素六先生序・川田一中校長序・前明治中学校教頭マスターオブアーツ村田勤述『帝都中学入学之栞　全』(有朋堂　大正１０年)。以下、村田勤述『入学之栞』と略す。資料は、「淺野綜合中学校の紹介」（１３９頁〜１４０頁）より抜粋。

注㉗　村田勤の私立学校論について、村田勤「府下中等教育重要問題（一）〜（六）」《『東京日日新聞』大正９年１２月１８（土）〜２７日（月）》。

注㉘　「創立後５年を振り返って」(『学友』第１号「発刊の辞」《大正１４年３月》) より抜粋。

第五章　生徒急増対策と産業構造変化に向けたゲーリーシステム導入

第一節　東京府立第四中学校の事例

　日露戦争前後からの日本産業の発展は高等教育への要望を高め、東京市における児童就学率の向上、そして中学校への入学志願者の増加をもたらした（注①）。［表五の１］は、１９１２（明治４５）年５月に『東京朝日新聞』に掲載された、明治期東京市における児童就学率の実態を示したものである。

［表五の１］　明治末期東京市における児童就学率推移

年　　度	男（％）	女（％）	平均（％）
１９０４（明治３７）年度	94.92	94.33	94.63
０５（明治３８）年度	96.50	95.87	96.19
０６（明治３９）年度	96.29	96.67	96.48
０７（明治４０）年度	96.99	96.39	96.69
０８（明治４１）年度	96.49	96.25	96.37
０９（明治４２）年度	96.81	96.45	96.63

（注）１、『東京朝日新聞』（神戸大学「新聞記事文庫」教育 1-002
　　　　1912《明治45》年　5月19日）より作成。
　　　２、明治42年度；上位①麹町区（99.74％）②赤坂区（99.59％）
　　　　下位①浅草区（93.87％）②芝区（94.32％）

　推移の特徴をまとめると、『東京朝日新聞』が掲載した日露戦争後６ヶ年間、「東京市」に限定した児童就学率状況であるが９５％を超える数値で増加していることを示している。都心の麹町・赤坂の小学校では、ほぼ全員が就学していると言っても過言ではない。

第一項　東京府下中学校数・生徒数・入学者の推移

　この就学率の高さを反映して、東京府下中学入学試験がどのような状況であったかを［表五の２］と［表五の３］から検討する（注②）。

　［表五の２］は、村田勤（前明治中学校教頭）が中学入学試験に向けて１９２１（大正１０）年に各中学校を紹介するために編述した『入学之栞』から作成したものである。その内容は、学校紹介は勿論、それ以外にも府立中学校・私立中学校の志願者数・入学者数等を掲載している。原資料は、文部省普通学務局が作成した「調査資料」である。

　［表五の３］は、烏田直哉「戦前期東京府における中学校授業料の分析」（『文部省年報』資料）を参考にして作成したものである。

　２つの資料を参考にして東京府下中学の入学者の実状を考察する。周知のように、東京府では１９００（明治３３）年から府立中学校４校体制を継続しており、１９１７（大正６）年度入試でこの府立中学４校全体で志願者総数３，６３８名、入学者６１８名、入学率１７．０％、１９１８年度には入学率が１６．３％を示し、大変厳しい入試状況が続いていたことを示している。翌１９１９年度には府立五中が増設されて、入学者が前年より約１６０名増加することによって入学率が１８．９％とその比率が少し上向いたが、それでも厳しい状況には変わりないと指摘できる。２０％にも満たない府立中学校の入学率である。

　次に、各私立中学校数の推移と入学率の特色を検討する。まず、各私立校への志願者数の実状を１９１７年度に限ると、１，０００名以上を記録する私立開成中に比較して、２００名以下の１６校、３００名以下を合わせて２１校（私立中学校全体の６７．７％）は志願者数が少なく、その格差が大きいことを指摘することが出来る。入学者数をみると、府立４校で６１８名、私立３１校で４，００９名（中学校全体の８６．６％）を記録し、圧倒的に私立中学校が占めていることが明らかである。かつ、その私立中学校であって、志願者数３００以下の学校ではほとんどが７０％を越える入学率を示している（成蹊中と高千穂中の２校のみ４０％

［表五の２］　大正期東京府下中学校の入学者等調査

（1）府立中学校

	1917（大正6）年度			1918（大正7）年度			1919（大正8）年度			備　考
	志願者	入学者	入学率	志願者	入学者	入学率	志願者	入学者	入学率	
府立第1	1,451	167	11.5	1,599	169	10.6	1,400	173	12.4	日比谷高校
府立第2	156	91	58.3	154	83	53.9	183	94	51.4	立川高校
府立第3	792	199	25.1	831	194	23.3	801	141	17.6	両国高校
府立第4	1,239	161	13.0	1,169	164	14.0	791	182	23.0	戸山高校
府立第5	—	—	—	—	—	—	938	186	19.8	小石川高校
合計	3,638	618	17.0	3,753	610	16.3	4,113	776	18.9	入学率;平均

（2）私立中学・志願者500人以上（1917年度基準）

	志願者	入学者	入学率	志願者	入学者	入学率	志願者	入学者	入学率	備考
私立開成	1,020	195	19.1	1,289	156	12.1	1,365	186	13.6	
麻布	874	156	17.8	702	163	23.2	1,092	186	17.0	
私立京華	777	188	24.2	857	190	22.2	938	186	19.8	
芝	724	158	21.8	624	146	23.4	515	191	37.1	
早稲田	556	187	33.6	499	198	39.7	626	201	32.1	
明治	524	153	29.2	726	140	19.3	1,100	150	13.6	
錦城	524	182	34.7	483	186	38.5	559	189	33.8	
京北	514	198	38.5	492	202	41.1	399	194	48.6	

（3）私立中学・志願者300人以上

	志願者	入学者	入学率	志願者	入学者	入学率	志願者	入学者	入学率	備考
順天	435	143	32.9	457	199	43.5	503	195	38.8	
日本大学	324	150	46.3	375	150	40.0	623	153	24.6	

（4）私立中学・志願者200人以上

	志願者	入学者	入学率	志願者	入学者	入学率	志願者	入学者	入学率	備考
東京	254	177	69.7	248	186	75.0	292	212	72.6	横浜移転、関東学院
郁文	238	200	84.0	258	198	76.7	258	200	77.5	
大成	203	181	89.2	282	165	58.5	260	167	64.2	大成第2,1953年廃校
正則	202	145	71.8	220	122	55.5	236	147	62.3	
立教	201	153	76.1	196	143	73.0	197	168	85.3	

（5）私立中学・志願者100人以上

	志願者	入学者	入学率	志願者	入学者	入学率	志願者	入学者	入学率	備考
成城	195	144	73.8	163	118	72.4	202	149	73.8	
海城	189	173	91.5	190	144	75.8	256	198	77.3	
暁星	184	129	70.1	195	132	67.7	218	135	61.9	
日本	166	148	89.2	—	—	—	213	162	76.1	日本学園
高輪	144	115	79.9	197	141	71.6	294	204	69.4	
豊山	128	128	100.0	—	—	—	187	144	77.0	日大豊山
目白	135	96	71.1	157	131	83.4	177	152	85.9	中央大学付属
成蹊	128	61	47.7	107	49	45.8	156	60	38.5	
高千穂	122	50	41.0	95	50	52.6	97	50	51.5	
独乙協会	104	81	77.9	99	95	96.0	134	90	67.2	

（6）私立中学・志願者100人以下

	志願者	入学者	入学率	志願者	入学者	入学率	志願者	入学者	入学率	備考
商工	98	88	89.8	—	—	—	—	—	—	赤坂中→日大三高
名教	85	68	80.0	78	63	80.8	141	70	49.6	東海大付属
攻玉舎	78	71	91.0	51	41	80.4	129	85	65.9	
聖学院	43	41	95.3	53	46	86.8	70	49	70.0	
荏原	38	34	89.5	76	52	68.4	110	68	61.8	
日本済美	19	16	84.2	22	20	90.9	24	19	79.2	
赤坂				96	87	90.6	201	161	80.1	

（注）　1、村田勤編述『帝都中学入学之栞　全』（大正10年）146頁〜153頁より作成。原資料は文部省普通学務局作成の「調査資料」である。

［表五の３］　東京府下中学校数・生徒数等推移

年度	学校数(A) 公立中	学校数(A) 私立中	生徒数(B) 公立中	生徒数(B) 私立中	一校当り生徒数(B)÷(A) 公立中	一校当り生徒数(B)÷(A) 私立中
1886	1	0	478	0	478	0
1887	1	0	510	0	510	0
1888	2	0	627	0	314	0
1889	1	1	526	161	526	161
1890	1	2	499	193	499	97
1891	1	4	605	1,320	605	330
1892	1	6	656	2,277	656	380
1893	1	11	700	3,763	700	342
1894	2	12	1,148	3,324	574	277
1895	3	11	1,971	3,980	657	362
1896	3	12	2,153	4,791	717	399
1897	3	15	2,368	6,406	789	427
1898	3	19	2,204	9,322	735	491
1899	3	23	2,162	9,862	721	429
1900	4	20	2,292	10,741	573	537
1901	4	22	1,762	12,130	441	551
1902	4	22	1,982	11,899	496	541
1903	4	24	2,135	11,554	534	481
1904	4	23	2,262	11,801	566	513
1905	4	22	2,253	11,228	563	510
1906	4	26	2,287	11,877	572	457
1907	4	26	2,241	12,299	560	473
1908	4	25	2,239	12,040	560	482
1909	4	27	2,238	11,945	560	442
1910	4	28	2,288	12,278	572	439
1911	4	28	2,277	12,428	569	444
1912	4	29	2,262	12,755	566	440
1913	4	29	2,270	13,359	568	461
1914	4	30	2,385	14,430	596	481
1915	4	31	2,486	15,114	622	488
1916	4	31	2,591	15,919	648	514
1917	4	31	2,649	17,223	662	556
1918	4	31	2,707	17,507	677	565
1919	5	31	2,911	18,370	582	593
1920	5	31	3,066	19,188	613	619
1921	5	31	3,395	20,510	679	662
1922	7	33	4,339	23,751	620	720
1923	8	34	5,327	21,383	666	629
1924	10	34	6,897	23,211	690	683
1925	10	35	8,296	24,643	830	704
1926	10	36	9,494	25,574	949	710
1927	10	39	10,291	26,994	1,029	692
1928	11	40	10,980	27,354	998	684
1929	11	43	11,338	27,341	1,031	636
1930	11	43	11,522	26,117	1,047	607
1931	11	44	11,705	24,770	1,064	563
1932	11	44	12,087	23,907	1,099	543
1933	11	44	12,187	23,558	1,108	535
1934	11	44	12,308	24,294	1,119	552
1935	11	45	12,471	25,673	1,134	571
1936	11	46	12,623	27,532	1,148	599
1937	12	46	12,903	29,715	1,075	646
1938	13	47	13,617	33,445	1,047	712
1939	14	47	14,571	36,908	1,041	785
1940	22	48	17,154	40,956	780	853
1941	24	51	20,083	45,118	837	885

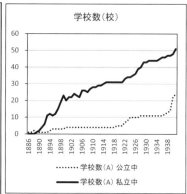

学校数（校）

‥‥‥‥　学校数(A) 公立中
━━━　学校数(A) 私立中

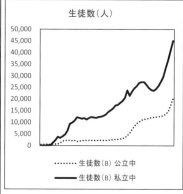

生徒数（人）

‥‥‥‥　生徒数(B) 公立中
━━━　生徒数(B) 私立中

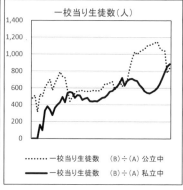

一校当り生徒数（人）

‥‥‥‥　一校当り生徒数　(B)÷(A) 公立中
━━━　一校当り生徒数　(B)÷(A) 私立中

（注）1、島田直哉「戦前期東京府における中学校授業料の分
析」(広島大学大学院教育学研究科紀要 第三部 第50
号 2001年)226頁より作成。

　　　2、原資料は各年度『文部省年報』所収。

　　　3、グラフ横数値は、グラフ「学校数」に記載した年度に準じる。

台）。この２つの表から、公立中学校の少なさ、私立中学校の多さを前提として、私立中学校の志願者数１校当りの格差が私立中学校間で非常に大きい、それにともなって入学者数にも影響して１００人にも達しない私立中学校が存在する実状を抱えていたことが明らかである。

　このように、私立中学どうしでも学校間の志願者数に大きな隔たりをもたらす実状のなかで、私立開成、麻布中学等では府立中学４校と同様に非常に厳しい入学率を示しているのである。

第二項　第一高等学校及び各種実業専門学校の入学試験状況
　［表五の４］は、第一高等学校の入学試験状況を１９０２（明治３５）年から１９２７（昭和２）年まで約２５年間まとめて、『第一高等学校六十年史』から作成したものである。
　［表五の５］は、『時事新報』が中学卒業生を救済する目的で高等学校等の「学校増設計画」を掲載した１９１６（大正５）報道である。
　この『時事新報』が、
　「最近中学卒業者が激増するに随い、現在の高等学校及び各種実業専門学校については是等の多数卒業者を収容し難く通年高等の諸学校に入学才能の停滞者を増加せしめつつあり」
と、中学卒業者の激増に対応して高等学校等ではその増加した生徒数を収容仕切れていない、したがって入学するべき才能ある中学卒業生が停滞しているとの実状を報道したのである。
　この２つの資料から、第一高等学校の場合、日露戦争後の明治４０年以降に志願者が急激に増加しその後高さを維持しながら大正中期から第一次世界大戦後の第二次急増期を経て昭和期を迎えたことが明らかである。さらに、入学率の推移を見ても、大正初期に入学率１５％前後という非常に低い比率を示していて受験生にとって第一高等学校への入学が困難な状況であったことが明らかである。
　実業専門学校に関しては、合格率の平均した数値を見ると高等商業学

[表五の４]　第一高等学校入学試験状況（明治末期～大正期）

	志願者数(A)	入学者数(B)	入学率(B÷A)%
明治35	1,589	327	20.6
36	1,612	331	20.5
37	1,480	305	20.6
38	1,538	337	21.9
39	1,475	295	20.0
40	1,847	353	19.1
41	2,614	354	13.5
42	2,239	366	16.3
43	2,363	355	15.0
44	2,116	353	16.7
大正元年	2,290	339	14.8
2	2,129	340	16.0
3	2,129	343	16.1
4	2,293	357	15.6
5	2,263	367	16.2
6	2,224	361	16.2
7	2,267	359	15.8
8	3,324	356	10.7
9	3,628	363	10.0
10	3,782	353	9.3
11	3,295	361	11.0
12	3,319	360	10.8
13	3,291	365	11.1
14	3,188	376	11.8
15	4,971	380	7.6
昭和2	5,662	375	6.6

（注）１、『第一高等学校六十年史』（第一高等学校　昭和
　　　１４年７月３１日）「附表」５９６頁より作成。

校５校で２２.０％、高等工業学校８校２４.４％、高等農林学校５校で
２７.７％を示し、高等農林学校にやや高い比率を呈しているが、高等商
業、高等工業とも比較的合格率（入学率）の低さを指摘せざるを得ない。
なかでも東京商業、神戸商業、東京工業、大阪工業、京都高等農林等々
で合格率（入学率）の低さが顕著である。都市部と地方との格差が大き
い高等学校入学試験状況の実状が指摘される。

[表五の５]　大正５年度各種実業専門学校入学試験状況

【　１　】高等商業学校

学校名	志願者数	合格者数	倍率	合格率
東　　京	1,869	202	9.25	10.8
神　　戸	1,034	162	6.38	15.7
小　　樽	409	126	3.25	30.8
山　　口	471	135	3.49	28.7
長　　崎	644	153	4.21	23.8
計	4,427	778	5.32	22.0

【　２　】高等工業学校

学校名	志願者数	合格者数	倍率	合格率
東　　京	1,564	231	6.77	14.8
大　　阪	1,031	185	5.57	17.9
京　　都	165	79	2.09	47.9
名　古　屋	506	109	4.64	21.5
熊　　本	551	104	5.30	18.9
米　　澤	279	75	3.72	26.9
秋　　田	172	41	4.20	23.8
桐　　生	172	40	4.30	23.3
計	4,440	864	4.57	24.4

【　３　】高等農林学校

学校名	志願者数	合格者数	倍率	合格率
盛　　岡	372	105	3.54	28.2
鹿　児　島	287	71	4.04	24.7
上田〈蚕糸学校〉	139	56	2.48	40.3
東　京（〃）	152	42	3.62	27.6
京　都（〃）	158	28	5.64	17.7
計	1,108	302	3.86	27.7

　（注)１、資料は、『時事新報』〈神戸大学「新聞記事文庫」教育７－０１２
　　　　　１９１６《大正５》年８月１６日〉より作成。
　　　２、単位；志願者・合格者数（人）、倍率（倍）、合格率（％）
　　　３、「率」は、各学校ごとに算出して、「計」の欄に平均化した。

第三項　府立第四中学校の入試状況

　この項では、中等学校のなかで都市部に所在地をもつ中学校がどのように展開したか、東京府立第四中学校の実状を紹介してゲーリーシステムの導入と展開を考察する。

　事例校である東京府立第四中学校の入試状況がどのようなものであったのか、その実状から検討しよう（注③）。

1、受験競争の深刻化

　『百年史』（９３頁）には、受験競争の深刻化を語る「中等学校ノ入学受験ニ関スル件」という訓令が、１９１６（大正５）年２月２日に東京府から学校長に発せられたことが記録されている。その内容をみると、

　　「卒業ノ際勉メテ多クノ上級学校入学者ヲ得テ一校ノ名誉ヲ張ラントシ且在学生徒児童目下ノ急ニ同情スルノ余リ強テ之ガ準備教育ヲ施シ為ニ心身ニ不慮ノ障害ヲ来スハ特ニ遺憾トスル所ナリ　且尋常小学卒業児童ノ進ムベキ再適切ナル上級学校ノ選択ハ小学校長ノ指導ニ待ツトコロ多シトス（省略）　各児童ノ個性及其ノ家庭ニ再適応セル指導ヲ与ヘラルベシ」

と、卒業して上級学校への進学に向けた準備教育を実施することによって、心身障害をもたらすことへの問題を提起して、今後、受験生と家庭に適応した選択を指導することを求めた訓令であった。

2、府立四中学校の入試状況

　以上考察したように準備教育化した教育問題を背景として、府立四中ではどのような入学試験を実施していたのであろうか、次に検討することとする。

　［表五の６］は、東京府立第四中学校の入試状況を示している。この表が強調するところは、１９１３年〜１９２６年までの入学率が１９１８年までが平均１４.７％と低く、翌１９１９年に２２.９％と上昇するが１９２０年にも１４.８％に又急低下している。そして２２年は再度２２.６％と上昇してはいるが厳しい入試状況であることに変わりない。その背景に考えられる一つの理由が上級学校への進学率の高さである。

たとえば、在学中四年で修了して上級学校に入学した実数を「備考」欄に記載しているが、その実数を見る限り、１９１７、１８年ごろは３人、２人であったが、１９１９年には、高等学校の他、大学予科・陸軍士官学校に四年修了生徒が進学可能となったことを反映して、その実数が３９名、翌１９２０年には５８名、５年後には何と９１名（４年前入学者数２０４名を考えると４４.６％）にも達する勢いである。

その後、１９２１（大正１０）年以降にゲーリーシステムを導入して、

［表五の６］　大正期東京府立第四中学校入学試験状況

	志望者(A)	入学者(B)	入学率(B÷A)	備考
1913年	858	130	15.2	
14	990	162	16.4	生徒定員を２００名増加、８００名となる。各学年３学級が４学級となる。
15	1,118	169	15.1	
16	1,208	168	13.9	
17	1,225	168	13.7	３名（在学中上級学校入学者）
18	1,159	161	13.9	２名（同上）
19	764	175	22.9	高等学校、大学予科、陸軍士官学校などは４年修了で進学が可能。３９名（４年修了上級学校入学者）生徒数を漸次増加して１，０００名（２０学級）までの認可を取得　府立第５中開校
20	1,181	175	14.8	文部省アメリカのゲーリーシステムに倣い校舎利用の法を達示　現有校舎のままで定員１，２００名（２５学級）の認可を取得　５８名（４年修了上級学校入学者）３月
21		175	―	３８名（４年修了上級学校入学者）
22	903	204	22.6	３７名（同上）　府立第６、７中開校
23	718	240	33.4	５８名（同上）　府立第８中開校
24	813	233	28.7	６２名（同上）
25	858	239	27.9	９１名（同上）最高記録
26		250	―	４０名（同上）

（注）１、『府立四中都立戸山高百年史』（百年史編集委員会　昭和６３年）「資料編」〈百年史年表９３６頁～９４３頁〉より作成。
２、１９２１年、２６年度志願者数記載なし。

募集定員増加に踏み切ったことが上級学校へ進学する生徒数増加に拍車
をかけたと思われる。２５年には四年修了生徒の上級進学者数が「最高
記録」を示したと前掲『百年史』のなかで賞賛した記載がある。

　次に、上級学校への進学状況を検討しよう。［表五の７］は１９１９年
度に東京府内中学校から全国高等学校に入学した上位１０校の生徒数と
その比率を表にまとめたものである（注④）。

　府立四中を含む「府立３校」が上位１０校全体の６１.８％、「官立」
が同９.１％、「私立６校」が同２９.１％と、入学者の比率を考えると、
何とこの「府立３校」が６０％を越えている。その中で、府立一中が２
８.８％、府立四中が２３.８％、この２校で５２.６％を占める実状であ
る。全国の高等学校にこの２校が東京府下上位１０校の半分以上の入学
者（進学者）数１９０名を輩出していることを示している。

　この歴史的推移を文部省及び東京府がどのように認識して対応したか
を次に検討する。

[表五の７]　東京府下中学校全国高等学校入学者数（大正8年度）

No	中学校	入学数	比率(%)	備考
1	府立一中	104	28.8	府立
2	府立四中	86	23.8	々
3	府立三中	33	9.1	々
4	高師付属中	33	9.1	官立
5	開成中	28	7.8	私立
6	芝中	18	5.0	々
7	早稲田中	17	4.7	々
8	暁星中	15	4.2	々
9	錦城中	14	3.9	々
10	麻布中	13	3.6	々
上位10校合計		361	100.0	

（注）　1、出典は前ページ同。１０５頁より作成。
　　　　2、原資料は『東京百年史』所収。原典は文部省編「大正八年高等学校高等科
　　　　　入学者選抜試験ニ関スル調査」。

第四項　文部省と東京府の対応

1、中橋徳五郎文部大臣の要請

　１９１９（大正８）年１０月１１日「全国中学校長会議」で中橋徳五郎文部大臣は、文部省が今後の文部行政方針として次のような「人物養成」を主としていることを演説した。

⑴　学制を改革して教育の効果を大ならしめること

⑵　智識よりも人物の養成に一層重きを置くこと

⑶　生徒の事情と地方の状況とに適応するように施設して画一の弊を改めること

⑷　成るべく生徒の学科に対する負担を軽減すること

等の４点であって、

　「学校と社会との連絡を密接にして一層教育を国民の実生活に適切ならしめることは極めて肝要なことでありますが此の事は別けて中等教育に従事せられて居る諸君に十分の御了解を得たい」

と、中等教育の課題として実生活に適切な対応をしなければいけないとして、そのための人物を養成することを中橋文部大臣は全国の中学校長に求めたのである（注⑤）。

　さらに、中橋文部大臣は「全国中学校長会議」１週間後の１０月１８日に開かれた「第一回帝国連合教育会議」で次のように所感を述べている。とくに、１０月２０日付『東京日日新聞』には「中等学校大増設　中橋文相の言明（連合教育会議）」（神戸大学「新聞記事文庫」教育２０―１６１）と題して、

　「政府は決して現在の施設を以て満足するものならざるを以て先ず曩に高等教育機関の拡張に着手したるが今後は更に中等教育機関の大増設を為すべく目下考慮中なり」

と、高等学校増設の次は中等学校を増設することであると述べている。その「腹案」として、

　「経費三四千万円の数個年継続事業として実業学校中学校等三、四百校を

　増設し義務教育終了者中上級学校を希望するもの全部を収容すること」
と、何と数年間で中学校・実業学校等を３、４００校を増設する案を表
明したのである。
　同日『国民新聞』でも中橋文部大臣の見解を次のように報道している。
　「現今全国の学生が収容すべき学校不足の為め入学し得ざることで十数年
　来年々歳々学生が競争試験に苦しみ之が為め非常な不満を抱きて悶々の情
　遣瀬なきもの多数を占めて居ることである」
と、学校不足という高等教育の課題を指摘し、
　「初等中等共其設備を完了することは尤も緊要であるが就中高等教育機関
　の拡張であることは政府に於ても大に注意を払っているが次の問題は中等
　教育機関である現在中等実業の学校八百余校あるも其志望者を満たすには
　猶お三四百校不足を告げて居るが之を補充し設備するには実に七八千万の
　費用を要するも政府は追々之を完全のものにしたい」
と、教育機関の拡張政策にあって７、８，０００万円の経費でとくに<u>中等
実業学校の増設</u>等に取り組むことを述べている（１９１９年１０月２０
日付『国民新聞』《「物心共調教育」》）。
　この中等教育機関の増設には、政府・原内閣は、
　「現時中等学校の不足すること甚だしく国民教育の向上を期せんには此上
　三百余校を増設せずんば遺憾なく志望者を収容するに足らず殊に戦後欧米
　各国を通じて実業教育の隆興驚くべきものあり我国も亦た時勢の趨潮に鑑
　み将来の中等教育機関は主として実業に重きを置き」
と、実業学校約２００校、中学校約１００校の増設する方針であること
を１１月１日付『読売新聞』が「政府の教育政策　中等教育機関の大増
設　重きを実業教育に置く」と報道した（神戸大学「新聞記事文庫」教
育２１―００１）。このように政府は中等教育機関の増設、なかでも実業
学校増設に取り組むことを明らかにしたのである。
２、小栗一雄東京府学務兵事課長の見解
　東京府は、夜間中学校を新たに設置して昼間収容しきれない生徒を救

済する「新計画」を企画していることを、次のように１９２０（大正９）年５月３０日付『東京日日新聞』が小栗学務課長見解を述べている。

　　「男子の教育の中枢をなす中等教育を要する少年労働者の多い今日、猶正規の夜間中学が我国に皆無である事は遺憾である」

と。すなわち、中等教育を必要とする少年労働者のために「正規の夜間中学」の設置を東京府は求めたのである（注⑥　資料一）。続いて、この要請を受けて、文部省赤司鷹一郎普通学務局長が「東京府から夜間中学設置に就ての話があったので目下調査研究中で未だ何等の成案は得ていない」と調査研究中という返答をして、今日、「成案」に至っていないとの態度を示した（同資料）。

　１週間後の１９２０（大正９）年６月６日付『東京日日新聞』が中学校入学志望者の激増を受けて、東京府では夜間正規中学を創設する方針を次のように掲載した。

　　「東京府にては、近来中学校の入学志望者激増し、既設中学のみにては、到底之を収容する能わず、同時に家庭の事情其他により、昼間の通学を許さざる者少なからざる為め、之を救済すべく夜間正規中学を創設するの計画あり」

と（注⑥　資料二）。東京府は入学志望者激増には既設中学ではなく、夜間中学創設での対応を明確にしたことを各新聞が報道したのである。

３、文部省の収容定員増加策

　文部省は、中橋文部大臣の演説を受けたあと「夜間中学設置に関しての予算経費」に関する難を示し、今後予想される中学校への入学希望者増に「収容定員を五〇％増加」（８００人定員を１，２００人まで増加）の意思を内示する動きに出た。すなわち、東京府は夜間正規中学を創設することで中学校の入学志望者の激増に対応しようとしたが、文部省は東京府方針を受け入れることなく、収容定員の増加策での対応を選択したのである。その理由が予算経費の削減であったのである。

　この文部省の動向を『大阪毎日新聞』が１９２０（大正９）年１１月

１３日付で、「中学志望者の増加に鑑みて収容定員を増加する—八百人迄を千二百人迄に改正」と題して、中学校令施行規則二十条の改正にむけて、次のように掲載している。

　「文部省においては未だ之に関する省令の発布を見るに至らざるも地方自治体予算編成の都合ある事とて予め当局の意思を通達するの必要あり、最近それぞれ内示する所ありたり」

と（注⑥　資料三）。収容定員増加での対応を文部省は、省令発布に至ることなく地方自治体には「意思」を内示したのである。

４、文部省の「二部教授」策

　『東京日日新聞』が１９２０（大正９）年１１月２１日付で文部省が「二部教授」に至ることによって、定員を増加する経緯を次のように掲載している（注⑥　資料四）。

　「文部省に於ては学校入学希望者の激増するに対し施設之に伴わず徒に青少年学生をして入学難を喞たしむるのみならず延いては一生の方針を誤るものあるを以て高等教育機関の大拡張を断行し更に普通教育機関の拡張を奨励したるも年々激増する志望者を収容するに足らず曩には中学校の定員を増加して千二百名の人員を収容する事を得る事とし、尚夜間中学の実施を決し中学校令の改正を企画したるは既報の通りなるが之のみを以ては未だ幾程も収容力を増加する能わざるを以て茲に百尺竿頭更に一歩を進め中学校、高等女学校、実業諸学校に於て二部教授を断行する事に決定し更に其実績により」

と。要約すると、中学校へ入学を希望者が激増してきたが施設等では到底対応することが出来ず入学難をもたらしてきている。学校の拡張を奨励しても、年々激増する志望者を収容仕切れていない実状である。募集定員をこれ以上増加したり、東京府の要請等の対応策のみでは激増し続けている生徒を収容するは不可能である。したがって、最後に文部省自らが「更に一歩を進め」て「二部教授」を実施することに決定したとの見解を示したのである。

　そして、『大阪毎日新聞』が、１９２０（大正９）年１１月２８日付で
「ゲーリー・システムによる校舎の利用案は愈々十年度から実施―文部
省の具体案」と報道したのである。すなわち、中学校、高等女学校、実
業諸学校で、翌年、<u>１９２１（大正１０）年４月</u>からゲーリーシステム
を実施することとしたのである。そして、このシステムを実施する目的
に「当局がゲーリー・システムを採用せんとするは全く入学難緩和の為
に外ならず」と語られているように、ゲーリーシステムを導入した目的
が「入学難緩和」であったことを明確に示していることに歴史的そして、
教育思想的課題があると考える。（注⑥　資料五）

　翌年４月、中橋文相は中等教育の整備に関して

　１、中学校、高等女学校、各種実業学校を通じ二部教授を属行せしむ

　２、中学校に於て現在一校八百名の収容限度を千二百名迄に拡張し漸を逐
　　　うて千五百名迄とする計画

　３、校舎は現在の儘にして教員の供給潤沢を期すべし

との要項を示した（１９２１年４月１８日付『読売新聞』「中等教育の拡
張　二部教授属行と生徒収容倍加　中橋文相の大抱負」《神戸大学「新聞
記事文庫」教育２３―１２８》）。

　その理由として、

　　「中等諸学校を増置するの必要を生じ之が経費約二億円を見積らざる可ら
　　ず是現今の財政状態を以てしては到底不可能事なるのみならず青年子弟の
　　要求は焦眉の急務なりとして遂に解決の途を此に現出したもの」

と。すなわち、<u>財政逼迫から学校増設が出来ない</u>ことを鑑みて「焦眉の
急務」から「二部教授」によるゲーリー・システムを採用し、今後続け
ていく「大抱負」を中橋文相は語ったのである。

５、「二部教授」の歴史的研究

　「二部教授」の歴史研究に関しては、斉藤泰雄（国立教育政策研究所）
の論文「二部制方式による学校運営の実態と問題点―日本の経験―」が
ある（注⑥　資料六）。

　斉藤は、日本ではすでに１８９１（明治２１）年１１月から「二部教授」が人口急増対策として小学校では導入されたという（注⑥　資料六　２５頁）。その後２０世紀初頭に実施校が１００校台から８００校を超えた。その歴史的背景となったのが「日露戦争（１９０４～０５年）による戦費調達による政府財政の悪化、地方の教育費の削減の動きもこの動きに拍車をかける」と斉藤は述べている（同２８頁）。つまり、戦費調達による財政悪化という実状からの教育費削減策であったのである。

　当時の「二部教授」は、一般的に時間をずらして（午前と午後、夜間）、校舎や施設設備を使用する教育方法であった。すなわち、同じ授業時間に別々の施設・設備を生徒が使用するゲーリーシステムとの違いはあるが、その実態は増加する生徒数の対策として、つまりその増加に比較して不足する学校施設・設備対策、たとえば中学校では府立四中の場合のような空き教室を利用しての教育方法であったのである。

　さらに、「二部教授」の歴史研究には海後宗臣編『臨時教育会議の研究』（東京大学出版会）がある。

　１９１７（大正６）年１２月６日「臨時教育会議第９回総会」・「小学教育に関する件　答申（その２）第一項小学校教育に関する改善」に関する審議で、「諸般の施設並に教育の方法は画一の弊に陥ることなく地方の実情に適切ならしむの必要ありと認む」との答申をして、この「答申理由書」で真野直（華族・子爵　貴族院議員）が「二部教授」に関する意見を次のように述べている（注⑥　資料七　１８５頁）。

　　「私ハ使用シテ居ナイ時間校舎ヲ利用イタシマシタナラバ一層経済ニナラウト存ズルノデアリマス、二部教授ハ利用ノ一方法デアリマスルガ、二部教授ニ付キマシテハ教授其モノニ多少議論ガアルヤウデアリマスカラ暫ク此問題ハ別ニ致シマシテ」（下線筆者）

と。つまり、「二部教授」は時間と校舎の利用方法の一つであって、これまで以上経済的になるが、「教授其モノニ」議論ありとの見解を示したのである。真野は、経費削減と校舎の有効利用の観点から、「二部教授」に

よる教育方法にやや否定的な見解を述べている。

　しかし、文部省は、施設の拡充をしても年々増加する中学志願者を収容することはできないとの見解で、「百尺竿頭」もう一歩進めて「二部教授を断行すること」を決定したという。つまり、このことは日本教育にゲーリーシステムを導入することによって、入学難の解消を目指すことになったことを意味する。その実施時期が１９２１（大正１０）年４月で、中学校、高等女学校、実業諸学校でこのシステムを実施する「中学校令」改正に踏み出した時であることが明らかとなったのである。

第五項　府立第四中学校のゲーリシステム導入

　この項では、府立第四中学校へのゲーリーシステム導入の過程を確認する（注⑦）。

１、１９２０（大正９）年４月の実状とゲーリーシステム導入

　まず、１９２０（大正９）年３月末から新学期に向けての府立四中の動向を「略年表」（『百年史』９３９頁）を参照にして捉えると次のようになる。この項での課題は、府立四中が何時、どのようにしてゲーリーシステムを導入したかを考察することである。

　☆略年表（１９２０年）

　　・３月３０日　　・第一学年１７５名入学（志望者１，１８１名）

　　　　　　　　　・第２７回卒業式を挙行（卒業生１００名）

　　　　　　　　　・四年修了上級学校入学者は５８名

　　・４月　　　　・<u>文部省アメリカのゲーリーシステムに倣い校舎利用の法を達示、</u>よって本校では現有校舎のままで定員１，２００名（２５学級）の認可を得（下線筆者）。

　　　　　　　　　〔注〕空教室を活用するいわゆる「移動組」の制度で、本校では昭和１８年まで続けられた。

　ゲーリーシステムを導入するまでの府立四中の取り組みを検討すると、次の［表五の８］に示したように１９１４（大正３）年から学校規模を拡大することとした。１学年３学級から４学級にして定員を増加することである。この拡大策は６年後の１９２０（大正９）年にはさらに１学級を増加して５学級編成とした。「略年表」及び［表五の８］から、府立四中においてゲーリーシステムは１９２０（大正９）年から導入されたとの認識してしまうが、果たしてこの理解が正しいかどうかの考察をする。

　まず、「略年表」によると、１９２０年４月に傍線で示したが、「文部省アメリカのゲーリーシステムに倣い校舎利用の法を達示」と、「よって本校では現有校舎のままで定員１，２００名（２５学級）の認可を得」との記載を文字通り解釈すると、この２つの状況を同じ時期と解釈してしまう。府立四中は、文部省の「達示」に「よって」、定員増の「認可」を得たのである。

　大正８年度は、全学年４クラス、合計２０クラス体制であった。大正９年度は、３月３０日現在、第四学年を修了して上級学校に多数進学者だ出たために４月からの新五年生の生徒数は大幅に減少して６８名となっている。確かにこの「略年表」からは、ゲーリーシステムを府立四中がいつ導入し実施したかの記録はないが、しかし、同じ、『百年史』（本文（１０３頁）には、「採用」時期を「１９２０（大正９）年４月」と、次のように説明をしている。資料を抜粋する。

　「学校規模の拡大も引き続いて進められた。大正に入ってからの入学志願者の増加で、本校では既述のごとく大正三年（一九一四）一学年三学級編成から四学級へと定員増を行なったが、高等教育機関の拡充を受けて、大正九年四月さらに一学級増で五学級編成とした。ただし校舎規模はそのままで米国のゲーリーシステムを採用した。この制度は生徒が授業科目によって教室を移動する制度で、理科室など特別教室も有効に利用することができ、府内の学校でも採用するところがあった。本校ではこれを「移動組」と呼び、昭和十八年まで続けられた」（下線筆者）

［表五の8］　大正期東京府立第四中学校生徒数・学級数・卒業生数推移

年度	1学年 生徒数	1学年 学級数	2学年 生徒数	2学年 学級数	3学年 生徒数	3学年 学級数	4学年 生徒数	4学年 学級数	5学年 生徒数	5学年 学級数	合計 生徒数	合計 学級数	卒業生 年月	卒業生 人数
大正2	145	3	138	3	127	3	113	3	76	3	599	15	大3・3	73
3	182	4	136		134		117		97		666	16	4・3	87
4	180		168		138		126		87		699	17	5・3	83
5	190		172		174		137		95		768	18	6・3	91
6	165		169		163		158		112		767	19	7・3	108
7											794	20	8・3	134
8	191	4	166	4	157	4	155	4	107	4	776	20	9・3	100
9	185		193		161		143		68		750	19	10・3	68
10	231		197		179		154		74		835	21	11・3	73
11	248		226		198		173		98		943	21	12・3	89
12	248		263		224		198		113		1046	22	13・3	107
13	245	5	252	5	247	5	215	5	106	5	1065	24	14・3	102
14	256		251		246		228		111		1092	24	15・3	109
15	249		252		238		242		148	4	1129	25	昭2・3	141

（注）1、資料は、『府立四中都立戸山高百年史』（百年史編集委員会　昭和63年3月）「資料編」（854頁）より抜粋。なお、原資料は『文部省年報』、『東京府統計書』、『東京都公文書館所蔵資料』等である。

と、「大正９年４月」に「米国のゲーリーシステムを採用した」と「採用した」と明言し、東京府内ではこの府立四中以外にもゲーリーシステムを採用している学校があることを指摘している。なお、府立四中以外でも女学校でゲーリーシステムを導入することを三上敦史は自著『近代日本の夜間中学』（１１８頁）で、１９２１（大正１０）年３月９日付『東京朝日新聞』報道から府立二高女（現都立竹早高校）、五高女（現都立富士高校）を紹介している。

　では、何時、府立四中がゲーリーシステムという教育方法を導入した教育改革を実施したのであろうか。府立四中でのゲーリーシステムの特徴が「現有校舎のままで」で空教室を活用する「移動組」の制度であり、１９４３（昭和１８）年まで継続したことは明らかである。したがってこのゲーリーシステムを導入した授業を展開していたことには矛盾はない。そこで、当時、報道された『東京朝日新聞』等々によって、府立四中がゲーリーシステムをいつ、どのようにして導入したかについて実証的な考察をすることとしよう。

２、新聞によるゲーリーシステム導入報道

　『東京朝日新聞』が、１９２１（大正１０）年３月６日付で「入学難に泣く生徒に同情して府立四中が募集増員　日本で最初にゲーリー制式を採用する」と、府立四中がゲーリーシステムを採用することを掲載した（注⑧）。その記載内容をそのまま転載する。

　「中学入学難は年々激しくなる許りで受験者も父兄も一方ならず悩んでゐるが文部省では之れが解決の一策として都下各公立中学の定員八百名を千名に増員する様訓令を発したが府立第四中学校は、率先して之れを行ふ事となり既に其予算が府参事会をも通過したので今年四月の入学期から従来の募集人員百六十名を二百名に増加し漸次千名迄を収容する事とした而も同校では米国のゲーリー制式を用ひて教室の増設をせず生徒数を増員するの方針であつて、日本の中学に此の方法が用ひられるのは同校を以て嚆矢とする右に就き深井同校校長は語る「ゲーリー制式」と云ふのは米国ゲー

リー町の諸学校に行はれて居るもので狭い一学校で出来る丈校内を活用して凡の機関を備へる様な方法だが<u>自分は其の一部を応用して</u>今迄二十学級で二十の教室であつたのを今年から一級宛を増し廿五学級として而も<u>二十の教室で間に合はせる様に時間割を編成し</u>今迄教室内に置いた生徒の携帯品靴外套等も一定の置場所を設け空いてる教室は何時でも他の学級に使用し得る様な方法を取る心算である」（下線筆者）

と、ゲーリーシステムを紹介して、府立四中はこのシステム全てを実施するのではなく「一部を応用して」採用するとしたのである。

すなわち、『東京朝日新聞』によると、府立四中が１９２１（大正１０）年４月、「今年から一級宛を増し」たゲーリーシステムを採用する「心算である」と、導入１ヶ月前の３月６日に報道したのである。

府立四中では校舎の拡張が進められて、１９２１（大正１０）年５月から２階建て６０坪を増築したり、特別教室（物理や化学）設備を完成させるなど「毎年のように学校施設の増築工事が行われた」ことを『百年史』）（１０４頁）は述べている。

府立四中がゲーリーシステムを採用する動機が「日本で最初に入学難に泣く生徒に同情して」と、その目的が入学難解消のためであったとし、「日本で最初にゲーリー制式を採用する」と『東京朝日新聞』はその歴史的意義を報道したのである。

府立四中では、具体的には中学一年募集人員を従来の１６０名を４０名増加して２００名とする「認可」を１９２０（大正９）年４月に得た<u>のである。</u>したがって、府立四中全体でこれまで一学年４クラス規模で、五学年合計で「２０学級に２０教室」を配置する体制であったが、入学時に一学級を増加した募集をして、５年後には２５学級とする計画を建てたのである。しかも２５学級を２０教室で間に合わせるよう時間割を編成して、空いてる教室は何時でも他の学級に使用できる教育方法を企画したのである。これを「四教室五学級体制」といい、この実態を「第六項の５」で、深井校長直々の説明で明らかにする《２７７ページ参照》。

3、教育課程の特徴

　［表五の９］は府立四中の教育課程を示したものである。『百年史』（「付編２　教育課程のあゆみ」２８５頁〜３１５頁）で教育課程が詳細にまとめられている。基本科目（国語・漢文、英語、数学）などを中心とし、その他、地理・歴史、博物・物理・化学等を配置した授業構成をとっている（注⑨）。

　まず、大正期に府立四中が「教育課程」を作成した経緯について考察する。２名の卒業生が資料の検討を重ね、さらに５年間にわたる「生徒日記」と照合して作成された、詳細な「教育課程」資料の提供を受けた『百年史』編集員会が、記録として復元したものであるという。感想・授業の様子等も書かれた貴重な資料である（『百年史』２９３頁）。府立四中が当時どのような教育課程のもと教育を実施していたかを知ることが出来る。

　その特徴を指摘すると、府立四中独自の教育課程が見られる。すなわち、上級進学者を前提とした学科中心の時間配当であって、それ以外に「武道」を７時間目に配置し、かつ選択制を考慮しない画一した教育を５ヶ年間実施する学習体制をとっていることである。ゲーリーシステムの真髄を構成する「運動」がどのように展開されていたかを、次に検討することとする。

4、スウェーデン式体操と教練

　「体操」科目を見ると、徒手・器械体操を全学年で１週間に３時間実施し、「教練」科目では全学年で週３時間を配置している。下級学年の三年生以下で「徒手」、上級学年で「執銃」が課せられている。体操及び教練が１週間に６時間、つまり通常、毎日１時間ずつの授業を組む教育課程であったところに府立四中の特質がある。１９１９（大正８）年に入学して、２４（大正１３）年に卒業したＭＹさんはこの府立四中の「体操と教練」について、次のように寄稿している（『百年史』（１０６頁）。

　「体操には特に関心が高く、手足を直線に伸ばし曲げるという、スウェーデン式を採用していた。（省略）軍事教練は、退役軍人が指導し三八式歩兵

［表五の９］　昭和初期東京府立第四中学校教育課程表

科目	中一	中二	中三	中四	中五	
修身	2	2	2	1	1	現代作法（1・2・3年）、中国古典（4・5年）、主に深井校長
国語	3	3	3	3	3	現代文（1・2年）、他に古典（3・4年）、他に擬古文（5年）
漢文	3	3	3	3	3	白文毛筆、白文は特に低学年では重点とす
作文	1	1	1	1	1	ペン、一部毛筆
習字	2	2				毛筆
英語	3	3	4	4	4	講読、文法、作文、会話
数学	3	3	4	4	4	代数（1・2年）、代数・平面幾何（3・4年）、他に立体幾何・三角法（5年）
地理	2	2	2	2	2	日本地理（1年）、外国地理（2・3・4年）、地理通論（5年）
歴史	2	2	1	2	4	日本史（1・2年）、東洋史（3年）、西洋史（4年）、日本史・西洋史（5年）　5年の日本史はやや高度のもの
物理			2	2	2	
化学			2	2	2	無機（3・4年）、無機・有機（5年）
博物	2	2	2	2		植物（1年）、生理衛生（2年）、動物（3年）、鉱物・博物通論（4年）
音楽	2	2				唱歌（1・2年）
図画	2	2	1	1	1	鉛筆・水彩（1・2・3年）、用器画（4・5年）
体操	3	3	3	3	3	徒手・器械、夏季はプールで水泳
教練	3	3	3	3	3	徒手（1・2・3年）、執銃（4・5年）
武道			柔・剣道	柔・剣道	柔・剣道	7時間目（33時間の外）
合計	33	33	33	33	33	

（注）　1、資料は、『府立四中都立戸山高百年史』（百年史編集委員会　昭和６３年３月）　２９６頁より作成。
　　　　2、卒業生MTさん（昭和５年〜１０年在学）及びSSさん（昭和４〜９年在学）寄稿「教科一覧表」等を参考に編集委員会が作成。
　　　　3、授業時間は毎週３３時間で、月火水金は６時間、木は５時間、土は４時間。武道は必須科目で７時間目。

　銃を持って、校庭から街へ出て行進した。代々木の原では遭遇戦をやり、空包で撃ち合ったものである」

と、スウェーデン式体操と三八式歩兵銃による遭遇戦（空包）を実施し

たことを語っている。

　又、昭和１２年に入学して第四学年で終了したＨＳさんも府立四中の「体育と教練」について次のように語っている（『百年史』（３００頁）。

　(九)　体育

　　鉄棒が盛んであった。校庭には合計二二の鉄棒があり、私は一、二年では休み時間にほとんど鉄棒をやっていた。跳箱での回転もあった。剣道、柔道は共に正課で、試験は二人ずつ組んで試合をした。

　(十)　教練

　　銃器庫から三八式歩兵銃を出し、肩にかついで、屋外演習は随分やった。関中佐が日華事変（支那事変）の白兵戦の戦訓を引用し、叱咤された」

と、昭和１０年代の府立四中の「体操と教練」について具体的にその内容を残している。

　このスウェーデン式体操に関して、１９１８（大正７）年に府立四中に入学したＩＴさんが次のように語っている（『百年史』（８４８頁）。

　　「深井校長はスポーツというものを一切禁止、・・・野球はキャッチボールさえ許さなかった。しかし校長は体育を軽視したわけではなく、スウェーデン式体操の採用、正課の柔・剣道でしごき、生徒の体格は全国でもトップだった」

と。また、大正末から昭和１０年ごろまでの府立四中の体操については、元教諭のＭＨ先生が、

　　「深井校長は『健全なる精神は健全なる身体に宿る』として、学習と健康の両立達成に確信をもって、周到な計画の下に体操を実施した」

と述べている。

　当時の府立四中の体操は具体的には次のように実施されていた（同頁）。

　(1)　正課時間の体操

　　一時間の授業はほとんどが徒手と器械体操（肋木、平行棒、鉄棒、跳箱）で、・・・正課は週三時間であった。

　(2)　課外運動

週一時間の課外運動を設け、学年担任と体操の教師が指導に当たり、生徒手帳に下校時間を記入捺印した。運動は自由であった。

(3) 朝礼時の体操

毎朝、生徒教職員全員が朝礼後体操を行った。深井校長も率先して体操を励行された。

(4) 木曜日校外遠足

毎週木曜日、授業は午前中で切り上げ、午後は校外遠足に出かけた。生徒はゲートルを巻きカバンを肩に四列縦隊で学校から戸山ヶ原などへ歩いた。

その他、水泳、運動場の舗装、体育簿等々の記載がある。

　１９３１（昭和６）年には、文部省の紹介によって、デンマークの体操王・ニールスブック一行が府立四中の体操を見学する目的で来校している。最後に、その様子を『百年史』（８４９頁）が次のように記録しているので、紹介しよう。

　「フォームを正確に実施する四中体操（スウェーデン体操）に対し、リズムを重視したやわらかいフォームで行われたデンマーク体操は、なかなか歯車がかみ合わなかった」

と、世界の体操王が教育現場を視察するほど、府立四中のフォームを重視するスウェーデン体操が知れ渡っていたのである。

第六項　ゲーリーシステム導入の賛否

　さてこのように、入学難緩和を目的とした東京府立第四中学校のゲーリーシステムに関してどのような評価が与えられていたのであろうか。東京府立第一中学校の川田校長、府立四中の深井校長がそれぞれ新聞紙上で自分の見解を発表して「異なるゲーリーシステム論」を展開している。上級学校への多大な合格実績を持つ府立中学校の校長２人がゲーリーシステムをどのように評価していたか、その見解を指摘して日本教育への導入がもたらす歴史的な意義を考察することとする。またこの是非

論が掲載された時期が<u>ゲーリーシステムが１９２１（大正１０）年４月から日本教育に導入されてまもない２ヶ月を経ない５月段階であった</u>ということも付記しておく。

　先述したように、深井はこの論争を経て、同年１２月１４日付『萬朝報』に府立四中での実践内容と実施経緯を寄稿して自説を実証していることもあらかじめ述べておく。

１、ゲーリーシステム導入批判

　　川田正澂府立第一中学校長は次のようにゲーリーシステム導入を批判している（注⑩）。

⑴　「米国で失敗の実例」（東京府立第一中学校長　川田正澂氏談）

　　「此頃文部當局は頻にゲエリー式に拠る校舎の利用と収容の増加を慫慂して居るやうだが、<u>何も斯様な変則的方法を執らなくても今日問題となつて居る入学難を緩和する方法があるではないか</u>、仮に教育行政上の見地よりゲエリー式の可否を考慮して見るに此教授法が学生の訓育の上に面白からざる結果を示すことは本家本元たる米国の大都市に於て往年失敗に帰し今日専門家の顧慮しない事実に徴するも明白である吾々教育家が平素注意すべき要件は生徒をして学校を大切なるものとし我家の如く愛着せしめることであつて此気風が出来れば教育の大目的は達するのである然るに二重組織により二組以上の生徒が共同の校舎を利用することになれば如上の気風は生徒に起こりやうはない其許りではない教室の利用に就て非常の困難がある。我国各中学の教室は精一杯に整備されて特別教室と云ふものが誠に少いのであるから二重組織の教授をする場合には生徒の携帯品置場を設けねばならぬが八百の生徒がある場合には大凡四つの室を新設せねばならぬ若し之を設けないとすれば生徒は休憩時間に学用品を背負ふことにせねばならぬ斯様のことが出来るものであるか<u>第三中学で試験的に遣つて居るが其出入りに混嵐を来し成績頗る不良であるゲエリー式</u>を理想的に応用しようとせば若干の特別教室のあることが前提でなければならぬ。比較的能く行つて居る米国なぞにはそれが整

つて居る我が国の中学校に其儘應用せりとしても弊害許りで実効は期待するを得ないのだ。世ト往々当局は経済的見地に於て教育問題を取扱はんとするやの評判がある。吾々は容易に信ずるものではないけれどもゲエリー式の慫慂の如き或は左様なる精神に出づるではあるまいか。若し然りとせば教育界の由々しき大事である」（下線筆者）。

2、深井鑑一郎府立第四中学校長の反論

　深井は、ゲーリーシステムが実際的に好評であると次のように指摘している。

(2)「未だ批判の時期に達せず」（東京府立第四中学校長　深井鑑一郎氏談）

　　「教育のことは忽忽に効果の見ゆるものではない、元来自分がゲエリー式を採用するにつきて當局に言明したのは、右の式によりて入学したる生徒が卒業するに至るのでなければ、是非の判別は下せないといつたが、五年ならずとも、せめては一年位経過しなければ、多少の批判は出来ないと思ふ。固より一方に校舎利用、多数人員収容といふ大利益があることなれば、よし幾分の不成績ありとも忍ばねばならぬけれども、今の處教室の移動する為に生徒の精神が動揺するとか、混雑を来すとか、学科の成績が他の生徒に比較して悪いとか、品行上に欠点を見出すとかいふことは、毫も認めぬばかりでなく、常に移動しつゝある生徒は、甲の室より乙の室に移動せねばならぬ任務あるが故に、其の挙動頗る敏活にして用具の整理等が頗る迅速で既に此の生徒が移動を始めて乙の教室に到達するに、乙室の生徒は未だ整理を終らざるが如きことが往々あるのみならず、常に自分等は規則的に行動せねばならぬとの信念をもつが故に敏活と規律との習慣を養ふことが出来るので自分が実施以前に心配したことが却て裏切られつゝあるのを喜んで居るのである。前にも云つた通り大早計に一朝一夕に、批判を下すべきものではないけれども、此の二箇月間の感想をいへとならば極めて好成績であると云ふことが出来る。」

　　（下線筆者）。

3、『東京朝日新聞』記者の意見

(3) 記者曰く

「府立第三中学校当局はゲエリー式採用の効果については未だ具体的発
表の域には達してゐないが着々良成績を挙げてゐると言明した」
と。その趣旨をのべると、まず川田校長の見解はゲーリーシステムとは
「米国で失敗の実例」であり、専門家も顧慮していない制度であるとい
う。そして、文部省が何もこのような「変則的方法」を執らなくても入
学難を緩和する方法が他にあるのではないかと、入学難の解決するため
には他の方法を考えるべきであるとの方針を提起した。

教育の内容に関しても、川田校長はこのシステムでは生徒訓育で「面
白からざる結果を示す」と懸念を示し、施設の状況でも我国の中学の教
室数は精一杯に整備されていて特別教室が誠に少ない現実を指摘した。
さらに二重組織をとる教授方式であるゲーリーシステムへの難を指摘し
た。生徒の成績においても府立第三中学校で試験的に実施した状況を引
き合いに出して、生徒の出入りで混乱をきたす結果、生徒の成績は頗る
良くないと位置付けた。

教育施設が整備されているアメリカとそうでない日本とでは、ゲーリ
ーシステムはそのまま導入しても「弊害許りで実効は期待するを得ない」
との結論を導いて、このシステムによる教育効果は期待できないとの酷
評を川田校長は断言したのである。

これに関して実際にゲーリーシステムを導入した府立四中の深井鑑一
郎校長は川田校長とは異なる見解を示した。その趣旨を述べると、まず、
導入して2ヶ月を経過していない今日、未だ批判をする時期ではないと、
ゲーリーシステムを実施した当事者としての見解を示した。

この式による生徒への教育効果も入学した生徒が卒業するまでは判別
は下せないと川田校長は主張した。教育方法に関しては、今、教室移動
時の問題点として、生徒の精神が動揺するとか、混雑を来すとか、これ
によって学科の成績が他の生徒に比較して悪いとか、品行が善くないと
かいう川田校長の意見には、深井校長は「毫も認めぬ」と否定した。そ

して規則的に行動しなければならない時には「敏活と規律との習慣を養
ふことが出来る」としたのである。結論として、一朝一夕に批判を下す
べきものではないとの考えを示し、ましてゲーリーシステムを導入して２
ヶ月間の感想を言えというならば「極めて好成績である」とまとめたので
ある。『東京朝日新聞』記者も「ゲエリー式採用の効果については未だ具
体的発表の域には達してゐないが着々良成績を挙げてゐる」と評価した。

　この２人の校長のゲーリーシステム論の違いを考察してみて、今、是
非論を求める時期早々はゆがめないが、大正期教育に導入したゲーリー
システムという教育方法は大きな教育課題を現場に投げかけて注目され
ていたことは確かである。

４、川田正澂第一中学校長の中学入学難解決法

　『東京朝日新聞』誌上での川田と深井とのゲーリーシステム論争の後、
１週間後に、川田は１９２１（大正１０）年５月２３日付『時事新報』
に「都下中学の入学難」（神戸大学「新聞記事文庫」教育３８―０７７）
との題で中学入学難についての談話を発表している。その談話は、最近
の中学校への入学が非常に困難になっているとの認識を語った後、救済
の必要はもちろんあり、文部省は東京府に２割の収容定員を増加すれば
入学難は立派に解決するとの見解を紹介した。しかし、これに関して東
京府では今日、対案を研究中であるとの現状認識を示したまでの見解で
あった。

　そして、次のように川田は、まずゲーリーシステム批判から始め、日
本に導入した文部省批判に及び、最後に入学難の解決方法を提言した。
順を追って検討することとする。

（1）　川田が語るゲーリーシステム批判

　　「文部大臣は中学校の収容力を増加する方法として今回の地方官会議に於
　　てゲーリーシステムを訓示したと聞いた。余は最初大臣が二部教授を主張
　　せられると聞いて大に驚いたが後に大臣の主張するのは二部教授にあらず
　　してゲーリーシステムの移動学級であると承り幾分安心した」（下線筆者）

と、まず中学入学難の解決策の府立四中が導入した「移動学級」に「幾分」とはいえ「安心」の気持ちを示した。しかし、

> 「移動学級は二部教授ほどの弊はないにせよ生徒自身の教室なく時間毎に転々するので生徒の心に安定を与えず且つ種々の不便を伴い紀律訓練の上に悪影響を及ぼし教育の能力を低下するので教育上決して歓迎すべきものではない論より証拠ゲーリーシステムが市俄古などで如何に不人気なるかに見ても思い半に過ぎるであろう」

と、「移動学級」方式も教育上歓迎すべきではないとの自説を語った。

　(2)　川田が語る教育論

　川田は、自分の教育論を次のように展開した。

> 「教育の事は物質的方面のみでなく精神的方面のあることを看過してはならないのである。中橋文相が経済的方面に極めて聡明なことは我々の常に推服する処であるが其精神的方面に至りては余り理解を持って居られないかの観あるは我々の潜かに遺憾とする処である。<u>教育は物質的智識を与えると同時に護国の精神責任の観念、仁愛の情操等形而上の能力の涵養にも努めねばならないのである。兎に角完全なる人を造るが教育の目的であって物質的知識を与うれば教育の能事了れりと考えるが如きは大なる誤謬であろう。</u>従って教育の精神的能率を低下するの施設には我々の容易に同意し能わざる所である」(下線筆者)

と、教育を如何にして入学難に対処すべきかという「方法論」から教育の本来目的とするものは何かという「本質論」まで展開しての川田によるゲーリーシステム導入への反対論であった。

　(3)　入学難解決に向けた川田の提案

　入学難の解決に向けて川田は、①私立中学校への補助金と教育内容の改善、②入学試験方法の改善に関する見解を次のように述べた。

> 「東京府立の中学校は本年増設する二校を加えて七校であるから其生徒の総定員をの（ママ）校舎増築其の他の方法により二割増し一千名とするも、各学校の一年級の増加率は五十名であるから、七校合して年々の

　新募集の増加は僅かに三百五十名に過ぎないのである。故に<u>府下三十一</u>
<u>の私立中学校が府立の中学校と共に等しく生徒の総定員を増加しなけれ</u>
<u>ば入学難救済の目的は達しない</u>のである。又愈々私立中学校が府立中学
校と共に<u>二割の収容力を増したとしても其の内容を改善しないときは生</u>
<u>徒の評判の悪い学校には行かない</u>から府立中学校や一流の私立中学校に
は依然として多数の志望者が殺到して今日の入学難に大して緩和せられ
無いであろう。故に今日の急務はどうしても私立中学校を改善して安ん
じて之に入学し得るよう其の内容を改善するにあると余は確信する」（下
線筆者）

と、川田は、入学緩和に向けての対処として私立中学校に相当の補助金
を付与して教育の改善をすることを提言したのである。そして最後に、
入学試験の方法が案出されているがいずれも入学難を救うことにはなら
ないと次のように語っている。

　「入学生徒の選抜方法で、（省略）抽籤とメンタルテストが最も喧伝せら
れている。併し二者孰れに依るも収容人員を増すことにはならないから、
今日の入学難を救うことには何等関係がないのである。ただ抽籤法を採用
するときは選抜は全く僥倖となり入学試験準備勉強の弊は無くなるであろ
う。併し斯くせば非凡の天才も低能児も所謂玉石混淆一処に教育せられる
ことになるから教育上の能率は著しく低下することは云う迄もない」

と、入学試験方法を変えても入学難の解決にはならないとし、

　「俊才は天分に応じて何処迄も其の驥足を延ばすよう又低能は遅くとも
確実に地歩を占むるよう教育するのが真の教育ではあるまいか。故に俊
才は俊才同士、低能は低能同士に分つを以て教育上最も適当とする」

と、生徒の能力に応じた教育を施すことが大切であって、受験準備は依
然として存在し続けることを語っている。

５、深井鑑一郎校長が語る府立四中のゲーリーシステム

　１９２１（大正１０）年１２月１４日付『萬朝報』に「新しき試みのゲ
ーリ式教授法」（神戸大学「新聞記事文庫」教育２８―１５９）として、

ゲーリーシステム実施校の校長がその内容と実施経緯を寄稿している。次に具体例を考察することとする。新入生を事例として展開している。

　まず、第一学年「甲組」の場合である。

　(1)　教室の種類

　　①　普通教室（<u>学級専属の教室</u>）　・国語、漢文、英語、数学の４科

　　②　特別教室（<u>学科専属の教室</u>）　・修身、地理、歴史、習字、図画等
　　　　　　　　　　　　　　　　　　　　全ての学科

　学級専属教室と学科専属教室とに別けて授業を配置して、それぞれ授業科目を決める。高等学校等の上級学校への入学試験科目を前提としたものと考えても差し支えない。

　(2)　１週間の授業時間数と各教室での授業時間数

	普通教室	特別教室	合計
第一学年	１７	１４	３１
第二学年	１８	１３	３１
第三学年	１８	１３	３１
第四学年	１７	１４	３１
第五学年	１９	１２	３１

　月曜日から土曜日まで３１時間の授業が組まれている。

　(3)　四教室五学級の授業体制

　もともと府立四中は各学年とも４学級で、各学級ごとに１つの普通教室で授業をしていた。少しの特別教室が配置されていたにすぎない状況で、全校５学年分で２０個の普通教室が設置されていた。

　しかし、<u>１９２１（大正１０）年４月</u>から、５ヶ年計画でまず第一学年から１学級増加して５学級体制として、毎年続けて５年後には合計２５学級体制が確立する計画であった。しかし、普通教室の数が各学年とも４個であるため、従来の方法では初年度には１個不足することになる。５年後には、全学年で普通教室数が２０個、学級数が２５組となる。そこで、府立四中では、「新らしき試みのゲリー式教授法」として「四教室

五学級法式」を実施したのである。「教育整理ではなくて、教室整理とでも云わば言い得る訳です」と深井校長は語る。

　(4)　空き教室利用方法

　１週間に特別教室で授業をする時間数は、１２から１４であるから、この時間数だけ普通教室での授業をしないことになる。また、各学年とも普通教室が４個あるので、毎週空き時間数は、次のようになる。

	普通教室空き時間数	各学年の普通教室空き時間数
第一学年	１４	５６
第二学年	１３	５２
第三学年	１３	５２
第四学年	１４	５６
第五学年	１２	４８

　毎週４８から５６時間数を各学年とも「空き教室」を利用して、各学年とも専属普通教室をもたない１学級の授業を行うのである。各学年とも１つの学級（たとえば甲組のみ）に固定して「空き教室」として利用をせず、１年間を５期に別けて各学級が順番に「空き教室」を分担する。「これ各生徒に便否を等しく分担せしむる次第で、無論公平の見地から定めた訳です」と深井校長はこの教育方法の意義を語る。

　(5)　ゲーリー式授業の効果

　この「四教室五学級法式」を実施した府立四中校長の深井は次の３点にまとめてゲーリー式授業の効果を述べている。

　①　管理上の効果；

　生徒及び教師ともに多少の煩累は免れないという。廊下等での多少の混雑を起し、あるいは休憩時間に多少の犠牲があろうが、生徒によっては前の授業で使用した教室に忘れ物をしたとか、管理上の不便さに起因している問題はある。しかし、府立四中での「規律の厳粛」を重んじた教育を以前から実施してきたことを反映して、「空き教室当番組」もそうでない組も「同情又は友誼の発露にて教育上、吾輩の頗る欣快とする所

であります」と、生徒の毎日の生活には管理上何等支障のないことを深井は述べている。

②　学業成績上の効果；

１９２１（大正１０）年度第１学期の第一学年試験成績と学科平均点を算出して、果たしてゲーリー式授業の効果は如何程であったか、深井は発表している。

ただし、本年度第１学期に「空き教室」を利用した組は、第１期（４月と５月）は戌組であり、第２期（６月と７月）は乙組である。

第一学年組名	各学科総平均点（100点満点）
甲組	６４点
丙組	６４点
丁組	６５点
乙組・「空き教室」	６５点
戌組・「空き教室」	６７点

この表から、試験成績の学科平均点を基準にすると成績には大差ないことがわかる。「却て戌組は最高点を占有するの奇観を呈して居ます」と評価し、「学業成績に影響するところは先ず無いというで宜しいと思います」と深井校長はまとめている。

③　訓育上の効果；

最初は多少配慮したが案ずるほどではなかったと深井は語り、「空き教室」利用当番組も他の組も「規律と敏捷」に留意し、「同情心と友誼の情」を喚起することとなり、「実例は教訓にまさる」の格言を述べて深井校長はまとめている。

最後に、深井校長は府立四中が導入した「四教室五学級法式」は入学難救済策であったことと導入目的と経緯を語っている。とくに、前年の１９２０（大正９）年に次に示す資料のように東京府に入学難救済方法を繰り返して建言して諒解を得ていたことは特記に値する。

「要するに学校数少くて入学志願者を収容し得ず、新設は経費の点より

事容易に非ざるが故に、多少の不利不便は素より覚悟の上でなくてはならぬことは勿論であります、併し<u>全幾万の少年が入学の関門に殺到し、しかも其多数が門前払を喰わされて</u>、折角抱ける向学の志望を挫くもの甚だ少からざるを見ては、當路者たる者たとえ多少の不利不便ありとも、之を忍びて幾分たりとも斯る不幸の少年を救助することは極めて近接の事と信じ、<u>前年中、府の當局者に建言し、其諒解を得て本年度より実施いたしましたのであります。</u>」（下線筆者）

6、元教員が語る府立四中のゲーリーシステム

　府立第一中学及び第四中学の校長による「入学難解消」に向けたゲーリーシステムの是非についての論争が続くなか、１９２１（大正１０）年４月から導入した府立四中で、実際に教育方法を組み立て、時間割等を編成していた経験をもつ元教員の見解を次に述べる。府立四中のＯＴ教頭が教務部在職時代にどのように対応したかについての実証資料である（注⑪　『百年史』３００頁）。

　　「深井校長独得の節約方針により、一学年四クラスを五クラスに増した際、教室の増設を行わず、一クラスは特別教室を自分用の教室に当てることにしたため、このクラスの授業は他クラスが体育その他で空けている教室を使えるよう時間割を組まなければならないということでなる。しかも移動するクラスは年間に五回変るので、その度にこの配慮が必要になった。次に平常の授業については、教員の欠勤、出張などの際、その人の授業時間を有効に活用することに細心の注意を払った。前日からわかっていれば、前日授業終了までに補充学課と教員を決めて生徒に知らせ用意させる。当日判明の場合は、なるべく時間を活用し得るよう補充を決め、繰り上げは絶対に行わず、自習も避ける方針であった」

と、寄稿している。まず、ＯＴ教頭は昭和１２年から１７年まで教務部、その後教頭職に従事した経歴をもって府立四中で実際にゲーリーシステムの運営にかかわった。したがって、１９２１年に府立四中が導入した時には直接、時間割等編成等には関わりをもたなかったが、昭和１０年

代の実状を知る貴重な体験を提示している。

　府立四中に勤務して実際に教務部で時間割等を作成する作業に従事した元教頭が、このゲーリーシステムは深井校長独得の節約方針によって導入されたものと府立四中の教育方法に位置づけた。その具体的な方法が教室の増設を行わないで1クラスが特別教室を自分用の教室に当てることであった。したがって、このクラスの授業は他クラスが体育とか、その他で空けた時に教室を使えるよう時間割を組まなければならなかった。移動するクラスは年間で5回変るので、その度にこの配慮が必要になった。また平常の授業については、教員の欠勤や出張などの際、その人の授業時間を有効に活用することに細心の注意を払い、なるべく時間を活用し得るよう補充し、繰り上げは絶対に行わないで自習も避ける方針をとったと、具体的に『百年史』（３００頁）に寄稿したのである。

　ゲーリーシステムについてどのような歴史的な評価を下すかについて考察する時、学校現場で具体的に対応しなければならない「教務部」という校務を担当した教員の指摘はゲーリーシステムの内実性に迫る、実に貴重な実証史料であると考える。

第七項　「中学入学難」に関する諸意見

　文部省及び府立四中がゲーリーシステムを教育方法として導入した歴史的要因となった「中学入学難」に関して、どのような見解が教育界で発表されていたのかを検討する。

　前述のように、府立一中校長と府立四中校長とがゲーリーシステムを導入する是非について１９２１（大正１０）年５月１７日から論議を開始したが、ゲーリーシステムを導入した４月４日に最初に『時事新報』が論説を掲載した。1ヶ月後の５月８日には地方長官会議で主張された意見に対して、文部省の見解が『大阪毎日新聞』に発表されている。その後５月末から、「中学入学難」に関して『時事新報』が、大学教授、文部省実業学務局長、東京府立第五中学校長等々の見解を特集し、最後に

８月７日付『時事新報』で自社見解を発表している。これらの見解を検討して「中学入学難」とゲーリーシステム導入との整合性について考察することとする。

１、『時事新報』論説

　まず、中学校以上では学校設備が不足している結果、年々過酷な入学試験が行なわれて入学志願者の大半が不合格をなっている「憂目を見るの一事」を、『時事新報』が４月４日付で次のように指摘したのである（注⑪　資料一）。以下、引用の下線は筆者。

　⑴　「云うまでもなく中学校の教育は高等学校の下準備に過ぎずして不実用の甚だしきのみならず其程度に於ても零細貧弱なる小知識を得るに過ざるものなれば同程度の実業学校に比して其効用遙かに低劣なるは論を俟たず」

　⑵　「中学校の効用をして充分全からしめんが為めには大に高等教育機関を拡張するの必要ありと雖も容易に望むこと能わずとせば」

　⑶　「自ら今日の中学教育を局限し此上中学校を新説するの無謀を止め之に代ゆるに多数の商工実業学校を増設し以て中学入学難を緩和する」

　⑷　「同時に専門学校に学ばずして直ちに実用に役立つが如き人物を養成するこそ最も適切なる方法なりと信ずる」

　⑸　「国内に中等実業学校の大増設を図り以て漫然中学校を希望する多数の少年を之に吸収し速に実務に役立つ人物を養成するの一事は教育界の現状に鑑み最緊急の施設なる可しと信ずるなり」

と、「中学入学難」の解決策として、中学校を増設することをやめて国内に中等実業学校を大増設して「漫然中学校を希望する多数の少年」を吸収して実務に役立つ人物を養成する施設を増設することを緊急とした見解を示したのである。

２、地方長官会議

　地方長官会議第５日目が、１９２１（大正１０）年５月７日午前１０時から文部省修文館で開催された（注⑪　資料二）。この席で福岡、福

井、茨城、和歌山、神奈川、佐賀各知事から意見が出された。この会議には、文部省からは中橋文部大臣をはじめ、次官、勅参や各局課長・督学官、内務省からも勅参、各局長や課長らが出席した。その審議において、各知事から中等学校の入学志願者数の激増に対して収容力が伴わない、困難を感じている等の意見に続いて、「今日学校を増設する事は<u>地方財源の窮乏甚だしき関係上容易の事ではなく</u>」、「教室利用の方法を講じて之が緩和を図っては如何であるか」との方策等が提案された。これに関して文部省は、

　　「中等学校の収容力増加に関しては収容定員の増加を図り更に教室の利用
　　方法について攻究を重ねて居るが本問題については或は二部教授と誤伝せ
　　られて疑懼の念を懐くものもあるが<u>是は教室利用と解すべきもので現今小
　　学校に於て実行せられて居る二部教授とは趣を異にしゲーリー式を其まま
　　採用するものではない</u>、当局に於ても校舎の増築を奨励し更に教室の利用
　　を図りたいから地方長官に於ても十分研究せられたい」

と答弁して、ゲーリー式をそのまま採用するものではないとして、校舎の増築と教室の利用方法を奨めたのである。

３、吉田熊次（東京帝国大学教授・文学博士）談

　次に、１９１３（大正２）年にゲーリーシステムを「キルト式の学校」として日本に紹介した（すでに第一章で考察）吉田熊次が、「中学入学難」についてどういう見解をもち、その解決方法を１９２１（大正１０）年に提示したかを検討する（注⑪　資料三）。

　まず、「入学難の生ずる原因は極めて明白である。即ち入学希望者の数が多過ぎて、此等を収容し得る施設が不足である為である」と算術的な説明をした。そしてこの問題の解決方法は、

　　「其の一は入学志願者を減少せしむることで、他の一は中学校の数を増加
　　すること又は一中学校の規模を拡張して多数の生徒を収容することである」

との見解を示した。

　そして、その裏付けとして大正９年３月『卒業児童の現況調査表』（東

京市役所）を参照して、入学試験の実態を次のように示した。

(1)　小学校卒業生の各上級学校への入学率

① 　高等小学校へ　　　　　　３１％強

② 　中学校へ　　　　　　　　２２％弱

③ 　各種学校へ　　　　　　　１１％弱

④ 　その他（業務従事）　　　３６％

この数値から吉田は、「中学入学者の数は相当に多く、又其の卒業生の入った中学校は東京市内にあるものであろうから、東京市に於ける中学校は必ずしも不足と云うべきではない」と、東京市における中学校数不足を否定したのである。

さらに、吉田は大正９年１１月『文部省調査』を参照して、中学校志願者数と入学者数との関係を次のように示した。

(2)　大正８年度「東京市内中学校入学率」（対志願者数入学者数比）

① 　府立第一中学校　　　　　１２％

② 　府立第三中学校　　　　　１１％

③ 　府立第四中学校　　　　　２２％

④ 　府立第五中学校　　　　　１１％

と、入学率が府立四中を除けば１１～１２％という非常に低い数値を吉田は指摘した。

次に、東京市内私立中学校３０余校のうち２校の入学率を示した。

① 　東京開成中学校　　　　　１３％

② 　麻布中学校　　　　　　　１７％

この結果、私立２校は「公立中学校同様の入学難を示して居る」とした。しかし「大多数の中学校にては五十パーセント以上は入学して居る中には入学志願者の八十九パーセント迄入学している例もあり、八十パーセント以上を入学せしめて居る六校もある」と、厳しい入学率を示す私立中学とそうでない私立中学との格差を指摘したのである。

この現況に関して、「入学志願者は入学難を予期して居るが故に一人に

て数校に願書を出して居るのである」ので「八十パーセント以上を入学
せしむる場合などには実際入学試験に出席せる生徒全部に入学を許すこ
とにならぬとも限らぬ」との見解を示した。従って、「東京市内に於ける
中学校の施設は全体として見れば必ずしも不足を告げて居らぬと断定せ
ざるを得ない」と東京市では全体として入学志願者に対する施設不足が
生じていることではないと指摘しているが、問題は「入学志願者及び父
兄の信頼するに足る所の中学校が非常に不足である」と、私立中学校の
優劣に視点を置く見解をもつに至った。つまり、中学入学難は一部中学
校に生じている問題であることを吉田は強調したのである。

　最後に、救済法に関して2つの方法を述べた。

(3)　救済法として

　　①　「故に東京市に於ける中学校入学難の救済法は信頼するに足る中学校
　　　　を増加すべしと云うに帰する」

と、東京市において「信頼するに足る中学校」を増加せよと主張し、

　　②　「若しも現存する私立中学校を改善して中学教育を施すに遺憾なきま
　　　　でに有形無形の設備を整え得ればそれでも宜しい」

と、現在の私立中学校で改善可能な施設の整備も奨めたのである。

4、阿部重孝（東京帝国大学文学部教育学教室）

　まず、中学入学難に関しても信頼できる実証的な裏付け「統計資料」
がないことに言及しながらも、たとえ明瞭ではないにしても入学難は事
実として発生しているとの見解を阿部は示した。この対応として学校増
設をしても入学難は解決しないと主張し、一部の学校に入学希望者が集
中すれば競争率が高まり入学難を惹起することは避けて通ることができ
ないとの見解を次のように示した（注⑪　資料四）。以下、引用の下線は
筆者。

(1)　「大正八年度に於ては全国の中学校入学志願者の中四五％入学したとい
　　　う事実に対して、（省略）数字は入学難の程度を定める為にどれだけ信
　　　頼することが出来るだろうかが問題である。正確の数を得る為には入

学志願者の中で重複した数を除かねばならぬのであるが、（省略）それは吾々が入学難の問題を論ずる上に於て必要なる<u>信頼すべき教育統計を有たぬ</u>ということである。（省略）たとえその程度は明瞭でないにしても、とにかく入学難のあることが事実であるとすると、吾々は之が対策を講ぜねばならない」

(2)　「学校の増設ということが第一に問題になって来る。（省略）所が現在の状態を以てしては、それを政府がやるにしても或は地方団体が行うにしても恐らく容易ではあるまい。茲に吾々は教育費の問題に出会するのである。（省略）もともと公教育ということは、その本来の性質からして、経費の節減ということを念頭に置いては到底十分の効果をあげることは出来ない。（省略）公教育の為には国家も地方団体も出来得る限りの経費の支出を覚悟しなければならない（省略）先ず第一に教育費の節約に反対する」

(3)　「単に学校の増設のみを以て入学難が一掃される如く考えるならば、それは余りに軽率であろう。（省略）現在の如く学校相互の間に優劣の有する限り、一部の学校に入学希望者が集中して、そこに部分的の而も高い程度の入学難を惹起することは、避くべからざる勢である。（省略）入学難を生ずることは、已に述べた通り、自然の勢である。（省略）この種の入学難は何時になってもその跡を絶たぬだろう（省略）差当り社会全体の利益という点からみて、<u>心身共に高等の教育を受けるに適した者の中から、その能力の順位に従って、これを入学させるようの方法を講ずることが必要である</u>」

　阿部の見解をまとめると、学校間の優劣の存在を念頭に置きながら、受験生の能力、体力を問わず「心身共に高等の教育を受けるに適した者」との限定した中で、つまり入学志願者の「資格検定」を先ず以て実施することを奨めたのである。

5、山崎達之輔（文部省実業学務局長）談
　(1)　現状認識　以下、引用の下線は筆者。

　中学校ばかりではなく実業学校へも志願者が増加した結果入学が困難に陥っている現状を山崎は次のように指摘している（注⑪　資料五）。

　　「実業学校に就き観察するに、明治三十二年実業学校令が発布せられて以来、（省略）生徒収容力が年々約一割増加するに対し志願者は約二割の増加を示すのであるから、<u>毎年志願者の半数が入学を阻止せられ空しく志望を達し得ざる現象</u>」

であると、明治３０年代から実業学校志願者が増加していることを指摘した。したがって

　　「実業学校も入学志願者数に比し其の収容力の著しく不足せる（省略）就中、商業学校工業学校に於ては収容力に対する志願者の趨勢は中学校よりも甚しく中等程度の学校中之に及ぶものはない」

と、収容力の不足は商業学校及び工業学校では中学校よりも甚だしい実状を指摘したのである。

　⑵　実業界の需要

　次に実業学校卒業者に実業界からの需要が大きいことを、

　　「実業学校卒業者に対する実業界の需要を観るに、大正九年に於て卒業後直に家事に従事する者を除き、（省略）<u>工業学校に在りては四倍、商業学校は五倍</u>」

と、たとえば工業学校卒では４倍、商業学校卒では５倍の需要を示す数値を挙げて、実業学校の卒業生への求人の高い状況を示した。従って今後の情勢を考えて、

　　「我国経済界が漸次健実なる発展を為すにつれ、（省略）　中等程度の実業学校卒業者は（省略）需要に対し供給力の不足せる事実は以て将来<u>卒業者に対する社会の需要が如何に著しく増加すべきか</u>をトすることが出来る」

と、中等程度の実業学校卒業者の供給不足を想定したのである。

　⑶　実業学校の増設拡張

　そこで、実業諸学校では受験する生徒を十分に収容することができないため、学校増設と拡張の必要性が生まれたことを述べている。

「入学志願者の歩合及び卒業者の社会的需要の何れより観るも<u>中等実業学</u>
<u>校に於ける生徒収容力の不足は明かにして、学校の増設拡張の必要なこと</u>
<u>は一点の疑う余地がない</u>」

と、<u>学校の増設及び拡張の必要性</u>を述べた。そして、

「生徒収容力の不足の為相当の<u>素質ある入学志願者</u>をして其の志望を達し
得ざらしむるが如きは教育施設上の欠陥」

と、素質ある入学志願者を教育できないことが教育的「欠陥」であるこ
とを山崎は指摘せざるを得なかった。

⑷　実業学校への入学難

品性陶冶、常識涵養そして職業上の知能習得を実業学校に求めたが、
入学希望を閉ざされた受験生たちが続出している現状を山崎は次のよう
に指摘している。

「多数の青少年にして品性を陶冶し常識を涵養し併せて国民として立つべ
き職業上の知能を修得せんが為実業学校入学を志すに方って其の過半の者
が門戸狭隘の故を以て希望を阻止せらるる如き現象」

と。すなわち実業学校への入学難が国民的課題であることを指摘したの
である。

⑸　「中学入学難」対策としての実業学校

「中学入学試験難」を解決することは、多数の青少年を実業学校に入
学させることによって「緩和」することが実現できると指摘した山崎は、
実務者を養成することを目指す実業教育制度の刷新を求めた。『時事新
報』（４月４日）論説が「入学試験難」の解決策として、「実業学校の増
設」を主張したことに関して、

「中等実業学校の大増設を図り以て漫然中学校を希望する多数の青少年を
之に吸収して中学入学難を緩和すると同時に専門学校に学ばずして直に実
務に役立つ人物を養成することの最緊急の施設たるを主張せられたるは予
輩の全然其の感を同じゅうする所」

と、実業学校の大増設して多数の青少年を入学させて実務に役立つ人物

を養成せよという『時事新報』の論説は自分の考えと同じであるとした。
そして、実業教育のあり方として、

　「実業学校の整備充実を企画し又学科目に改善を加え普通学に付き遺憾な
　　きを期せしめ一層人格涵養に力を注がしむる等実業教育制度の刷新を図り
　　たる」

と、普通学と比較して「遺憾なき」学科目を改善することによって人格
の涵養をめざす実業教育を山崎は奨めたのである。

　⑹　「中学入学難」対策としての夜間学校

　具体的には、実業学校の増設・整備充実・学科目改善に加えて、もう
一つ、夜間学校への教育機関の拡張等の必要性も指摘した。まず、山崎
は「商業学校工業学校に於て特別の事由ある場合に夜間教授の途を拓き
工業学校に対して校外工場の利用を認めたるは、此の入学難に対する救
済策ともなり得る次第である」と、夜間教授とか校外工場利用の選択に
道を開くことも提唱し、このことが実現することによって「実業学校は
勿論、中学校等の入学難を救済するに至大の効果あるべきは疑いを容れ
ぬ所である」と、中学校入学難解決に向かって実業学校を増設し、さら
に夜間学校を拡張することを奨めたのである。

６、伊藤長七（東京府立第五中学校長）

　伊藤は、府立第五中学校長として現実に入学難に直面している現場の
校長（責任者）として、次のような見解を述べている（注⑪　資料六）。

　「世間の不景気に拘らず、中等学校の入学志望者が減じないという事実は
　　喜ぶべきではあるけれどもそれ等のすべてが真に学校教育の本質を理解し、
　　教育其物のほんとの恵沢に浴せんとの動機から出でて居るのではない。学
　　校卒業の肩書を獲得せん為である。教育の概念的恵沢に浴して、文化生活
　　の浮き世に巧妙なる泳ぎを演ずる準備としてである」

と、学校教育の本質を理解したうえでの入学志望者が減じないというよ
りも学校卒業の肩書を求めての実状を指摘した。続けて「学校増設入学
試験法改善という様なことだけで、現下の難局を根本的に切り抜けるこ

とは出来ぬと思う」と、学校を増設したり入学試験の方法を改善しても抜本的な入学難は解決しないとした。したがって「民心の迷忘を矯めて、今少しく堅実に純真に、教育というものを考慮する本義を樹立することが第一に必要である」と、教育の「本義」を考えなければならないことを指摘した。最後に「学校の新設、生徒定員の増加が今俄には全然出来ぬと仮定しても、（省略）一般の民心がゆとりの取れた様になりさえすれば特定の学校にのみ押しよせる入学志望者が極端に多いと云うことが幾分緩和されるであろうと思う」と考えた伊藤は、入学難の解決を入学試験のあり方に論究していくつかの入学試験の方法を提案した。

　まず「志望者が多いということそれ自身は、必ずしも弊害があるわけでない。大多数の中から選抜試験に優勝を得て、自分等のみが入学の恵沢に浴しようと努勉する其競争が弊害の源となり、この競争試験に応ずる前の準備学習が生徒に甚大の悪影響を与うるわけになるのである」と、教育の「本義」から離れた自分のみの恵沢に浴した競争、準備学習に「弊害」があることを指摘したのである。

　したがって、これらの問題をなくすために「入学試験の二段階方法」、つまり第1に入学資格試験、合格者を抽選によって入学者を決定する方法、又は、資格試験を学科で実施して二次試験に体格・心性等考査のみで優劣さを就ける方法、第2は小学校卒業で入学資格は十分と見做し、心身の素質考査・口述試験より「見るべき常識」で入学者を決定する方法等々を伊藤は提案したのである。

7、横井時敬（東京帝国大学農科大学教授）談

　時代の当面する様々な問題を学問的裏付けに基づいて論じてきた横井が、当時の「中等学校の入学難」の現状をどのように認識し解決方法を論じていたかを検討する（注⑪　資料七）。以下、引用の下線は筆者。

　『大阪時事新報』への横井の掲載論考を考察することとする。まず、横井は「中等教育」というと国民多数の間には「中学校又は高等女学校の教育か」と考えてしまって、実業教育を軽視してきたという「動もす

れば誤れる見解」があったことを指摘した。本来、実業教育をどのように理解するかという課題を考究して、

> 「実業教育は決して然く偏したる教育にあらず<u>徳性を涵養し常識を養い普通学の知識を高むる</u>と共に<u>実業上須要なる事項を授くる</u>教育であって実業に従事する者には勿論其の他各種の業務に従う者に対しても不必要なるものではない」

と、実業教育とは実業上必要な教育を教授することであるが、決して「偏した」教育ではなく、徳性を涵養し常識を養う「普通学」の知識を高める教育である、と認識することを求めたのである。

このように実業教育の特質を規定した後、横井は

> 「我国今日までの教育は<u>社会の実情に適応しない</u>発達をなしつつあることを断言して憚らぬ今日社会の健全なる発達を企画すべき時先ず<u>教育に対する国民の覚醒</u>を促し官民一致<u>実業教育の普及振興</u>に一段の努力を傾注せなければならない」

と、当時の実情に合わない日本教育の実状を指摘し、今後実業学校の増設と拡張を策してその内容の整備充実を図り、「実業教育をして真に国民一般の中等教育たるの実を挙げ」ることを提唱したのである。

8、文部省方針に対する『時事新報』の見解

ゲーリーシステムを導入してからの各方面の論議を掲載して最後に『時事新報』は、次のような見解を掲載した（注⑪　資料八）。

⑴ 「夜間中学校を認め之に現在の中学校同様の資格（高等諸専門学校入学資格、徴兵猶予の特典等）を許与すべしとの議」

と、夜間中学校と中学校とを同等に位置づけることを提案し、

⑵ 「昼間職業に従事するが為めに正規の中学校に入学し得ざるものの為めに修学の途を拓くの意味に於ては固より之に異論なき」

と、中学入学難対策の一つとして、「修学の途を拓く」夜間中学校の設置に異論のない見解を示したのである。しかし、最終的には、『時事新報』は、

⑶ 「最近入学難緩和の目的よりして已むなく奨励したる所謂ゲーリーシス
　テム（校舎の利用に限る）採用の趣旨を拡張して夜間中学校の校舎設備
　を利用せんとするの意味に於てならば絶対に之に反対なり」（下線筆者）
と、ゲーリーシステムのために校舎設備利用する夜間中学校であること
に『時事新報』は異論を唱えたのである。

　以上、「中学入学難」に関して各識者の見解を検討してきたがここでま
とめることとする。

　まず、文部省がゲーリーシステムを導入した１９２１（大正１０）年
の４月４日に『時事新報』が入学難の解決方法として「実業学校の増設」
を論説として発表した。続いて、地方長官会議で各長官からは財政窮乏
から学校増設は困難であるために、教室を利用した対応が提案され、文
部省もゲーリーシステムを踏まえての教室利用を奨めるとの返答をした。
その後、『時事新報』には、東京帝国大学教授等がゲーリーシステムを導
入することに関する見解を述べた。一部中学校に入学志願者が集中して
「中学入学難」が生じていることを認めながらも、すべての中学校を増
設するのではなく、志願者が集中している中学校の増設、あるいは私立
中学校での施設設備改善、入学志願者の資格試験等を提唱したり、文部
省実業学務局長からは「中学入学難」対策として実業学校の増設や夜間
学校の拡張等が提唱された。

　また、現場の校長からは、入学試験方法の改善策として資格試験等々
が提案された。最後に、実業教育の振興を奨めてきた農科大学教授から
は実業教育の充実として、普通学との関連で増設と拡張が提唱された。
そして、『時事新報』は、入学難緩和の目的として「已むなく奨励」した
校舎の利用に限ったゲーリーシステムに関する趣旨を理解しながらも、
夜間中学校の校舎設備を利用するためのゲーリーシステムに賛成しない
見解を掲載したのである。

第二節　大阪府立職工学校の事例

第一項　大阪府立職工学校と住友私立職工養成所

　産業構造の変化に対応して設立された大阪府立職工学校の実態を検討する。その際、大阪地区の工業教育分野の研究に多くの成果を輩出している沢井実（大阪大学）や隈部智雄（千葉大学）等が掘り起こした基本的な学校資料等々を参照して教育内容を検討することとする（注⑫）。

　実際に、大阪府立職工学校の実態を分析する前に、大阪地区の職工教育を徹底した「住友私立職工養成所」について、その特徴を検討することとする。

　沢井は、次のように指摘している。

　「住友家の社会事業の一環として『大阪市及び其付近に於ける家計困難なる者の子弟に、職工として必須なる知識及び技能を授け、且その品性を陶冶し以て善良着実なる職工を養成する』ことを目的に、１９１６年４月に大阪市西区市岡に開所した」

と（注⑫　「沢井論文三」８０頁）。

　修業年限が３ヶ年であり、入学資格が尋常小学校卒、そして授業料を徴収することなく、卒業後の就職先は住友関係事業への義務はなかった。また、養成所設立当初の授業時数が週４２時間、そのうち実習時間が一学年が週２３時間、二学年が同２６時間、三学年が同３０時間を義務付け、その比率が一学年で５４．８％、二学年で６１．９％、三学年で７１．４％と平均６２．７％に達する高さであった。総授業時数の約６０％以上を占める、徹底した実習主義を貫く職工養成を企業が実施していたことを沢井は明らかにした（同８５頁）。

　沢井は２００５年１１月２０日に、関西大学経済・政治研究所主催「第２０５回公開講座」で「近代大阪の工業教育」との講演で、戦前の技術者養成について、当時の「技術者」は学歴主義で次の４段階に分けて定義づけられていたことを指摘した（注⑫　「沢井論文四」１６２頁）。

⑴　技師：帝大卒、最初２３歳で「技手」、将来「技師」に。

　　　　　高等工業卒の「技手」と比較して、帝大卒の場合は「技手」に留まる期間が短く、月給制であった。「機械」以外の分野ではその技師数は過剰であったという。

⑵　技手：高等工業卒、２０歳位で就職する。月給制。

　　　　　「採鉱」「土木」「電気」「機械」等の分野で大きく技手数が不足しているため、引く手あまたの就職状況であったという。

⑶　工手：実業学校卒、工業学校卒、１７歳位で就職する。月給制。

⑷　職工：尋常小学校・高等小学校卒、１２歳位で就職する。

　　　　　現業員で昇進の終着点は職長止まりで、いわゆる工具にあたる。

　　　　　給料は計算上日給ベースで月２回支払いであったという。

　沢井も指摘しているように、現業で働く人とそれを監督する人との立場の間には職制上大きな格差があり、「技術者」は学校教育、とりわけ工業教育と深く関係して養成されていたことを示している。

第二項　大阪市立工業学校

　この項では、大阪地区で大阪府立職工学校以外にゲーリーシステムを導入した、大阪市立工業学校の実状を検討する。まず、大阪市立工業学校の歴史を略年表で確認する（注⑫　「隈部論文」１７９頁）。

　☆略年表（下線筆者）

　　　　１９１８（大正７）年　　　修業年限２ヶ年予科、尋常小学校卒入学。

　　　　　２０（同　９）年　　　校名を大阪市立工業学校と改称。

　　　　　２１（同１０）年　　　ゲーリー式教授組織導入、定員を倍増。

　　　　　２６（昭和元）年　　　校名を大阪市立都島工業学校と改名、尋常小学校卒６ヶ年制工業学校となる。

　　　　　４３（同１８）年　　　大阪市立都島高等工業学校（３年制）となり、戦後の大阪市立大学理工学部の母体となる。

　「略年表」でも明らかなように、１９２１（大正１０）年度に大阪市立工業学校でもゲーリーシステムを導入したことを記録している。その後、市立工業学校は１９４３（昭和１８）年に高等工業学校と名称を変え、戦後には大阪市立大学理工学部に昇格していく。

　ゲーリーシステム導入に関しての歴史的評価を、隈部は、先行研究である秋保安治『工業教育ト職工養成』（養賢堂　１９１７年）２３８頁で述べた、「名案なれども本邦の現状に於て之れが成功は殆んど覚束《隈部引用「賞束」は誤記》なきものあるなり」という指摘をふまえて、「日本に於て、実際に導入し、成功したのは市立大阪工業学校だけではなかったかと思われる」（下線筆者）と、ゲーリーシステムが成功した学校として「ただ一校」という評価を与えている（注⑫　「隈部論文」２３４頁）。

　さらに、川村正晃の研究業績、たとえば「大正期における大阪市立工業系実業諸学校の挙動について」（日本産業技術教育学会誌２７巻４号１９８５年）をふまえて、隈部は前掲論文同頁で「言説としてはあるいは『当時流行』していたかもしれないが、現実にこれを採用した学校は極めて少なかったのではなかろうか」と、日本の教育ではゲーリーシステムを導入した学校数が少なく、そのために大阪市立大阪工業学校のみが歴史的に位置づけられていたことを述べている。

　すなわち、ゲーリーシステムという教育方法は大正期に流行はしていたが、実際に導入・採用してこの教育方法を学校教育現場で実践した学校が少なかったことを「隈部論文」は指摘しているのである。

第三項　臨時教育会議の「実業学校」に関する審議

　技術者養成に関して政府（文部省）も重要な課題と位置づけて、大正期に山積していた他の教育問題と同様に「首相直属」の臨時教育会議で審議を繰り返していた。そこでこの項では、技術者養成について具体的にどのように審議が行われていたのか、選出された審議委員たちの見解を中心として考察することとする。

　なお、ここで使用する資料は、『学制百年史・資料編』と海後宗臣編『臨時教育会議の研究』の２点を基本文献とする（注⑬）。

　『学制百年史』には、臨時教育会議を設置した推移と目的を、

　「大正二年以降教育調査会が設けられていたのであるが、さらに第一次世界大戦後における<u>教育制度の根本的改革</u>について審議するため、六年公布の『臨時教育会議官制』により臨時教育会議が設置された」

と設置の経緯を述べ、

　「第一次世界大戦後の<u>新しい情勢を背景</u>として、<u>多年にわたり議論されて</u>きた学制改革の<u>すべての問題</u>を改めて検討し、<u>なが年の懸案を一挙に解決</u>することを目ざしたものであった」（注⑬　資料一）《下線筆者》

と、これまで議論してきたすべての教育課題を一挙に解決することが目的であったと述べている。

　すなわち、教育に関する重要事項に関して文部大臣の諮問に応じた限りでの意見を答申してきた「教育調査会」に代って、１９１７（大正６）年９月２１日から１９１９年５月２３日まで開催された「臨時教育会議」は、内閣総理大臣の諮問に応じて建議・答申をするものであった。まさしく「臨時」としての会議であり、切羽迫った教育事情の解決に向けた審議と答申であったと性格づけることが出来る。

　ゲーリーシステムの導入に関連してどのように審議されたか、実業教育に関する諮問を受けた答申に向けて審議が繰り返し実施されている。そして次の９項目が答申されたので、［資料］として抜粋して、その内容を検討することとする。（注⑬　資料二）。

　☆資料

　・諮問第七号　実業教育ニ関スル件

　　「実業教育ニ関シ改善ヲ施スヘキモノナキカ若シ之アリトセハ其ノ要点及方法如何」

　・答　申（大正七年十月二十五日）

　　諮問第七号実業教育ノ改善ニ関シテハ左記ノ各項ニ依リ当局者ニ於

テ適当ノ措置ヲ取ラルルノ必要アリト認ム

1、実業学校ニ関スル現在ノ制度ハ大体ニ於テ之ヲ改ムルヲ要セサルコト

2、実業教育ハ内外ノ情勢ニ鑑ミ益々其ノ振興発達ヲ図リ国庫補助ノ増額其ノ他適切ナル奨励ノ方法ヲ講スルコト

3、実業学校ニ於テハ技能ニ偏スルノ弊ヲ避ケ徳育ニ一層ノ力ヲ用ヒ人格ノ陶冶ニ努ムルコト

4、実業教育ニ関スル行政機関ヲ整備スルコト

5、実業学校ニ関スル規定ハ一層之ヲ寛ニシ益々実際ニ適切ナラシムルコト

6、実業学校職員ノ待遇ヲ厚ウスルハ現時ノ情勢ニ鑑ミ特ニ之ヲ急務トスルコト

7、実業学校ト実業界トノ連絡ヲ一層密接ナラシメ相互ノ協力ヲ促進スルノ方法ヲ講スルコト

8、実業補習教育ハ益々其ノ普及発達ヲ奨励シ成ルヘク速ニ之ヲ全部又ハ一部ノ義務教育ト為シ得ルニ至ラシムルコト

9、実業補習学校中特ニ其ノ程度ノ高キモノハ制度上別ニ之ヲ認メ其ノ職員ノ待遇ニ就キテモ相当ノ規定ヲ為スコト

この資料が示すとおり、実業教育に関しては「諮問第七号」として審議され、１９１８（大正７）年１０月２５日に答申が出された。

ゲーリーシステムの導入との関連でこの要点をまとめると、上記に示した《答申》のうち、（１）、（２）、（３）の３点は実業教育の今後のあり方として論じなければならないと考える。

この項目に関しては、海後編『臨時教育会議の研究』（注⑬　資料三）で各執筆者たち（東京大学臨時教育会議研究グループ）が論じている。特に、大蔵隆雄は第一次世界大戦を通して日本の産業界が発展しているがそれに伴って実業教育も著しく発展していると評価した後、「その発展の方向を明らかにしたのが臨時教育会議の答申であったということが云

えよう」（海後『前掲書』８２３頁）と、指摘した。このようにして、臨時教育会議を契機として第一次世界大戦後の実業教育の方向性が示されていったのである。

また、第四章で考察した水崎基一の東京工業倶楽部講演でも、第一次世界大戦でアメリカが戦勝を収めた要因について、次の２点に見解をまとめ、技術教育に関する提言をしている。水崎前掲論文「ゲリーシステムに就て」（６２０頁）参照。

⑴　亜米利加のエンジニヤリング即ち技術教育と云うものが行届いて居て、有らゆる人々が技術の芸能を有って居たからである。

⑵　共同生活団体を愛する精神と云うものが非常に強いからである。（省略）其淵源に遡って考えると全く教育の効果である。

すなわち、ゲーリーシステムを導入した水崎基一は、第一次世界大戦でのアメリカ戦勝要因について、学校教育における技術教育が果たした効果が大きいとの見解をもち、その技術教育は「淵源に遡って」教育を考えなければならないとした。そして、臨時教育会議答申で、第１点が制度としての「実業学校」はほとんど現状を踏襲しているので改めるところがない、第２点が「実業教育」のあり方について振興と国庫補助を増額することが提言され、第３点が「実業教育」に関する留意点として技能教育に偏ることなく徳育、人格の陶冶を考究したことが語られている。では、何故こういう答申をしたかについて、委員各位から貴重な意見が述べられているので検討する。その中で大津淳一郎、江木千之、真野文二、の３人の答申理由を次に掲載する。

１、大津淳一郎の意見

大津委員は、実業学校は産業界の要請であることを次のように述べている（注⑭）。

「上級ノ技師バカリ出来テモ仕事ハ出来ナイノデ、謂ハユル技手ノ必要ガ今日ハ非常ニ感ジテ、謂ハユル技手ニ致スベキ者ヲ教ヘテ居ルモノハドウデアルカト云フト誠ニ寥々タルモノデアル、実際ノ今日ノ情況ハ技師ノ必

要ハナイ、技手ガ足ラナイデ困ッテ居ルト云フノガ各工場各会社ノ有様デ
アル」（海後『前掲書』７９９頁）

と、産業界では「上級ノ技師バカリ」では仕事は出来ず、その下に高等
工業卒の「技手」が必要であるが、しかし、今日においては「技手」を
養成する教育は「誠ニ寥々タルモノデアル」と、効を奏していない現状
を述べた。その結果、技手不足が各工場、各会社で見られていると指摘
したのである。さらに、

　　「今日世界ノ大勢カラ見テモ、実業ト云フ方面ニ向ッテ全部ノ力ヲ尽スト
　　云フコトハ時ニ取ッテ日本ノ今日ハ後レテ居ルノデアルカラ、欧米ノ諸国
　　ニ追付イテ仕事ヲシテ頂キタイト思フ、実業教育ノ方面カラ先ヅ不完全デ
　　モ宜シイカラ此方面ノ人間ヲ余計造リ出シタイ」（同書８０２頁）

と、帝大卒の「上級技師」より下位職制で、今日不足している高等工業
学校卒等の「技手」を実業教育によって「不完全デモ宜シイカラ」養成
しなければならないと大津は主張した。すなわち、この「技手養成」が
産業界が求めるものであって、「実業教育」がその任を担当するものであ
ると大津は主張したのである。

２、江木千之の意見

　江木委員は、工業教育の振興に際し国庫補助の増額もさることながら、
分配のあり方に注目して、比較的財政の豊かな府県への分配ではなく市
町村ないしは私立など、財政の乏しい学校を対象とすべきであると主張
をした（注⑮）。実業学校への補助について、江木委員は次のような見解
を具体的に述べた（海後『前掲書』８０３頁）。

　　「以前ノ文部省ノ実業学校ノ補助ノ有様ヲ見マスルト、府県立デ必要ナリ
　　トシテ二万円、三万円ノ金ヲ出シテ、サウシテ実業学校ヲ立テル場合ニ文
　　部省ガ補助ダト云ッテ呉レル金ハ幾ラカト云フト千円、二千円ト云フ金ヲ
　　呉レルノデアル、麦飯デ鯛ヲ釣ルト云フヤウナヤリ方デアル」

と、補助金額が府県立校で必要な場合には２万円から３万円、しかし実
業学校に至ってはその１０分の１以下の１千円から２千円という少額で

あった現実を指摘し、実業学校への補助金は「麦飯デ鯛ヲ釣ル」実状で
あったと江木は指摘している。

3、真野文二の意見

　真野委員は、軍事産業を発展させるために実業教育を充実し、新学科
と実業学校の種類を増設せよと主張した（注⑯）。どのような職業に就こ
うがその職業に関する教育を実施する教育機関の準備が「理想」であり、
そのためにも多様な教育を提供する教育機関をつくり、生徒に選択させ
ることが必要であるとの意見を述べたのである。

　そこで次に、真野の実業教育の充実に向けた具体的な意見を検討する。
まず、大学・専門学校に関して次のように述べている。

　　「今日ノ大戦ニ於イテ恐ルベキ所ノ武器（省略）ニ関スル所ノ教育機関ハ
　　（省略）誠ニ心細イ限リデアルト存ズルノデアリマス、他ニモ必要ノ学科
　　モゴザイマセウガ、先ヅ是等ノ学科ハ至急ニ増設サレマシテ、（省略）大イ
　　ニ研究サレルト云フコトハ今日ノ急務中ノ急務ト考ヘルノデアリマス」（海
　　後『前掲書』８０４頁）

と、軍事産業を発展させるために「武器」を研究する学科の増設を大学・
専門学校に至急に求めて、さらに実業学校に関しては、

　　「中学程度ノ実業学校ニ付キマシテモ、学校ノ種類及ビ生徒ニ種類ヲ選択
　　サセル部分ニ付キマシテ尚攻究改良ノ余地ガアリハシナイカト思フノデア
　　リマス、（省略）如何ナル職業ヲ為サントスル者モ其職業ニ付テノ教育ヲ受
　　クル為ニ教育機関ガ備ッテ居ルト云フコトガ理想デアル、（省略）殊ニ我国
　　ノ固有ノ工芸教育ノ如キ尚ホ研究ノ余地ハ十分ゴザイマセウ、之ニ対スル
　　所ノ教育機関モ造クル所ノ必要ガアラウト考ヘマス」（同書８０４頁）

と、将来どのような職業が必要なのかについて、生徒に選択させる教育
機関・学校種を増加することが必要であるとの見解を真野は示した。

4、実業学校令の改正

　このように、実業教育に関する審議のなかで、「臨時教育会議」の委員
たちは、実業学校の増設、国庫補助、学校種類の増設等を求める見解を

述べていたが、産業構造の進展にとって実業教育が何故必要なのか、な
ぜ実業教育を奨励しなければならないかについて、『臨時教育会議の研
究』のなかで、大蔵隆雄が各委員の見解を紹介したのである（海後『前
掲書』「国庫補助の増額」７９７頁から８０５頁まで）。特に、大蔵が注
目したのは、大津委員の見解である。

　以下、その見解を次のように要約する（注⑰）。

　第１点は、今必要なのは大学や高等専門学校を卒業した人ではなく、
実業学校の卒業生であるとした。そのために実業学校を強化するために
必要な経費を国庫補助に形で支出せよと大津は主張した（同書７９８頁）。

　第２点として、何故かというと中学校を卒業しても高等学校に入学でき
きず「溢レテ居ッテ」進学できない、「上ノ学校ニ収容スルコトガ出来ナ
イデ」、「誠ニ青年ヲシテ悲観セシメ」「危険思想ニ導イテ行ク」と、入学
難の解決方法として、実業学校の増設を求める見解を大津はもつに至っ
たのである（海後『前掲書』７９８頁）。

　第３点として、この理由から、

　　「私ハ翼クハ是等ノ子弟ヲ実業学校ニ収容スルヤウニシタイ、・・・下級デハ
　　アルケレドモ実業ノ学校ヲ卒業セシメ、満足ニ社会ニ出シテ活動セシメル」
　　（同書７９９頁）

との見解から、実業学校を卒業した生徒が社会で活動するために教育が
必要であることを奨めたのである。

　最後に大津は

　　「国家モソレガ又仕合セデナイカ、・・・斯様ニシタナラバ幾分危険思想等ノ
　　防ギト云フ方ノ助ケニモナルノデアル」（同頁）

と、実業学校の必要性を主張する理由として、<u>産業界の要請から必要で
あると共に中学校に収容仕切れない中等教育の現状</u>と「<u>危険</u>」思想予防
<u>策</u>との内容をもって答申したのである。

　そして、実業学校の「制度改革」は臨時教育会議では答申してはいな
いが、「法令の改正」で<u>産業構造の変化に対応すべく産業界の要請に応え</u>

るため実業教育が実施される歴史を迎えるようになったのである。

　「実業学校令の改正」が１９２０（大正９）年１２月に『勅令』が出て翌年１月に実施となった。文部省がゲーリーシステムの導入を実施した１９２１（大正１０）年４月の５ヶ月前のことであった。

　「改正実業学校令」の中心課題は次の２点であった（海後『前掲書』８２４頁）。

　⑴　実業学校の目的として新たに徳性の涵養を付け加えたこと。

　⑵　翌年の大正１０年１月から、従来の修業年限６ヵ月以上４ヵ年の「徒弟学校」を廃止して、工業学校の一種として組み入れたこと。

　これらの改正は、近代化された工場で「熟練工」として働くためには、これまでの初等実業教育機関としての「徒弟学校」では、高度な知識と技術とを身につけた技術者を養成することが出来なくなったことを意味している。すなわち、「徒弟学校」で教育を受けた技術よりも、高度な知識と技術を身につけた技術者を「近代化」された工場では求めるようになったのである。

　「実業学校令の改正」（大正９年１２月勅令）で、次の４方針が提起された（海後『前掲書』８２６頁）。

　⑴　第１の方針として、尋常小学校卒業程度で修業年限５年の工業学校も認可して、５年を通じての実業的な教育をすることができることになった。

この結果、中学一年から「実習」が出来るようになったのである。

　⑵　第２の方針として、高学年を中心に、実習を一層重視することができるようになった。

すなわち、１ヵ年で３ヶ月以内、または、特別な場合４ヶ月以内の「実習」が出来るようになったことである。このことは卒業したら即身に付けた技能が産業界では必要であったことを意味している。

　⑶　第３の方針として、学科目をこれまでより以上に細分化することができることになった。

このことは、履修する学科目を細分化して、分業化した産業界が求める実業教育が実施されたことを意味している。

　(4)　第4の方針として、夜間授業が認可されたことである。

このことは、上級学校への進学率が高まった結果、入学できない多数の受験者が輩出される現状にあって、実業学校がその受け皿とならなければならないという見解であったと大蔵隆雄は述べている。さらに「中堅技術者の多量養成の要求に支えられて、次第に高まって来た勤労青少年の教育要求を満たそうとする措置であった」ことから、夜間授業が認可されたことも大蔵は述べている（同書８２８頁）。

　以上考察したように、尋常小学校卒・修業年限５年の工業学校設置を認可したり、実習を一層重視したり、学科目をより一層細分化したり、夜間授業も認可する「実業学校の改革」が実施されたのである。

第四項　大阪府下工業調査と職工教育

　この項では、大阪府に於ける工業調査の実態を考察し、大阪市内職工の教育状態が如何なるものかについて考察する（注⑱）。

　［表五の１０］は大正初期に大阪府が実施した工業調査をまとめたものである。職工数約１２万６千人の工業種分類である。女子職工を考えれば染職工業が４７％以上を占めるが、男子を考慮すると金属、機械工業への比率が高いことを示している。［表五の１０］《注２》でも記載したが、職工の再雇用や解雇の実態は考慮せずに職工の実数を調査した結果であることを付記する。

　［表五の１１］は大阪市調査課が第一次大戦後の大阪市の職工約８万４千人弱の「教育程度」を調査した結果を『大正日日新聞』が掲載した資料である。その目的が「労働問題が国民の中枢問題と成った今日」との社会状況を背景とした労働者の教育程度の調査であったということである。統計資料から「職工の教育程度」が「尋常卒業最多・中等卒業不少」と『大正日日新聞』が紙上で指摘していることが注目される。「全く文字

［表五の10］　　大正初期大阪府下工業調査（大正3年8月現在）　　　　人・％

	工業種	工場数	職工人員			
			男	女	計	比率
1	染織工業	1,476	15,138	44,810	59,948	47.4
2	機械工業	826	7,137	374	7,511	5.9
3	船車工業	76	3,479	7	3,486	2.8
4	金属工業	3,891	15,979	1,542	17,521	13.9
5	化学工業	780	5,094	1,515	6,609	5.2
6	窯業	1,819	7,871	794	8,665	6.8
7	発火工業	55	1,347	2,202	3,549	2.8
8	皮革工業	93	838	119	957	0.8
9	飲食物工業	2,245	5,707	767	6,474	5.1
10	雑工業	1,116	7,902	3,145	11,047	8.7
11	特別工業	21	803	3	806	0.6
集計数		12,398	71,295	55,278	126,573	100.0
資料記載数		11,398	71,283	55,278	126,561	―

（注）　1、『大阪朝日新聞』（神戸大学「新聞記事文庫」工場01－011
　　　　　　1914年9月28日）より作成。
　　　　2、同新聞には「時局に付工場中職工の減じたるものあれども多くは一時の
　　　　　　休止にして再雇入るゝ見込あると亦工場主より其筋へ解雇の届出せざる
　　　　　　に依り本表には其減員を見ざるものとす」との付記がある。

を知らざる者」（全職工の2.5％）、「自己の住所及び姓名を書き得る程
度の者」（同5.2％）、合計7.7％が非常に低い「教育程度」を示して
いる。さらに、「六年程度尋常小学校卒業者」が同25.4％、つまり4
人に1人が「尋常小学校卒業者」の「教育程度」で圧倒的にその割合が
大きい。学歴がその上の「中学校卒業者」が同0.7％で、大阪市内でそ
の人数が556人と非常に少ない実態である。圧倒的に尋常小学校を卒
業した「教育程度」の大阪職工であったのである。

ゲーリーシステムの研究

[表五の１１]　大正中期大阪市職工教育程度調査　　　　　　　　人・％

No	「教育程度」調査項目	男		女		合計	
		実数	比率	実数	比率	実数	比率
1	全く文字を知らざる者	478	0.9	1,586	4.7	2,064	2.4
2	自己の住所及び姓名を書き得る程度の者	1,937	3.8	2,415	7.2	4,352	5.2
3	4年程度の尋常小学校半途退学者	4,100	8.2	2,723	8.1	6,823	8.1
4	4年程度小学校卒業者	11,050	22.0	2,984	8.9	14,034	16.7
5	4年程度高等小学校半途退学者	3,591	7.1	648	1.9	4,239	5.1
6	4年程度高等小学校卒業者	6,173	12.3	444	1.3	6,617	7.9
7	6年程度尋常小学校半途退学者	3,038	6.1	8,819	26.2	11,857	14.1
8	6年程度尋常小学校卒業者	9,376	18.7	11,902	35.4	21,282	25.4
9	2年程度高等小学校半途退学者	2,349	4.7	1,011	3.0	3,360	4.0
10	2年程度高等小学校卒業者	4,777	9.5	817	2.5	5,594	6.7
11	中等学校中途退学者	1,334	2.7	64	0.2	1,398	1.7
12	中等学校卒業者	514	1.0	42	0.1	556	0.7
13	以上、各項に該当せず相当教育ある者	1,484	3.0	179	0.5	1,663	2.0
	合　計	50,201	100.0	33,634	100.0	83,839	100.0

(注)　1、『大正日日新聞』（神戸大学「新聞記事文庫」教育２２－０１３
　　　　　１９２０年２月２０日）より作成。No8の実数は記載されてはいないが、合計数を参
　　　　　考として筆者が算出した。
　　　2、大阪市調査課が１９１９年１２月末日現在で調査した統計である。
　　　3、統計は、「繊維及び染色、機械、化学、飲食、雑、特種工業」等、６種１４３工業、
　　　　　職工８３，８３５人を対象としたものである。

　［表五の１１］で使用した「大正日日新聞」について説明しよう。「大
正日日新聞」とは、第一次世界大戦後、１９１９（大正８）年１１月か
らわずか８ヶ月間、大阪商人勝本忠兵衛が大阪府で発行した新聞である。
翌年２月、大阪市調査課が実施した労働者の教育程度調査結果を掲載し
た。掲載目的が先述したように労働問題からみて、労働者の教育程度を
掌握するための調査であったと述べている。統計資料から「職工の教育

306

程度」が『尋常卒業最多・中等卒業不少』と指摘し、次のように提言したことはゲーリーシステムを導入する工業学校を考察する大きな課題を提起したものと考える。

「今後労働者が労働者問題を少なくとも自己の問題として考究せんとせば更に教育あり自覚せる労働者が直接に産業界に入るべき事にして他は現在の大多数の労働者が教育の普及によりて自己の地位と人格向上を計り以て次の時代の指導者たるべき事であろう」（下線筆者）

と、職業教育が重要な地位を占めていることを指摘したのである。

　［表五の１２］でも明らかなように、「繊維及び染色工業」と「機械工業」への職工数割合が合計でおよそ８０％を占める、第一次大戦後の大阪市職工数の特徴的な実状であった。

　このことから、職工たちを教育するとともに、大多数の労働者たちは教育が普及することによって、自分の地位と人格を向上させて次世代の指導者になるよう『大正日日新聞』が提言したのである。

［表五の１２］　大正中期大阪市職工人数調査　　人・％

No	工業の種類	人数	比率
1	繊維及び染色工業	35,044	41.8
2	機械工業	32,395	38.7
3	化学工業	8,168	9.7
4	飲食工業	2,764	3.3
5	雑工業	2,105	2.5
6	特種工業	3,359	4.0
合　計		83,835	100.0

（注）１、資料は［表五の１１］と同じ。

[表五の１３]　大正中期東京府職工教育程度調査

No	教育程度	人数(人)	比率(%)
1	無学者	5,168	3.5
2	尋常小学校卒	55,167	37.8
3	尋常小半途退学者	36,423	24.9
4	高等小学卒	21,530	14.8
5	高等小一部修了者	13,196	9.0
6	中学校卒	2,004	1.4
7	中学校一部修了者	4,167	2.9
8	不明	8,345	5.7
	合計	146,000	100.0

(注)　1、『時事新報』（神戸大学「新聞記事文庫」教育２２－１１１
　　　　　１９２０年６月８日）より作成。
　　　2、原資料は「警視庁工場課調査」であることを『時事新報』は
　　　　　記している。
　　　3、調査対象は「帝都の工場法適用工場約４，０００、職工約１７
　　　　　万のうち、工場２，７００、職工１４６，０００人」である。
　　　4、工場法適用以外工場数の合算は約２万の工場数。全職工数は
　　　　　不明。

　［表五の１３］は１９２０（大正９）年６月８日付『時事新報』に掲載
された東京府が調査した職工教育の実態である。この調査人数がおよそ
１４万人にのぼる職工のうち、無教育者が５千人以上、全体の３.５％に
達する現状である。さらに、尋常小学校卒３７.８％を加えると、約４割
の職工が非常に低い教育状況に置かれていることを示している。調査は
「工場法適用」工場及び職工であって、工場数が全体の６７.５％、職工
数が同８５.９％を対象としたものであり、〔表五の１３〕の《注４》も
記載したが工場法適用以外の工場数を加えると約５倍の工場が東京府内
に存在していたのである。
　『時事新報』は職工の教育状態を次のように記載している。
　「東京府が職工教育の夜学校を設置すと云い、又労資協調会が同様な学校
　を今秋から開校すると云う、其他各工場主も漸次覚醒して来たが、翻って

是等職工の教育状態を調べて見ると、帝都の真中に於てさえ斯るものかと驚かさるものがある、船乗りや、人大の了弟に無教育者の多い事は世間周知の事であるが陸の工場に於ても夫が実に二万近くにも達するだろうと見られて居る」

と、東京府の職工教育の低い状態と夜学校の設置を言及している。なお、原資料は、警視庁工場課が調査した『警視庁工場課調査』結果をもとにして東京府がまとめたものである。

第五項　「職工学校」設立とゲーリーシステム導入

　１９０６（明治３９）年１１月に、定員２４０名の大阪府立職工学校の設置が認可されて、「職工学校」が設立することとなった（注⑲）。その２年後、１９０８年４月に第１回入学式が挙行され、６学科（木型・鋳工・鍛工・仕上・造家・家具）の生徒を迎えることとなった。１９１６（大正５）年４月に今宮分校が独立して府立今宮職工学校と改称したことによって、本校である府立職工学校は府立西野田職工学校と改称している（注⑳）。

　☆［資料］府立西野田職工学校「略年表」（下線筆者）
　・１９０６年１１月　大阪府立職工学校設置認可定員２４０名
　　　０８年４月　　第１回入学式
　　　　　　　　　　６学科（木型・鋳工・鍛工・仕上・造家・家具）
　　　１４年３月　　建築装飾科増設　定員３４５名に増加
　　　１６年４月　　分校・府立今宮職工学校、本校・府立西野田職工学校と改称
　　　１９年４月　　交互教授法を採用し、定員６００名に増加
　　　２２年４月　　高級科新設
　☆［資料］府立今宮職工学校「略年表」
　・１９１４年４月　　大阪府立職工学校の分校として設置（造家・電機・鋳工・仕上・印刷の五科、定員９０名）

４月	第１回入学式
１５年４月	定員を１８０名に増加
１６年４月	大阪府立今宮職工学校として独立、定員を２５５名に増加
１７年４月	夜間部設置（機械・電機・建築の３科）
１８年４月	木型・鍛工の２科増設、定員を２７０名に増加
１９年４月	定員を３８０名に増加
２０年４月	定員を４５０名に増加
２２年４月	建築・印刷・電機・機械（木型・鍛工・鋳工・仕上、後に精密機械も含む）の４科に高級科設置され、甲種実業学校の組織となる。定員を６００名に増加
２５年４月	本科に精密機械科増設、定員を７００名に増加

　なお、分校となった府立今宮職工学校には、本校にはない「印刷」と「電機」の２つの科を設置し、とくに大阪印刷業界からの技術向上のねらいがあったことを沢井は指摘している。また教育課程においても工場実習時間の多さについて、沢井は、創立５０周年記念誌編集委員会編『５０年のあゆみ』（大阪府立今宮工業高等学校　１９６４年）を参照して次のように指摘している。

　「授業は１週６日間、土曜日以外は毎日７時間、合計授業時間数は３９時間、その半分の３日間は工場で実習し、３日間は教室での学科授業であった」（下線筆者）

と、１週間のうち３日間が工場実習、３日間が教室での座学による学科授業を展開していた。

　大阪府立西野田職工学校では、第一次大戦後、

　「１９年度にはゲーリーシステム（交互教授法）が採用され、新１年生からＡＢ２組に分け、交互（一日交代）に学科と実習を課すようになり、これに応じて生徒定員はそれまでの３４５名から６００名に増加した」（下線筆者）

と、沢井が「沢井論文一」（３頁）で示したように、府立西野田職工学校は交互教授法という教育方法を導入することによって、生徒増員対策に応じたのである（注㉑）。

　府立西野田職工学校は学校史等において、ゲーリーシステムという用語は使用していないが、「沢井論文一」で初めて沢井が、「交互教授法」をゲーリーシステムという教育方法と規定して、府立西野田職工学校が１９１９年４月に導入したと指摘したのである。この歴史を前提とすれば日本で最初にゲーリーシステムを教育現場に導入したのが大阪府立西野田職工学校ということになる。

　私立淺野綜合中学校が翌年の１９２０年４月に導入しており、文部省の「二部教授」内訓を受けた東京府立第四中学校が１９２１年４月に導入したのであった。文部省の「二部教授」内訓を受ける前年に、大阪府立西野田職工学校が交互（一日交代）の教育方法を導入したことで「沢井論文一」はゲーリーシステムの導入を実証したのである。

　府立西野田職工学校で実施された新教育は、新一年生を２組に別けて、Ａ組が終日座学を中心とした学科目を授業しているとき、Ｂ組は終日実習をする教育方法で、翌日には授業方法をＡ組とＢ組とが１日で交代する「交互教授法」という方法であった。

　第四章で実証した私立淺野綜合中学校は、教育課程において普通科目と選択科目を組み合わせて中学一年生から生徒全員に作業学習、次年度から工場実習を採り入れた新教育を展開した。

　第五章第一節で紹介した東京府立第四中学校は、空き教室と普通教室を利用する同時間でのゲーリーシステムと規定した「二部教授」を展開した。これら２校とは異なって、大阪府立職工学校では普通科目履修組と実習組とが終日学習の一日交代、分校の府立今宮職工学校では１週間を３日ずつ「工場実習」と「教室座学」とを交代する教育方法で授業を実施したのであった。

第六項 「職工学校」教育の特徴

　大阪職工学校を特徴づけるシステムとして「修了制度」と「長時間実習」とがある。「修了制度」とは、生徒は３年間の学校での教育課程を修了して翌年第四学年に進級すると、工場等での実習を１年間義務付ける制度である。この制度は開校の１９０８（明治４１）年以後、１９２２（大正１１）年３月まで継続した（注㉒）。

　大阪職工学校・府立西野田職工学校の特色について、「沢井論文一」（３頁）で沢井は次のように指摘している。

　　「３年間の課程を終えた生徒は『修了生』となり、就職して１年間の工場実習の成績によって、翌年に『卒業生』として卒業証書を授与される仕組みになっていた。この修了生制度が廃止されるのも１９２２年の高級科設置時であった」（下線筆者）

と、その歴史を示した。そしてもう一つ、第２の特徴である「長時間実習」の実態について、沢井は次のように述べている。

　　「当初は各科とも毎週４２時間のうち第１学年は２２時間、第２学年は２５時間、第３学年は２７時間の工場実習を義務づけられており、さらにこれに各学年とも『製図及設計』４時間、『材料及工作学』２時間が加わった」（下線筆者）

と、１日７時間授業で毎週４２時間授業中のうち、なんと第一学年は２２時間（５２．４％）、第二学年は２５時間（５９．５％）、第三学年は２７時間（６４．３％）の工場実習、さらに各学年とも「製図及設計」４時間、「材料及工作学」２時間が義務づけられたことを沢井は述べている。

　長時間にわたる工場実習時間の実態を調査した研究に阿部巽の業績がある（注㉓）。長時間実習の比較について、「沢井論文一」（５頁）でその実態を指摘している。［表五の１４］は「長時間実習校の実態」として作成したものである。「機械科」に限定した毎週の実習時間数３ヶ年間を合計した時間数であるが、西野田職工学校が何と８７時間という長時間の実習実態が示されている。

[表五の１４]
長時間実習校の実態

☆「機械科」毎週実習時間の三ヶ年合計数

第一位	府立西野田職工学校	八七時間
第二位	府立今宮職工学校	八六時間
第三位	東京府立実科工業学校	五四時間
第四位	福岡県立小倉工業学校	四九時間
全国（通常）		二〇～三〇時間

分校化した今宮職工学校もその時間の長さは全国通常の３倍から４倍以上である。このことはその時間数にあたる普通科目の履修時間が削減されることを意味する。このような工場実習の実態を沢井は先述したように、「授業は１週６日間、土曜日以外は毎日７時間、合計授業時間数は３９時間、その半分の３日間は工場で実習し、３日間は教室での学科授業であった」と、ゲーリーシステムの実態を、１週間を３日間ずつ普通科目と工場実習とを交換した教育方法であったことを指摘している。ゲーリーシステムの真髄を考える時、果たしてこの長時間実習制度がどこまで整合性をもつか、今後の研究課題となろう。

西野田・今宮ともに「職工」という文字をあえて校名に使用していることについて、「決してプラスのイメージを喚起するとはいい難かった」としながらも、「極端に実習に時間をさいたカリキュラムを有するユニークな徒弟学校の誕生であった」と沢井は前掲「沢井論文一」（１９頁）でこの教育方法を評価している。最後に長時間実習を教育現場で課す「西野田・今宮職工学校」について沢井は、

「戦間期の西野田・今宮卒業生はその数を急増させた高等工業学校と現場上がりあるいは企業内養成工に挟撃されつつ、職場においていかなる独自の位置をしめるのか、あるべき目標をめざして模索せざるをえなかった。長時間におよぶ実習に裏打ちされた勤労主義が両校の存立基盤であり、学校側は送り出す卒業生に対して初職先への定着を強く奨めた」（下線筆者）

313

と、「高等工業学校」と「現場」との中間に位置する勤労主義を基盤とした「職工学校」の存在を前掲（「沢井論文一」１９頁）で指摘して論考をまとめたのである。

第七項　大阪府立職工学校の「校憲」

　大阪府立職工学校には学校の経営方針として「校憲」が存在していた（注㉔）。次に具体的な内容を述べる。資料は、前掲「沢井論文一」（１頁）からの抜粋である。

　☆資料　大阪府立職工学校「校憲」

　　一、学校ラシキ学校トナスニアラスシテ工場ラシキ学校トナスニアリ

　　二、生徒ラシキ生徒トナスニアラスシテ職工ラシキ生徒トナスニアリ

　　三、職ニ高下貴賤ナキヲ悟ラシメ高尚ニシテ尊敬スヘキ人格ヲ有スル良職工タラシムルニアリ

　　四、学ニ熱シテ業ヲ怠ルナク業ニ偏シテ学ヲ疎ンスルナク学業ヲ兼備セシメテ模範ノ実ヲ挙ケシムルニアリ

　　五、勤労ヲ好ミ力作ヲ尚ヒ劇シク労働シ長ク労働スルハ是職業唯一ノ秘訣ナルヲ以テ特ニ身体ヲ鍛錬シテ此習慣ヲ得セシムニアリ

　この「校憲」は、初代校長長尾薫の考案であり、長時間の工場実習時間を支えた教育理念が示されている。

　目標とする生徒は、まず、第１点は「工場ラシキ学校」、「職工ラシキ生徒」の方針で教育されて「良職工」となり、第２点は「学」と「業」を兼備して「長ク労働スル」「身体ヲ鍛錬」することが求められたのであった。

　次に、この「校憲」に基づく教育に関して、初代校長が、

　　「西野田職工学校創始の時は詮方なく非常なる決心を以て、実際の学理は無くとも、実技に堪能なる熟練工の待遇を惜しまずに招聘し、之を学校出の工業教員と対等の位置に置き、そして其の足らざるを補つた」（下線筆者）

と語っていることを沢井は指摘している（注㉕　資料一）。

　ここで指摘された「学理」よりも「実技」を重要視した大阪府立職工

学校の教育姿勢は、教員資格の有無にまで波及していたことを意味する。

　さらに沢井は、小野征末の研究成果を参照して、工場実習の指導には「模範職工」という学歴はもたないが現場での経歴ある工場経験者が教員として教育を担当する制度が継続していたことを指摘している（注㉕　資料二）。この「模範職工」と呼ばれる工場経営者が学校現場の指導教員となる実態である。まさしく技術教育偏重の教育が大阪府立職工学校で展開していたことの実証である。

　沢井は１９３８（昭和１３）年に、府立西野田職工学校実習学科を担当した教員１９名中、７名が工場経験者であったことを文部省視察資料を参照して実証している（注㉕　資料三）。

　いかに学校と工場との相互関連を基盤として、職工学校が展開されていたかを示す貴重な指摘である。

第八項　大阪府立職工学校の入学者と卒業生

　第八項で考察する課題は、府立大阪職工学校の生徒の動向である（注㉖）。すなわち、入学者と卒業生の推移を検討することにより、府立大阪職工学校が大阪地域に果たした役割を考えることである。

　［表五の１５］は、府立大阪職工学校が設立した１９０８（明治４１）年４月から西野田職工学校と校名を改称した１９１６（大正５）年、交互教授を導入した１９１９（大正８）年を経て、高級科を設置した１９２２（大正１１）年以降、昭和初期までの入学者数の推移である。

　開校当初は入学率がおよそ８０％、その後急激に入学率が減少（５０％から３０％へ、そして２０％へ）しており、このことは不合格者を多数輩出したことを意味している。その後も、志願者数が増加したにも拘わらず入学者数が延びていなかった府立大阪職工学校の実状である。交互教授による教育方法を導入した１９１９年頃ころ、入学率が約６０％と回復したものの、その数値は長続きせず厳しい入学状況であった。１９１４年の建築装飾科とは「塗装科」であり、１９１９年に「授業料有料」

とあるのは設立当初からこの時期まで無料であったことを意味している。

［表五の１６］は卒業生の就職先を示している。入学者数との比較において卒業生数が少ない。原級留置や落第生等の分析をしなければその背景はわからないが中途退学者数が多いと思われる。この少ない卒業生のなかで「官公私工場」への就職数が圧倒的であることが特徴的である。

［表五の１７］は生徒が暮らす家庭の職業を交互教授が導入された頃と２０年後との比較であるが、生徒を送り出す家庭が大阪の産業構造を反映して、「工業」に占める割合が多く、かつ本科生および高級科生ともその実数と比率を高めていることが明らかである。

［表五の１５］　大阪府立西野田職工学校入学者推移　　　（人・％）

年度	志願者(A)	入学者(B)	入学率(B)÷(A)	備　　考
1908	113	89	78.8	開校、定員240名
1909	125	94	75.2	
10	148	115	77.7	
11	201	117	58.2	
12	288	132	45.8	
13	338	118	34.9	
14	319	116	36.4	建築装飾科増設、定員345名
15	367	127	34.6	
16	507	127	25.0	
17	543	131	24.1	
18	511	124	24.3	
19	294	178	60.5	授業料有料、交互教授法、定員600名
20	262	185	70.6	
21	360	249	69.2	
22	355	151	42.5	11月高級科新設
23	512	162	31.6	
24	691	204	29.5	
25	671	161	24.0	
26	601	201	33.4	
27	544	146	26.8	
28	922	127	13.8	
29	546	158	28.9	
30	496	140	28.2	
31	439	155	35.3	

（注）　１、沢井実「戦間期大阪の職工学校―大阪府立西野田・今宮職工学校を事例に―」
　　　　　（『大阪大学経済学』第５５巻第４号、２００６年３月）４頁より作成。
　　　　２、原資料は、『日本労働年鑑』大正１０年版、文部省編『全国実業学校ニ関スル諸調査』各
　　　　　年版、大阪職校会編『会員名簿』等々であることを沢井は記るしている。

[表五の１６]　西野田職工学校卒業生就職先推移　　　　　　　（人）

年度	官公私工場	官衙学校	自営	兵役	死亡	合計
1911	25	5	5		3	38
12	23	5	9	5	1	43
13	32	6	7	4	3	52
14	39	2	10	10	2	63
15	44	5	8	13	1	71
16	59	4	9	7	2	81
17	54	2	8	4	2	70
18	67		3	3		73
19	61	2		3		66

（注）　１、資料は前掲［表五の１５］と同じ。数値等はそのまま引用。
　　　　２、１９２０年５月調査。

[表五の１７]　大正期と昭和期西野田職工学校生徒の家庭職業状況比較

No	家庭職業	1920（大正9）年		1942（昭和17）年			
		本科生		本科生		高級科生	
		人数（人）	比率（％）	人数（人）	比率（％）	人数（人）	比率（％）
1	官（公）吏	22	5.5	36	9.2	21	4.0
2	工　業	119	29.7	195	50.0	243	46.3
3	商　業	58	14.5	74	19.0	135	25.7
4	農　業	55	13.7	23	5.9	41	7.8
5	会社員	43	10.7	13	3.3	17	3.2
6	雑　業	50	12.5	42	10.8	44	8.4
7	無　職	54	13.5	7	1.8	24	4.6
合　　計		401	100.0	390	100.0	525	100.0

（注）　１、資料は前掲［表五の１５］と同じ。数値等はそのまま引用。
　　　　２、原資料は『日本労働年鑑』、『大阪府立西野田工業学校一覧』等々で
　　　　　　あることを沢井は記るしている。

第九項　西野田職工学校のゲーリーシステムの歴史的評価

　この項では、西野田職工学校に実施されていた交互教授法がどのように評価されるのかについて検討する（注㉗）。

　交互教授法を導入して職工学校教育を展開した西野田職工学校について、卒業生や雇用主が次のように語っている（前掲「沢井論文一」9頁）。

　陸軍造兵廠大阪工廠のHSさんは

　　「職工学校出は半玄人であります。頭の方では専門学校出をとり、腕の方
　　では見習出を採る方がよい。然し義務として職工学校出を採る様にして居
　　ります。学問の方もであるが実際の仕事はもつと出来てもらはねばならぬ」

と、西野田職工学校の卒業生にやや不満を述べている。次に工務店主の
OSさんは

　　「西野田出の人々は実際の技術と智識とをもつて居られますが、技術は職
　　人にまける智識は専門学校出にまける」

と、技術と智識とを備えた西野田職工学校卒業生の実態を率直に語り、
結局、<u>学力も技術も中途半端な「半玄人」</u>とまで刻印された実状を述べ
ざるを得なかったのである。

　なお、大正期の工業学校を歴史的に性格づけた小路行彦は自著『技手
の時代』（日本評論社　２０１４年６月）で「工業学校の中学校化」現象
を論述している。特に大阪市立工業学校（１９２１年４月にゲーリーシ
ステム導入）の歴史を次のようにまとめている。下線筆者。

　⑴　「総合中学の典型をなすゲーリー・スクールは、大阪の工業学校におい
　　　<u>てその一部の施策が実行に移され</u>、工業学校が地域の工業センターに
　　　なるというゲーリー・スクールの考え方は、かなりの程度で実現され
　　　たことが分かる」

　⑵　「中学校をゲーリー・スクール化することは、秋保安治が述べているよ
　　　うにその条件は日本にはなかったといえるが、比喩的な意味で<u>工業学</u>
　　　<u>校をゲーリー・スクール化する</u>ことは容易であったばかりか、工業教
　　　育においても将来の生徒の発展性を考えれば、普通教育や専門教育な

どの学理を重視しなければならないと考える者にとってはゲーリー・スクール化は願ってもないことであった。工業実習の施設があって実習が行われている工業学校にあっては、それは普通教育の重視となるからである。この意味では、多くの工業学校でゲーリー・システムは導入されたのである」（小路『前掲書』１９２頁）。

　また、小路はまとめとして市立大阪工業学校のゲーリー・システムの内容を丹羽健蔵編『四十五年史』（大阪市立都島工業高等学校）を参照して、ゲーリーシステムとは生徒定員を増加させることを目的にして導入されたもので、その方法は一方が教室で講義を受けているとき他方が工場で実習を受ける方式であると説明している（小路『前掲書』１８４頁）。

【注釈】

注①　生徒急増の実態については、「明治期東京市に於ける児童就学率の向上」（『東京朝日新聞』神戸大学「新聞記事文庫」旧教育1―００２　１９１２年５月１９日付）。

注②　東京府下中学入試の激化状況については、主として村田勤及び烏田直哉の研究に依拠。

注③　府立四中受験の激化状況については、（府立四中都立戸山高『百年史』《百年史編集委員会　昭和６３年》）。以下、『百年史』と略す。

注④　１９１９（大正８）年度の全国高等学校への入学者数を見ると、府立四中は府立一中（１０４人）につづいて８６人の生徒を入学させている。その実数の多さを指摘しておく。

注⑤　中橋文部大臣「人物養成」演説（『国民新聞』１９１９年１０月１２日付）参照。

注⑥　東京府が夜間中学設置の新事業に着手する見解である。この歴史的な動きについての資料を次に掲載する。

　・資料一、「少年労働者の為め夜間中学を創設せん―公私の中学は収容し仕切れぬと昼間労働者の便を図って新計画―東京の

　　　　新事業」(『東京日日新聞』神戸大学「新聞記事文庫」教育
　　　　２２―１０３　大正９年５月３０日付)。
　また、夜間中学に関する東京府の見解については、次の資料二～五。
　　・資料二、「夜間正規中学」(『東京日日新聞』神戸大学「新聞記事文
　　　　庫」教育２２―１０９　大正９年６月６日付)。
　　・資料三、「中学志望者の増加に鑑みて収容定員を増加する―八百人
　　　　迄を千二百人迄に改正」(『大阪毎日新聞』神戸大学「新聞
　　　　記事文庫」教育２３―０１３　大正９年１１月１３日付)。
　　・資料四、「中等学校校舎動員―二部教授決定＝更に高等諸学校にも
　　　　適用せん」(『東京日日新聞』神戸大学「新聞記事文庫」教
　　　　育２３―０２１　大正９年１１月２１日付)。
　　・資料五、「ゲーリー・システムによる校舎の利用案は愈々十年度か
　　　　ら実施―文部省の具体案」(『大阪毎日新聞』神戸大学「新
　　　　聞記事文庫」教育２３―０３０　大正９年１１月２８日
　　　　付)。
　文部省による「二部教授」実施と研究に関しては、次の資料六、七。
　　・資料六、斉藤泰雄（国立教育政策研究所）「二部制方式による学校
　　　　運営の実態と問題点―日本の経験―」(広島大学教育開発
　　　　国際協力研究センター『国際教育協力論集』第８巻第２号
　　　　２００５年)。
　　・資料七、海後宗臣編『臨時教育会議の研究』(東京大学出版会　１
　　　　９６０年３月)。以下、海後編『臨時教育会議の研究』と
　　　　略す。

　海後は、この研究で第一次世界大戦後の教育改革に関する臨時教育会議「議事録」が各委員たちに配布されていたようであると指摘した。海後自身が「議事録」の大部分を入手した後、戦後になって臨時教育会議を歴史的に研究することが進められたとき、東京大学教育学科卒業生たちが「臨時教育会議研究グループ」を組織化して共同研究において「議

事録」を精読して編集したものが『臨時教育会議の研究』であったという。そして、この書は「臨時教育会議についての研究書としては最大の著作として今後に残るべきものと考える」と刊行の意義を海後は述べている（「はしがき」）。まさしく後世に残こる大著である。

注⑦　年表による東京府立第四中学校へのゲーリーシステム導入確認については、「東京府立第四中学校　大正9（1920）年「略年表」（『百年史』939頁）。

注⑧　新聞紙上でゲーリーシステムを導入した掲載事例は、「入学難に泣く生徒に同情して府立四中が募集増員　日本で最初にゲーリー制式を採用する」（『東京朝日新聞』　大正10年3月6日付）。

注⑨　教育課程に見る府立四中の特色については、［表五の9］「昭和初期東京府立第四中学校教育課程表」にまとめた。

注⑩　ゲーリーシステム導入の賛否については、「入学難緩和の一方法としてゲエリー式採用の事は目下教育界の一問題となってゐるが右に対する川田府立一中校長と深井四中校長の所論要点を紹介しよう」（『東京朝日新聞』　大正10年5月17日付）と、2人の論争点を掲載している。

注⑪　「府立四中」について元教員のOT教頭が教務部在職時代にこのシステム対応の様子を語っている（『百年史』300頁）。

　　ここで、「中学入学難」について、ゲーリーシステムを導入した1921（大正10）年4月から8月頃までの5ヶ月間に新聞等が特集した主題・副題等を次に示す。

　　・資料一、「入学試験難　実業学校の増設」（同年4月4日付『時事新報』神戸大学「新聞記事文庫」　教育38―019）。

　　・資料二、「中等学校の不足で教室の利用が議せられた　地方長官会議第五日」（同年5月8日付『大阪毎日新聞』前掲同　教育38―050）。

　　・資料三、「入学難の原因と救済法（上・下）」（同年5月21日～24日付『時事新報』前掲同　教育38―079）。

- 資料四、「入学難に就て考えられる諸問題（一～三）（同年５月３０日付『時事新報』前掲同　教育２８－００１）。
- 資料五、「中等実業学校の不足（一・二）」（同年６月３日～４日付『時事新報』前掲同　教育２８－００３）。
- 資料六、「現下の入学難に就て（一～三）」（同年６月５日～７日付『時事新報』前掲同　教育２８－００６）。
- 資料七、「実業教育の振興　横井時敬博士談」（同年７月２７日付『大阪時事新報』前掲同　教育２８－０４１）。
- 資料八、「夜間中学計画　大体実現可能」（同年８月７日付『時事新報』前掲同　教育２８－０５５）。

注⑫　大阪府における工業教育に関する研究について、第二節で参照した基本文献を次に示す。

- 論文一、沢井実「戦間期大阪の職工学校―大阪府立西野田・今宮職工学校を事例に―」（『大阪大学経済学』第５５巻第４号　２００６年３月）。以下、「沢井論文一」と略す。
- 論文二、同「戦前・戦中期大阪の工芸学校と職工学校：大阪市立工芸学校・大阪府立佐野職工学校・大阪府立城東職工学校」（『大阪大学経済学』第５７巻第２号　２００７年９月）。以下、「沢井論文二」と略す。
- 論文三、同「住友私立職工養成所に関する資料」（『大阪大学経済学』第５９巻第２号　２００９年９月）。以下、「沢井論文三」と略す。
- 論文四、同「近代大阪の工業教育―技術者はどのように育成されたのか―」（関西大学経済・政治研究所『セミナー年報　２０１５』　２０１６年３月）。以下、「沢井論文四」と略す。この論文（１６２頁）で沢井が指摘した、学歴を基準とした「技師、技手、工手、職工」という仕分けは、真野文二「吾が工業界が将来要求する技術者」（『商工世界太平洋』

　　　　　第５巻第１９号　１９０６年９月）に依拠したものである

　　　　　ことを沢井は述べている。

　　・論文五、隈部智雄「旧工業学校規程時代の市立大阪工業学校の特

　　　　　徴」（『千葉大学教育学部研究紀要』第３６巻第２部　１９

　　　　　８８年２月）。以下「隈部論文」と略す。

注⑬　臨時教育会議に関して、第三項においては主として次の資料・論文等を

　　　参考とした。

　　・資料一、『学制百年史』（文部省　昭和４７年９月）５３８頁。

　　・資料二、『学制百年史・資料編』「主要教育会議一覧」（２４０頁）

　　　　　及び「諮問・答申・建議」（２４３頁）。

　　・資料三、海後宗臣編『臨時教育会議の研究』（東京大学出版会１９

　　　　　６０年３月）。

　　・資料四、堀切勝之「我が国の『教育の近代化』に関する一考察―大

　　　　　正期の『臨時教育会議』の歴史的意義とその前後の歴史事

　　　　　情《その一》―」（『近畿大学教育論叢』第１７巻第２号

　　　　　２００６年３月）。

　　・資料五、堀切「同論文《その二》」（『同論叢』第１８巻第２号　２

　　　　　００７年２月）。

　　・資料六、久保義三「大正期の教育改革――とくに臨時教育会議を中

　　　　　心として―」（『教育学研究』第３７巻第３号　１９７０年）。

注⑭　実業界が求める「技手」について、大津淳一郎（経歴：衆議院議員・大

　　　東文化学院第六代総長）は、世界情勢を見ても実業学校は必要であり産

　　　業界の要請こそ基本的な考え方であると主張した。

注⑮　実業学校への補助について、江木千之（経歴：文部・内務官僚・貴族院

　　　議員・文部大臣）は、国庫補助の分配のあり方は比較的財政の豊かな

　　　「府県」にではなく「市町村ないしは私立校」を対象とすべきとの見解

　　　を述べた。

注⑯　実業教育の充実に向けて、真野文二（経歴：機械工学者・文部省学校局

長・東京帝国大学教授）が指摘した意見である。真野は、とくに軍事的・産業的発展のためには実業教育の充実が必要であることを明確にして、補助金の使途先として新学科を増設することと実業学校を増加することの2点を要請した。

注⑰　「実業学校令の改正」（大正9年12月勅令）《海後編『臨時教育会議の研究』823頁》。

注⑱　職工を対象とした「教育程度」の調査を、大阪市及び東京府が実施している。大阪市では『大正日日新聞』（神戸大学「新聞記事文庫」教育22―013　1920年2月20日）、東京府では『時事新報』（神戸大学「新聞記事文庫」教育22―111　1920年6月8日）が、それぞれ新聞誌上に調査結果を掲載した。

注⑲　学校の設立及び大阪府立職工学校の歴史については、前掲「沢井論文一」の「表1　大阪府立西野田・今宮職工学校略史」（2頁）より作成。

注⑳　前記「略年表」には、「府立西野田職工学校」が1919（大正8）年4月に「交互教授法」を導入したことを記載している。

注㉑　府立西野田職工学校がゲーリーシステムを導入した（前掲「沢井論文一」3頁）。一日交代制のゲーリーシステムであったことを沢井は実証している。

注㉒　大阪職工学校の特色である「修了制度」と「長時間実習」については前掲「沢井論文一」（3頁）。

注㉓　長時間にわたる工場実習時間については、前掲「沢井論文一」（5頁）。なお、初出は、阿部巽「工業学校を紹介する―産業視学の提唱―」（『教育』第4巻第9号　1936年9月　37頁）であることを沢井は記している。

注㉔　「校憲」については、前掲「沢井論文一」（1頁）。なお、原資料は、大阪府立西野田学校『創立満十周年紀年並第八回修了生紀年写真帖』（1918年）、および『創立百周年定時制併置六十周年記念誌』（17頁）《大阪府立西野田工業・工科高等学校　平成19年11月》等々である

ことを沢井は記している。

注㉕　府立西野田職工学校長の教育方針については、前掲『沢井論文一』（3
　　　頁）。その他関連資料を次に掲載する。
　　　　•資料一、長尾薫「名主席教諭を招聘した動機」（久安壽一郎編『佐
　　　　　藤秀也先生頌徳誌』大阪府立今宮職工学校同窓会　１９
　　　　　３４年）。
　　　　•資料二、小野征夫「中等工業教育の地域的形成と学校制度の展開─
　　　　　大阪府の地域事例研究─」（『国民研究』第４７号　１９８
　　　　　１年１月）。
　　　　•資料三、大阪府立西野田職工学校『文部省視学委員金谷忠義教授
　　　　　学事視察調査事項』昭和１３年９月調。

注㉖　入学者・卒業生の推移については、次の３つの表にまとめた。
　　　⑴［表五の１５］　大阪府立西野田職工学校の入学者推移
　　　⑵［表五の１６］　西野田職工学校卒業生就職先推移
　　　⑶［表五の１７］　大正期と昭和初期西野田職工学校生徒の家庭職業状
　　　　　況比較

注㉗　ゲーリーシステムの評価については、「西野田職工学校卒業生評」（前掲
　　　「沢井論文一」９頁）。なお、引用文献は、「創立満二十五年記念懇談会
　　　記事」（『工学新潮』第１６０号　１９３３年７月）である。

第六章　本書の要約とゲーリーシステムの帰結

　本書は、２０世紀初頭アメリカ教育で展開されたゲーリーシステムがどのような歴史を経て日本に導入されたかを検討することによって、このシステムが日本教育に与えた影響を明らかにすることであった。

　このシステムが展開されていたゲーリー市（ミシガン湖畔に位置する都市）は１８９８年Ｕ・Ｓスチール会社の設立とともに興隆した都市で、その人口の急激な増加は学校の新設を必要とした。しかし教育費はその額が極めて少なく、従来の教育方法では激増した児童を教育することは到底出来ず、遂にゲーリーシステムを案出するに至ったのである。

　先行研究では、阿部重孝は戦前から「教育の実際」（実証研究）について考察することの必要性を強調し、塚本清は自身がシカゴ滞在中に、約２５マイル（大阪・京都間ほどの距離という）離れたゲーリー市を訪問して日本にゲーリーシステムの実態を報告していた。

　戦後において、１９７０年代以降日本教育史研究においてゲーリーシステムに関する歴史研究の動きが見られた。笠原克博は、二部制度の導入と教育内容の拡大をゲーリーシステム研究の中で主張して、普通教育に実業教育を加えた教育振興を検証した。杉峰英憲は、このシステムは家庭や地域社会に基盤をおく学校の存在が社会改革に向かうという創案者ワートの説から研究に踏み出した。松村将は、ゲーリープランがもつ効率的な学校経営の方法を研究した。宮本健市郎は、施設の効率性を重視して、多くの生徒を収容する教育方法として利用されていたゲーリープランが、伝統的な学校教育の方法—暗誦中心、固定された机、子どもの経験とかけ離れた教育内容—を根底から覆し、社会改革の手段たりうる教育方法であることを指摘した。そして、２０世紀の新しい民主主義社会での教育課題が、「働き・学び・遊ぶプラン」（work-study-play plan）を子どもに保障することであったことを確証した。中谷彪は、急

速な人口増加と財源不足に苦しむ学校経営の課題はゲーリー市の製鉄会社の科学的管理法を熟知した技師や教育長及び企業経営者たちによってゲーリーシステムを導入することによって解決することであるとした。和田恵美子は、ジョン・デューイの学校は民主主義的な共同体であると、「共同学習論」がこのシステムの特質であることを論じた。佐藤隆之は、都市化が進むアメリカでは都市部における講堂、図書館、体育館などがコミュニティと結びついた学校機能をもっていると指摘した。

　近年、ゲーリーシステムに関しての総体的な研究成果が刊行されている。入学難緩和策としてゲーリーシステムが日本教育に導入されたと、２００５年に公刊した三上敦史の研究がある。ここで三上は２０世紀初頭に日本教育に導入されたこのシステムは、「入学難緩和の目的よりして已むなく奨励し定員増を一定の成果」をもたらしたと、結果として定員増の目的が達成されたことを理由に日本教育へのゲーリーシステムの導入は終了し、全国的にはほとんど広がることなく帰結を迎えたと歴史的な評価を与えた。

　大正期の教育改革でゲーリーシステムは「実業学校の中学校化」を目的としているとの課題に絞った、小路行彦の研究がある。しかし、アメリカの「綜合中学」をゲーリーシステムとして日本の中等教育に導入した私立「淺野綜合中学校」を紹介して、大正期において「普通教育」に「実業教育」を加える教育方法であるコンプリヘンシブ（総合中等教育）研究への端緒が含まれていることも小路は指摘した。日本近代史において、工業技術者を養成する歴史を大正時代における教育機関（工業学校）の成立と関連させて、ゲーリーシステムを分析したことは小路の主たる研究成果である。

　日本に「教育情報」として受容されたゲーリープランが、１９１６年から１９２９年までおよそ１４年間にわたって、雑誌等で「絶えず発表され続けている」ことに注目して、ゲーリーシステムの日本教育への受容の歴史をまとめた橋本美保等の研究がある。

　以上検討してきた先行研究等を踏まえて、第一章から第三章ではどのような歴史を経てゲーリーシステムという教育方法が日本に受容され、そして導入されたかを検討した。

　第一章ではゲーリーシステム創案の歴史を論じた。

　ウィリアム・ワートは１９００年からインディアナ州ブラフトン市に初めて「作業兼学習兼運動の学校」を設立して、すべての児童を教育対象とした、市のあらゆる公共機関を学校と協働して、終日、学校の設備を無駄なく利用するゲーリー学校を経営した。

　ワートが展開した三位一体説こそがジョン・デューイの教育思想であって、「為すことによって学ぶ」という作業と学習とを協働させることが教育の真髄であり、まさしくその方法がゲーリーシステムであったことが明らかとなった。その結果、ゲーリーシステムによる教育こそが、自分自身を社会に適合させることを学び、社会の人たちとの協働を体得する教育であったと言うことができるのである。

　第二章ではゲーリーシステム受容の歴史を論じた。

　原則的には日本教育にこのシステムが導入された１９２１年までを考察期間としたが、これ以降出版された文献資料の翻訳、内容紹介、情報伝達等々も検討した。もう一つはこのシステムの趣旨が日本教育に正確に導入されたかどうかも考察した。すなわち、創案者であるウィリアム・ワートの意図（作業・学習・運動の三位一体をもつ教育方法）、究極的にはジョン・デューイの教育思想が具体的にどのような歴史を経て日本教育に導入されたかの歴史的分析であった。

　まず、『時事新報』によって、ゲーリーシステムとは施設を普通教室、特別教室、講堂、運動場の４ヶ所を交替して使用した授業を展開することであり、この教育方法が教育費の膨張を抑えるために無駄を省く効果があったことが紹介された。そして、日本教育の通弊を打破するためにもゲーリーシステムを導入することの必要性が推奨されたのである。

　秋保安治は、実業教育に向けたゲーリーシステムを紹介した。東京府

から派遣された視察団として渡米して調査した結果をふまえて、職業と教育とを連絡することがゲーリーシステムの目的であるとした。秋保が語る実業教育へのゲーリーシステム導入は、学校内に実習工場を設置するという職業教育を拡大する方針でもあったのである。

　山内佐太郎は、教育の実益主義に視点をもつゲーリーシステムの導入を研究した。山内は、ゲーリーシステムとは、詰込み主義を主とした表面的な日本教育の問題点を解決する策として日本に導入された教育方法であったと、主張したのである。

　文部省督学官という要職にあった乗杉嘉寿は、教育を社会に向ける目的でゲーリーシステムの導入を奨めた。第一次世界大戦後の日本教育のあるべき姿を予測したもので、当時、実業教育が振興しているとはいえない日本教育の現状で、「努力すべき方途」としてゲーリーシステムによる「適切なる施設の工夫」をすべきであると、主張したのである。

　田中廣吉は、デューイ思想の展開に向けたゲーリーシステムの導入に尽力を傾けた。恩師である野上俊夫京都帝国大学教授が欧米諸国の教育事情を蒐集した資料を分析した田中は、従来の一斉的、受動的、伝統的な日本の教授法を根本的に変革して「作業・学習・遊戯」を統一した教育方法であるゲーリースクールを研究する意義をもつに至った。田中も日本教育において「詰込み主義」からの脱却を主張したのである。

　最後に、ゲーリーシステム論を編集した田制佐重の研究を検討した。日本で１９２１年度に導入したゲーリーシステムによる学校教育が小学校ではなくて、「中等諸学校」（中学校、実業学校、高等女学校、師範学校等）であったことを強調したのである。

　田制は、デューイ思想である「教育の社会化」を基礎とした「胚芽的社会」を学ぶことがゲーリーシステムの本質であるとし、「作業学習遊戯の三位一体説」に立脚したゲーリーシステムこそが「真髄乃至本義」であると確定した。こうして、ワートの恩師であるデューイの学説がアメリカ教育で具体化されていたことを田制は重ねて指摘したのである。

　そこで、田制はゲーリーシステムが「真髄乃至本義」として、日本に
その意を汲んで紹介されているかどうかの研究をしなければならないと
主張した。日本では、「中等諸学校」への入学希望者が毎年急激に増加
し、希望者を充分に入学できない実状であることを田制は直視した。何
とかしなければならない、その「応急」策として求められているのがゲ
ーリーシステムという教育方法であったとしたが、しかしこのシステム
を導入する際に、そのまま日本教育に適用しようとしたことが問題であ
ったと田制は論じたのである。
　主として第二章では、日本の教育者・研究者たちが積極的に欧米諸国
に渡り、ゲーリーシステムの実態とその内容を調査して、日本教育に導
入しようとした歴史を検討した。その結果、創案者であるウィリアム・
ワートが意図したこのシステムの本質が作業・学習・運動の三位一体を
もつ教育であり、ジョン・デューイの教育思想をアメリカで具体化した
ものであったことが明らかとなった。
　しかし、日本では、ゲーリーシステムの一部を性格づけている学校施
設の有効利用による収容力の拡大に直結した生徒急増対策として、文部
省によってこのシステムが導入されていたのであった。
　第三章では、米国教育視察と来日講演を論じた。
　ゲーリーシステムを日本教育に積極的に導入しようとした実業界や小
学校長等、そして実業家ゲーリーや教育者デューイ等の来日講演等に視
点を置き、その歴史を分析した。その結果、学校教育が形式に流れてい
て実用に疎くなっている教育の現状を克服するために、アメリカで実業
家ゲーリーが学校を設立したことが明らかとなった。
　１９１６年９月に実業家ゲーリーが来日して、ゲーリーシステムを日
本の実業家たちに広く普及させる講演会等を展開した。アメリカ実業界
のロックヘラー調査機関もゲーリーシステムに関する調査を実施して、
その結果の一部が１９１９（大正８）年７月に日本教育界に紹介された。
実業界以外にも全国学校長団が視察のために渡米し、エマーソン学校と

フレーベル学校の２校を視察した。学理のみならずよく実務を実現するためにゲーリーシステムが中等学校において実施されているアメリカ教育の現状を目の当たりにした視察団はその現状を報告した。

　東京市教育会も視察者を派遣した。その結果、ゲーリーシステムを実施している学校施設のあり方を日本教育の将来を検討する際には大いに参考とすべきであると、視察団一行は実感を得て帰国した。

　ジョン・デューイ来日講演はゲーリーシステムの導入に大きな効果をもたらした。デューイ夫妻が１９１９（大正８）年２月９日から約４ヶ月間、日本に滞在して東京、京都、大阪、神戸等で講演会を実施した。この来日講演はゲーリーシステムを日本教育に導入する意義を、デューイ自身が直接語っていたところにその特質を見ることが出来た。完備した工場を設けることによって、生徒をして労働せしめ、労働と遊戯とを同じ程度にした教育をすることによって、社会に出て直ぐ役に立つ教育をしている「ゲーリー学校」を紹介したのである。デューイ来日講演の趣旨が、日常生活の実際と教育とを結ぶ教育方法であるゲーリーシステムが、物質科学の理解及応用と手芸手工の応用との両方を実現する教育方法であると語った講演であったと、歴史的に評価することができる。

　文部省は１９２１（大正１０）年４月より「ゲーリースクール」を立ち上げる方針をとった。日本教育への「導入」事例校としての実証分析は、第四章、第五章で考察した。

　第四章では、教育の総合化に向けた私立・淺野綜合中学校（後の私立淺野学園）の実態を分析した。

　１９１８（大正７）年５月から約半年間渡米して教育事情を視察した水崎基一（元同志社教授）は、帰国後「コンプリヘンシブスクール」、即ち「綜合中等学校」の設立を日本教育界で初めて提唱した。水崎が初代校長として設立した「淺野綜合中学校」のゲーリーシステムは、１９２０（大正９）年から第二次世界大戦末期に実習工場が焼失する（１９４５年５月頃）まで継続していたのである。

　淺野綜合中学校では「普通教育」のなかに「実業教育」を実施する「綜合教育」の実現を目指し、恒職恒心ある人間に育てる教育を実践したのである。デューイの教育思想を具体化したワートのゲーリーシステムの本質である「作業・学習・運動」を一体化した教育であり、<u>日本教育界にコンプリヘンシブ（教育の総合化）として展開した「総合中等学校」であったこと</u>が明らかとなった。

　第五章では、生徒急増対策と産業構造変化に向けてゲーリーシステムを導入した２校を紹介してその実態を検証した。

　東京府立第四中学校（後の東京都立戸山高校）では、学校施設を拡充しても年々増加する中学志願者を現有の施設では十分に対応することが出来ず、空き教室を利用した二部教授形式を実施して、中学入学難の克服に向けた教育を展開するゲーリーシステムによる教育方法を１９４３（昭和１８）年まで継続したことが明らかとなった。

　第一次大戦でのアメリカ戦勝要因について学校教育における技術教育が果たした効果が大きい、との見解のもと日本の実業教育に関して「技能に偏するの弊を避け、徳育に一層の力を用い、人格の陶冶に努むること」との「臨時教育会議」答申内容と審議過程を検討した。

　大正期、近代化された工場においては、これまでの初等実業教育機関としての「徒弟学校」卒業生に代わる、それ以上の高度な知識と技術とを身につけた労働者が必要となった。大阪府立職工学校（後の大阪府立西野田職工学校）では、「学理」よりも「実技」を重要視した教育を展開した。長時間実習を教育課程に組み入れて職工養成に特化した実業教育を展開していたことが明らかとなった。

　第六章では、ゲーリーシステムがどのようにして歴史的な帰結を迎えたのかを論じることとした。その結果、次のように導入と帰結をまとめることとする。

　まず、２０世紀初頭アメリカ教育に展開されたゲーリーシステムは２段階を経て日本に導入されたということである。

　第1段階は、多様な教育方法を内包したこのシステムを文献資料の翻訳、新聞等での情報伝達を主眼とした方法であった。１９１４（大正３）年頃からその端緒が見られた。この段階は紹介を主としたもので情報を受け入れる「受容」という性格をもっていた。本格的にゲーリーシステムを日本の教育に「導入」しようとしたものではなかった。それは何故か。つまり、日本教育が抱える課題に対する問題意識等々に若干の希薄さを指摘せざるを得ないと考える。

　しかし、第2段階としての特徴は、ゲーリーシステムの実態を調査して導入しようとする強い意志のもと、本格的な研究が提起された段階であったと考える。渡米して実際にこのシステムが展開されているゲーリースクールの教育を調査する動きが、その後１９１５年頃から積極的に実施された。渡米した研究者たちは日本教育が歴史・構造的にもつ課題を解決しようとする積極的な導入意図をもちあわせていたと指摘できる。したがって、ゲーリーシステムを学校改革のモデルとしようとする問題意識を見いだすことが出来たのである。

　その結果、このシステム創案者であるウィリアム・ワートが求めた教育の真髄が「作業・学習・運動」に三位一体化していたこと、つまり三点を切り離すことなく統合した教育がゲーリーシステムであることが認識されることとなった。しかし、実際には教育方法（手段）に偏重した効率的な学校経営を目指すことが先行して認識され、急速に進む都市化による人口増加と財政不足を前提として、このシステムが臨時的な課題解決策であるとの認識で日本に導入されたことが明らかとなった。したがって、知性（知識）と技術（技能）との両者が有機的にかつ相互に関連した教育の本義から離れて、むしろ「浪費の排除」の論理としてのゲーリーシステムであったと、理解されて日本教育に導入されたと言っても過言ではない。

　そもそもアメリカで、このシステムを学校教育に導入しなければならなかった歴史的な必然性は何であったかというと、移民が大部分を占め

る新設都市のゲーリーの街を、秩序ある社会で善良な都市市民が生活できるように構築するためには教育の力が必要であると認識したことである。それが作業と学習との協働による教育、「為すことによって学ぶ」デューイ教育思想を具体化したゲーリーシステムであったと性格づけることができる。その実状が日本に導入されたのである。

　その内容は、職業教育を学校教育に組み入れる、すなわち学校内に実習工場を設置して生徒の思考力を高め、学んだ知識を応用する学習習慣を作ることで、つまり実際的な生活に触れた教育を実践することで知識の定着と人格の形成をはかったことである。教育行政の中心に学校教育をすえて社会教育を実施したことも大いに効果をあげることとなった。従来の一斉的で受動的、そして伝統的な教授法を変革した教育方法がゲーリーシステムとして日本に導入されたのである。

　そして、これらの実践がアメリカでは主として小学校で行われていたが、日本では中等諸学校（中学校・実業学校・高等女学校・師範学校等）に導入することとなったのである。さらに、実業家ゲーリーや教育家デューイが日本に招聘されて講演会等が開催されて、日本教育にゲーリーシステムを導入することを推奨したことも大きい。その結果、日本では１９２１（大正１０）年４月からこのシステムが文部省によって導入されたのである。

　本書では、導入校を紹介して実態を分析することとした。私立中学校、公立中学校、実業学校という異なる３学校種（中等学校）を選んで導入過程を検証した。その結果、私立淺野綜合中学校ではデューイの教育思想を具体化してワートが実践したゲーリーシステムの真髄である「作業・学習・運動」を一体化して、コンプリヘンシブ（教育の総合化）を目指していたこと、東京府立第四中学校では急激な生徒増加に現有の学校施設では十分な対応が出来ず、空き教室を利用して二部教授を実施することによって、当時の「中学入学難」の克服に向けた教育を展開していたこと、大阪府立職工学校では産業構造の大きな変化による高度な労働者

を求める産業界の要請に応じて、長時間実習を教育課程に組み入れることによって、職工養成に特化した実業教育を展開していたこと等々、日本の中等学校でのゲーリーシステムの実態が明らかとなった。

　これら事例3校には共通する教育姿勢が見られる。各学校長が個性的であったと片付けてしまうには語弊がある。教育への熱き信念を基礎として教育改革に立ち向かう姿勢である。社会危機を反映して日本教育問題が鮮明に現れる歴史を目の前にしてゲーリーシステムの導入に踏み切ったと考えても差し支えない。東京府立第四中学校長深井鑑一郎、大阪府立職工学校長長尾薫、そして私立淺野綜合中学校長水崎基一の3人である。ゲーリーシステムという幅広い教育方法の何処を採り入れて、学校改革・教育改革に挑んだかの実践であった。

　ゲーリーシステム導入に関する論議には、財政を考えれば普通教室の他に特別教室を増設することが困難であったとか、校舎利用によって大多数の生徒を収容することが出来なかった等々の見解があったが、一朝一夕にこのシステムを批判することではできないとの見解が出された。日本の20世紀初期という歴史段階にあって、日本の近代教育が抱えていた教育課題の解決策にどのように論議を呈したか、教育の本質論が展開されていたのである。

　大正期における日本教育が従来の画一主義、詰め込み主義という教育方法から脱却して生徒の総合的な人格の陶冶に向けてゲーリーシステムを導入した歴史的意義は大きいと考える。その後、この教育実践は戦時教育に包摂されて帰結を迎えることとなり、従来の日本教育を凌駕した教育を継続的にかつ広範囲に展開したと、日本教育史に結論づけることには無理があると考える。

　ゲーリーシステムが戦後の教育改革にどのように関連づけられたか、その理論と実証とを踏まえた教育史研究が今後に残された課題となろう。

　今日、日本教育の研究において、大正期のゲーリーシステムの歴史的意義をどこに設定するかが課題となる。現代教育と歴史教育を無批判的

に直結した議論には大きな難を持ち合わせており、危険なことと考える。しかし、ゲーリーシステムを導入しようとした目的に、画一主義的な教育方法のもたらす弊害に立ち向かって、人格陶冶を究極とする教育を目指した教育論が存在したことは間違いない。教育政策的に中学入学試験対策として、文部省が内訓を発して解決に向かい、増加した受験生を何とか収容できたという歴史をふまえて、ゲーリーシステムは広く日本教育に拡大しなかったと、考えても差し支えなく一理はあろう。

　しかし、教育本質論的に学習・労働・運動が相互に規定し合うゲーリーシステムという教育方法の真髄から、生徒たちをどのように育てて実社会に送り出すか、人材育成の基本をゲーリーシステムのなかから検証することが出来ると考える。昭和期になってますます教育方法が大きな変質を余儀なくされていく日本の歴史で、学校教練から軍事教練へと学校教育が戦時色に染められてゲーリーシステムの理論と実証とを統一的に研究することの困難さを、日本教育史の研究が背負うこととなってしまったと考えて已まない。

あとがき

　本書は２０１８（平成３０）年１２月に放送大学大学院に提出し、２０１９年３月に修士（学術学）の学位を交付された論文「大正期日本教育へのゲーリーシステム受容と帰結―コンプリヘンシブ（綜合中等教育）構想への端緒―」を加筆修正したものである。

　私は、２０１５（平成２７）年３月に、約３９年間勤務した学校法人浅野学園（旧制淺野綜合中学校）を定年退職した。その間に、１９９５（平成７）年４月から３年間、財団法人日本私学教育研究所で委託研究員の委嘱を受けて、「私立学校における中等学校の振興」を図る研究を任務として、成果を『紀要論文』に発表した。この論文を加筆修正して２００１年３月に『私学中等教育の研究』を筑波書房から上梓した。

　同書が課題としたことは、勤務校に残された『職員会議録』やその他『校務日誌』等を解読して、１９３８（昭和１３）年以降１９４５（昭和２０）年８月まで、私立中学校が歩んだ戦時下教育を明らかにすることであった。その教育こそが、体育を励行して相互扶助の共同生活を学ばせ、学校内に工場を設けて芸術を授け、また科学教育を実験的に施す、語学教育においても実用を重んじて幅広い「綜合教育」を実践するゲーリーシステムの具体化であったのである。

　しかし、教育史的にはこのゲーリーシステムがどのような歴史を経て淺野綜合中学校に導入されて学校が設立されたのか、その分析が課題として残されていた。この問題意識を持ちながら私の３９年間にわたる教育実践の振返りを含めて、２０１７（平成２９）年４月に放送大学大学院文化科学研究科（修士課程）に入学することとなった。通信教育による必修科目の履修とともに修士論文の作成生活が開始されたのである。

　大学院に入学する前年４月から、私は学校法人昭和学院（千葉県市川市）に再就職しており、放送大学が所在する千葉市美浜区に勤務校が近

接しており、指導を受ける地理的環境を得ることができた。また、直接修士論文を指導してくださる日本近代史専門土田宏成客員教授が放送大学と並ぶ神田外語大学教授という、これまた恵まれた環境で指導を受ける機会を得ることができ、先生の研究室で毎月１回、第４週目の月曜日午後１時３０分から指導をしていただいた。

　研究指導責任者の日本近世史専門杉森哲也教授からは、３回に亘る放送大学での合宿報告会を開いて頂き、その席では日本中世史専門近藤成一教授の指導も受けることができ、研究に集中できたことは幸いであった。口頭試問の際には、杉森先生からとくにコンプリヘンシブへの論究を深めるよう貴重なご意見をいただき、近藤先生からは実証史資料の分析への課題、そして土田先生には研究理論と実証との整合性等々、日本史研究方法の最も大切なところをご指導頂き、すでに教員生活を退職した私にとって幸福な２ヶ年であった。修士論文の作成には、史料解読や章立て等に行き詰まるたびに暖かく指導して頂き、言葉では表せない感謝の気持ちでいっぱいです。今、本書を上梓できたのはそのご指導の賜物です。心より御礼を申し上げます。

　さて、今回のゲーリーシステムを研究するに当たって最も難を重ねたことは史料の蒐集と分析であった。淺野綜合中学校初代校長水崎基一が教授を務めていた京都・同志社大学を訪問し「同志社社史史料センター」で当時社史史料調査員であった布施智子先生からは、水崎先生の研究論文の紹介だけではなく、水崎先生が同志社の学生時代に一緒に学んだ同窓生たちとの関わりへの調査を小生に奨めてくれたことは本研究に向う心強いバックボーンとなった。感謝申し上げます。

　次に、「淺野綜合中学校」の史料整理と保存に拘わる経緯を述べることとする。当校は２度にわたる大きな災害に直面している。１回目は１９２３（大正１２）年９月の関東大震災、２回目は１９４５（昭和２０）年５月の横浜大空襲である。校内に残る校務史料は、創立当時のものは

学校そのものが壊滅したためにその存在は確認されていない。第二次世界大戦当時の史料は、焼け残ったセメント校舎にあるだろうという声を耳にする機会は多かったが目にすることはなかった。しかし、１９９３（平成５）年から管理棟を含めた古い校舎跡地に新校舎を建築することとなり、帳簿類がばらばらに散逸して発見された。私は学園史料の整理に着手することとなった。現在、３００点に及ぶ校務史料が目録とともに学校保管室の書棚に保存されている。

　その後、史料保存と整理は小野木大乗先生（元日本史教諭）の献身的な努力によって、学園文書だけでなく浅野会社関連史料を含め、写真や文献類まで、史料目録とともに学校保管室に保存されている。とくに、卒業生たちから寄贈された史料からは当時の教育の実態を知ることができるものが数多い。史資料の閲覧を快く許可してくれた前校長前田渉先生、史料解説に協力してくれた小野木先生に心から感謝申し上げます。

　さらに、勤務校の昭和学院中高等学校を併設する短期大学の図書館司書市村美鈴先生には、精神的かつ物理的な支えをして頂いたことに深く感謝申し上げます。今回の研究でゲーリーシステムに関する史料蒐集で、各大学への問い合わせや史料の貸借事務等々の労を掛けてしまった。そのお陰げで未発表の一次資料を閲覧して修士論文を作成することができたことは、行き詰まりを克服すべく励ましとなり感無量です。とくに、都内の大学図書館に職務多忙の中わざわざ出向いてお借りした文献も多々あり、背中を押して頂き喜びに堪えません。有難うございました。

　大学図書館相互協力（文献複写）等で協力頂いた機関を掲載して感謝の意を表します。

　・国立科学博物館筑波研究施設図書室　・九州大学　・筑波大学　・早稲田大学　・亜細亜大学図書館　・日本女子大学（目白）　・奈良女子大学図書館　・立命館大学平井嘉一郎記念図書館　・明治学院大学図書館　・名古屋大学図書館　・慶應大学三田メディアセンター　・東

　洋大学附属図書館　・京都大学図書館　・京都大学大学院文学研究科
図書館　・神戸大学附属図書館
等々である。

　最後に今回、ゲーリーシステムに関する史資料の蒐集で大いに参考と
したのが、当時発行された『新聞』史料であることを述べることとする。
朝日新聞東京支社、神奈川近代文学館（主として『国民新聞』閲覧）、神
奈川県立古文書館（主として『横浜貿易新報』閲覧）、そしてインターネ
ット上での神戸大学経済経営研究所「新聞記事文庫」等々の閲覧と解読
である。ゲーリーシステムに関する貴重な史資料を閲覧し、目録作成と
解読に研究が進展したことは私にとって一生の宝である。その結果、こ
れまでゲーリーシステム研究にほとんど利用されていない一次史料を発
掘することができ、ゲーリーシステム論の研究には不可欠な作業であっ
たと考える。このようにして、ゲーリーシステムを導入した3校の実証
分析にこれら新聞史料を使用することができたのである。
なかでも、

- 第三章第四節でのデューイのよる来日講演（京都・大阪・神戸）を
  特集した『大阪朝日新聞』・『京都日出新聞』、
- 第五章第一節第六項での東京府立第一中校長と第四中校長との導入
  是非論を掲載した『東京朝日新聞』、
- 同第七項で使用した「中学入学難」を特集した『時事新報』、及び、
  ゲーリーシステムを導入した東京府立第四中学校の実態を公表した
  『萬朝報』、
- 同章第二節で使用した大阪及び東京職工の教育程度調査を掲載した
  『大阪日日新聞』・『時事新報』

等々はゲーリーシステム研究で大きな課題を呈した史資料と考えている。
それ以外にも利用した新聞資料は枚挙に暇がない。ゲーリーシステムの
実態を示す史料が数少なく、限られた中で本書の課題の一つである実証
分析に大きく寄与したものと考える。

　淺野綜合中学校は、２０２０（令和２）年１月に創立百周年を迎えた。ジョン・デューイの教育思想でゲーリーシステムの真髄と本義をアメリカで実践したのがウィリアム・ワートならば、日本に導入して淺野綜合中学校でコンプリヘンシブスクールを実践したのが水崎基一といっても過言ではないと考える。

　最後になりましたが、出版に当たって大変厳しい社会経済情勢のなか、株式会社ブイツーソリューションのご厚意なくしては本書の刊行はありえなかったことを記さなければなりません。特に編集部檜岡芳行さんには繰返す校正作業等に多大なご迷惑をかけ、心からの感謝の気持ちを記します。

　２０２０（令和２）年５月

出　井　善　次

☆主要参考文献等一覧

①阿部重孝著『教育改革論』(『世界教育学選集・59』 明治図書出版　1971年4月)

②海後宗臣・仲新・寺崎昌男著『教科書でみる近現代日本の教育』(東京書籍　1999年5月)

③海後宗臣・吉田昇・村井実編集「教育学の理論」(『教育学全集・1』小学館　1967年10月)

④森昭・吉田昇・村井実編集「教育の思想」(『教育学全集・2』小学館　1967年12月)

⑤土屋忠雄・長尾十三二・吉田昇編著「近代教育史」(『教育学全集・3』小学館　1968年2月)

⑥梅根悟監修・世界教育史研究会編集『世界教育史大系・25』(「日本教育史Ⅱ」1975年8月)

⑦同上(「中等教育史Ⅱ」1967年10月)

⑧唐沢富太郎著『近代日本教育史』(誠文堂新光社　1968年3月)

⑨梅根悟著『教育の歴史』(新評論　1961年1月)

⑩宮澤康人著『近代の教育思想』(放送大学教育振興会　1993年3月)

⑪佐藤学著『教育の方法』(『放送大学叢書』左右社　2010年7月)

⑫竹内洋著『学校と社会の現代史』(『放送大学叢書』左右社　2011年9月)

⑬苅谷剛彦・濱名陽子・木村涼子・酒井朗著『教育の社会学』(有斐閣　2000年4月)

⑭八本木浄著『両大戦間の日本における教育改革の研究』(日本図書センター　1982年5月)

⑮沖田行司著『日本近代教育の思想史研究―国際化の思想系譜―』(日本図書センター　1992年11月)

⑯中内敏夫著『新しい教育史―制度史から社会史への試み―』(新評論　1987年9月)

⑰天野郁夫著『教育と近代化―日本の経験―』(玉川大学出版部　1997年9月)

⑱広岡義之編著『教育の制度と歴史』(ミネルヴァ書房　２００７年１２月)

⑲筧田知義著『旧制高等学校教育の成立』(ミネルヴァ書房　２０００年７月)

⑳伊藤信隆著『学校教科成立史論』(建帛社　１９８７年)

㉑石附実編著『近代日本の学校文化誌』(思文閣出版　１９９２年６月)

㉒吉田豊治著『旧制中等学校入試の歴史をふり返る』(文芸社　２００４年９月)

㉓『学制百年史（記述編・資料編共)』(文部省　１９７２年９月)

㉔『横浜市学校沿革誌』(横浜市教育委員会　１９５７年１２月)

㉕日本教育史文献集成『自第一学年至第六学年・東京師範学校沿革一覧』(第一書房　１９８１年１１月)

㉖『明治以降教育制度発達史』(芳文閣　１９８４年５月)

㉗教師養成研究会編著『資料解説教育原理』(学芸図書　１９７３年)

㉘神田修・山住正巳編『史料日本の教育』(学陽書房　１９７８年７月)

㉙鈴木博編著『原典・解説日本教育史』(図書文化社　１９８５年５月)

㉚伊ヶ崎暁生・松島栄一編『日本教育史年表』(三省堂　１９９０年６月)

㉛中野光著『大正自由教育の研究』(黎明書房　１９６８年１２月)

㉜渡辺政盛著『日本教育学説の研究』(大同館　１９２０年６月)

㉝米国デツロイト教育局編・島為男譯著『米国の新学校　プラツゥーン・プラン学校』(モナス　１９２４年)。

㉞海後宗臣著『日本教育小史』(講談社学術文庫・講談社　１９７８年８月)

㉟海後宗臣著『歴史教育の歴史』(ＵＰ選書・東京大学出版会　１９６９年２月)

㊱伊豆利彦著『戦時下に生きる－第二次大戦と横浜―』(有隣堂　１９８０年５月)

㊲寺崎昌男・戦時下教育研究会編『総力戦体制と教育』(東京大学出版会　１９８７年２月)

㊳出井善次著『私学中等教育の研究―戦時下浅野綜合中学校の事例―』(筑波書房　２００１年３月)

㊴抄訳「ゲーリーシステムに対する意見」(鳥取県立古文書館県史編纂室『因伯教育』３３０号　１９２２年)

㊵堀切勝之「我が国の『教育の近代化』に関する一考察―大正期の『臨時教

育会議』の歴史的意義とその前後の歴史事情（その１）—」（近畿大学教育論叢第１７巻２号　２００６年３月）

㊶久保義三「大正期の教育改革—とくに臨時教育会議を中心として—」（日本教育学会『教育学研究』第３７巻第３号　１９７０年）

㊷花井信「日本教育史の研究動向—近代—１９７６年１０月～１９９６年９月）」（静岡大学教育学部研究報告《人文・社会科学編》第４８号　１９９８年３月）

[著者略歴]

出 井 善 次 （いでい　ぜんじ）

[学歴・職歴]

　１９４９年　栃木県に生まれる

　１９７４年　東京教育大学卒業

　１９７６年　東京教育大学大学院農学研究科修了（農学修士）

　１９７７年　学校法人浅野学園浅野高等学校教諭

　１９９５年　日本私学教育研究所研究員

　２０１５年　学校法人浅野学園浅野高等学校定年退職

　２０１６年　学校法人昭和学院勤務（現在に至る）

　２０１９年　放送大学大学院文化科学研究科修了（学術修士）

[主要著書・論文]

- 『馬橋日記―大正期の青年日記―』（埼玉県東松山市『市史編さん調査報告集　第２３号　１９８１年』）
- 「戦時下における日本私学教育の展開（Ⅰ）・（Ⅱ）・（Ⅲ）」（日本私学教育研究所『紀要』第３２号・３３号・３４号　１９９６・９７・９９年）
- 「和田傳文学の農村社会学的考察」（神奈川県私立中高校協会『研究論文集』　２００７年）
- 「教育実習改革と課題」（日本私学教育研究所『紀要』第４４号　２００９年）
- 『私学中等教育の研究』（単著）（筑波書房　２００１年）

ゲーリーシステムの研究

―大正期日本教育への導入と帰結―

2020年7月20日　初版第1刷発行

著　者　出井善次
発行者　谷村勇輔
発行所　ブイツーソリューション
　　　　〒466-0848 名古屋市昭和区長戸町4-40
　　　　TEL：052-799-7391 / FAX：052-799-7984
発売元　星雲社（共同出版社・流通責任出版社）
　　　　〒112-0005 東京都文京区水道1-3-30
　　　　TEL：03-3868-3275 / FAX：03-3868-6588
印刷所　モリモト印刷

万一、落丁乱丁のある場合は送料当社負担でお取替えいたします。
ブイツーソリューション宛にお送りください。
©Zenji Idei 2020 Printed in Japan ISBN978-4-434-27094-9